U0601851

阅读　你的生活

SELF-CONSTITUTION

Agency, Identity, and Integrity

自我构成

行动性、同一性与完整性

【美】克里斯蒂娜 · M. 科斯嘉德
(Christine M. Korsgaard)
著

吴同东 等
译

中国人民大学出版社
· 北京 ·

怀念

玛丽恩·H.K. 科斯嘉德

［Marion（Maren）Hangaard Kortbek Korsgaard

1919—1999 年］

完美的母亲，最好的朋友

目　录

常引著作的缩写

常引著作的引用放在文中括号内加以说明，并使用下面的缩写。所引用的版本和译文，请参阅参考文献。

1. 亚里士多德

亚里士多德著作的引用将提供通行的贝克（Bekker）页码、列号和行号，使用如下缩写：

NE《尼各马可伦理学》（*Nicomachean Ethics*）

M《形而上学》（*Metaphysics*）

MA《论动物的运动》（*On Movement of Animals*）

OS《论灵魂》（*On the Soul*）

POL《政治学》（*Politics*）

2. 休谟

T《人性论》（*A Treatise of Human Nature*）（引用书目、章节和页码）

3. 康德

康德著作的引用标注了《康德全集》相关卷的页码，这些页码出现在大多数译本的页边。然而，《纯粹理性批判》却根据第一版（A）和第二版（B）的页码，以自己的标准方式被引用。所使用的缩写如下：

ANTH《实用人类学》（*Anthropology from a Pragmatic Point of View*）

C1《纯粹理性批判》（*Critique of Pure Reason*）

C2《实践理性批判》（*Critique of Practical Reason*）

CBHH《人类历史揣测的开端》（"Conjectures on the Beginning of Human History"）

G《道德形而上学的奠基》（*Groundwork of the Metaphysics of Morals*）

IUH《关于一种世界公民观点的普遍历史的理念》（"Idea for a Universal History with a Cosmopolitan Purpose"）

LE《伦理学演讲》（*Lectures on Ethics*）

MM《道德形而上学》（*The Metaphysics of Morals*）

PP《论永久和平》（*Perpetual Peace*）

REL《纯然理性界限内的宗教》（*Religion within the Limits of Reason Alone*）

4. 尼采

GM《道德的谱系学》(*The Genealogy of Morals*)

5. 柏拉图

文中对柏拉图著作的引用，标注了流行于柏拉图著作大多数版本和译本中的标准的斯特方码（Stephanusnumbers）。其他著作由标题所示。

R《理想国》(*Republic*)

6. 我自己的著作

CA《行动性的构成》(*The Constitution of Agency*)

CKE《创造目的王国》(*Creating the Kingdom of Ends*)

SN《规范性的来源》(*The Sources of Normativity*)(引用的章节和页码)

前　言

正义的人不许可自己灵魂里的各个部分相互干涉，起别的部分 xi
的作用。他安排好真正自己的事情，自己主宰自己。他自身内秩序井然，对自己友善，将自己心灵的三个部分，犹如一个音阶中的三个音符——高音、低音、中音，加以和谐一致起来。他把这些部分以及其间可能还有的其他部分结合在一起，从杂多成为一个完整的、节制的、和谐的人。直到那时，他才行动。

（柏拉图，《理想国》443d-e）

人和动物都有行动，但是人的行动可以存在着道德上的对或错，而其他动物的行动则不然。这必定是因为人类行动本质的独特之处，我们人类做出选择方式的不同之处。在这本书中，我试图解释这个独特的特征是什么，以及它是如何与其他一些东西相关联的，这些东西使人类的生活不同于其他动物的生活。我给予这一独特特征传统的名字——理性（rationality）。根据我的理解，理性是凭借某种类型的自我意识，即意识到我们自己信念和行动的基础而拥有的一种力量，这种形式的自我意识赋予我们一种其他动物所缺乏的能力来控制与指导我们的信念和行动，并使我们变得积极主动，而非其他动物那样。但它也给了我们一个其他动物不会面对的问题，即决定什么是信念或行动的理由。换句话说，这种形式的自我意识使我们有必要**控制**自己的信念和行动，但必须解决如何做到这一点：我们必须找到规范性原则、法则，来支配自己的所信和所为。因此，理性，人的这一显著特征，就是规范自治的能力。

规范自治的能力带来了另一独特的人类属性，即规范性自我观念，也许比其他任何东西都更能使人类成为一种冒险和诅咒。因为行动是一种可归因于作为其创作者的行动主体的活动（movements），这意味着无论何时你选择了一个行动，无论何时你控制了自己的活动，你都在把自己构成为这个行动的创造者，所以你在决
xii 定要成为谁。因此，人类有一种独特的同一性（identity）形式，一种受规范支配的或实践的同一性形式，我们自己需要为之负责。作为一个理性的存在者，一个理性的行动者（agent），你面临的任务就是让自己**有所成就**，只要你在这个任务中成功或失败，你就必须把自己视为成功者或失败者。

如果我们在行动时，努力把自己构成为自己活动的创作者，同

时使自己成为我们所是的特定的人，那么就可以说行动的功能是自我构成（self-constitution）。这种行动观念开启了这样一种可能性，即适用于人类行动的特定形式的好坏、对错，是其同类的好或坏，作为行动的好或坏。一个好的行动把它的行动者构成为她自己活动的自律而有效力的原因。自律和效力这些属性分别对应于康德关于实践理性的两种命令。遵从定言命令使我们自律，遵从假言命令使我们有效力。因此，这些命令是行动的构成原则，是我们在行动时必须遵循的原则。

这一说法清楚地表明，我在书中所捍卫的道德概念和实践理性是康德式的。但是我也利用了亚里士多德的著作来解释意向性活动可以归因于作为其创造者的行动主体的意义；还利用了柏拉图的著作来解释一个人为了被视为她的活动的创作者必须具有的这种统一性（unity）。因为对于行动的概念来说，是行动归因于作为一个整体的、一个统一体的人，而不是归因于作用于她内部或者之上的某种力量，这是至关重要的。正是柏拉图在《理想国》中教导我们，行动者的行动性（agency）所需要的这种统一性就是一个城邦由于公正的政体而具有的这种统一性。

在本书中，我追随柏拉图的脚步，认为没有对道德的承诺，行动所必需的那种统一性是不可能实现的。自我构成的任务，简单来说就是过人的生活，让我们置于与自己的关系之中，这意味着我们与自己互动。我们为自己制定法则，而这些法则又决定了我们构成自己的好与坏。我认为，你能很好地构成自己的唯一方法，就是根据你能意愿为每个理性存在者的法则的普遍原则来支配你自己。由此可见，除了道德本身以外，你无法保持作为一个拥有自己同一性的行动者所需要的完整性（integrity）。这并不意味着我们有一个自私的道德理由，道德为我们带来其他东西，即行动者的行动性和同
xiii 一性所需要的完整性。相反，它意味着对道德法则的承诺被内置于作为人类必须从事的活动，即使我们自己有所成就的活动之中。道德法则是自我构成的法则，也因为这样，它是人的生命本身的构成性原则。

在本书中，我认为思考就是与自己交谈，而交谈就是和别人一起思考（9.4.12）。我写这本书已经有很长一段时间了，受惠于和很多人一起思考。由于阅读了德里克·帕菲特（Derek Parfit）的著作，我第一次开始把同一性看作人类必须解决的问题［参见我的论文《人格同一性和行动性的统一性：对帕菲特的一个康德式的回应》（“Personal Identity and the Unity of Agency：A Kantian Response to Parfit”，《创造目的王国》的第13篇论文）］。为此，很感激德里克，且向他道歉，因为我为了自己的目的绑架了他的俄罗斯贵族（见第9章）。杰伊·施洛泽纳（Jay Schleusener）曾经对我说过苏格拉底“善于做一个人”，任何读过这本书的人都会明白我是如何对待这个想法的。1999年，我以论文《柏拉图和康德的伦理学中的自我构成》［“Self-Constitution in the Ethics of Plato and Kant”，《伦理学杂志》（*Journal of Ethics*），3：1－29；现在是《行动性的构成》的第3篇论文］的形式，首次发表了这里发现的观点的一个简短版本，在此之前，我曾在很多地方做过演讲。我要感谢参加美国哲学协会东部分会伦理学会成立大会的诸位听众，以

及阿姆斯特丹大学、康斯坦斯大学、柏林洪堡大学、匹兹堡大学、弗吉尼亚大学、萨尔茨堡大学、多伦多大学、多伦多约克大学、苏黎世大学的听众对这篇文章的讨论。

通过“人类行动和康德式的命令”（“Human Action and the Kantian Imperatives”）的演讲，我在不同地方介绍过这里发现的其他一些观点，其听众来自阿德莱德大学和弗林德斯大学的一次联合会议、奥克兰大学、澳大利亚天主教大学西蒙妮·威尔讲座、墨西哥自治大学、坎特伯雷大学、达尼丁大学、堪培拉社会科学研究学院和斯坦福大学。感激所有这些听众的帮助和激发性的讨论。

本书扩展了我自己于 2002 年在牛津大学洛克讲座所做系列演讲的论文手稿。我深深感谢牛津大学哲学系的同事们给我这个机会，感谢他们在我访问期间的热情款待。2002 年，我还在乌普萨拉的 Hägerström 讲座做过这些报告，接下来的几年里，在阿伯丁大学的苏格兰哲学学会、圣安德鲁斯大学的帕顿讲座、加州大学伯克利分校、布兰迪斯大学、布朗大学研究生会议（作为主讲人）、 xiv
哥本哈根大学主体性研究中心的一次会议、英国杜伦大学皇家哲学研究所讲座、格拉斯哥大学、密苏里大学哥伦比亚分校中央州立哲学协会、俄亥俄大学、雷克雅未克大学、斯特灵大学和联合学院分别做过这个系列报告中的个别演讲。感谢所有这些场合的听众。

我还和利哈伊大学哲学系的同事，以及在罗马路易斯大学的伦理、政治和社会专题研讨会上就手稿进行了有益的讨论。特别感谢苏珊·沃尔夫（Susan Wolf）和她的 2004 年研讨班的成员提出的非常有帮助和发人深省的问题。2004 年，我在马德里参加了专门讨论我的著作的会议，得益于大量的评论。特别感谢玛丽·克莱顿·科尔曼（Mary Clayton Coleman）、安娜·玛尔塔·冈萨雷斯（Ana Marta González）和大卫·迪克（David Dick）所给予的真知灼见。

手稿的不同发展阶段得到了诸多的个人评论，为此我要感谢梅丽莎·巴里（Melissa Barry）、爱丽莎·伯恩斯坦（Alyssa Bernstein）、夏洛特·布朗（Charlotte Brown）、萨拉·巴斯（Sarah Buss）、道格拉斯·爱德华兹（Douglas Edwards）、芭芭拉·赫尔曼（Barbara Herman）、戈弗特·登·哈托（Govert den Hartogh）、彼得·海顿（Peter Hylton）、亚瑟·库弗利克（Arthur Kuflik）、安东尼·拉丹（Anthony Laden）、乔纳森·李尔（Jonathan Lear）、安东·莱斯特（Anton Leist）、理查德·莫兰（Richard Moran）、朱利叶斯·莫瑞斯克（Julius Moravcsik）、赫林德·保尔-施图德（Herlinde Pauer-Studer）、大卫·普朗克特（David Plunkett）、安德鲁斯·瑞特（Andrews Reath）、迈尔斯·林德（Miles Rind）、亚瑟·瑞普斯坦（Arthur Ripstein）、阿梅莉·罗蒂（Amélie Rorty）、塔玛·夏皮罗（Tamar Schapiro）和西奥·范·威利根堡（Theo van Willigenburg）。我深信这个清单是极其不完整的，确实知道它是不完整的，因为我的档案中有一组非常有用的未署名的书面评论，无法确定它们的作者。我只能向所有被我遗漏的人表示歉意。

这本书是在梅隆基金会的资助下完成的，对此我深表感激。还要感谢艾莱姆·奥扎尔顿（Eylem Özaltun）、纳塔利亚·帕拉尼克

(Nataliya Palatnik) 和保罗·斯科菲尔德 (Paul Schofield) 校对手稿，避免了许多错误，并提出了许多有益的修改。最后，要感谢道格拉斯·爱德华兹帮助选择了封面，感谢彼得·莫奇洛夫 (Peter Momtchiloff) 在我准备出版这本书的多年期间表现出的无限耐心。

克里斯蒂娜·M. 科斯嘉德

2008 年 5 月

1. 行动性与同一性

1.1 强制

1.1.1

人类注定要去选择和行动。或许你认为通过坚决地站着不动， 1
拒绝动作和移动，就可以避免它。但这是没有用的，因为这就是你
已经选择要做的事情，然后你将最终去做它。选择不行动使不行动
成为一种行动，使它成为你所做的事情。

这并不是说你无法不行动，你当然可以。你可以开着车睡觉，可以彻底地昏倒，可以因恐惧而瘫痪，可以因疼痛而无能为力，或

者因悲伤而石化。然后，你将无法行动。但是，你不能致力于处在这些状况中，你如果这么做了，就是在装模作样，更重要的是，从这个词奇妙的双重意义上说，你就是在演戏（acting）。① 所以，只要你是掌控者，只要没有什么事情恰巧扰乱你，你就必须行动。除了选择，并根据自己的选择去行动，你别无选择。

所以，行动是必然的。这是一种什么样的必然性呢？哲学家们喜欢区分逻辑的必然性和因果的必然性。但是行动的必然性不是它们中的任何一种。至少在任何特定的情况下，一个人不行动这一想法没有逻辑矛盾。如果有矛盾的话，那就是在我刚才描述的所有方式中，你不能不行动。尽管特定行动，或者至少特定活动可能事出有因，但是行动的普遍必然性并不是被某种原因引起的一个事件。我不是在谈论类似原因那样的东西，无论你是否知道，它作用在你身上：我说的是你所面对的一种必然性。

现在，我们有时也谈到理性的必然性，即遵循理性原则的必然性。如果你相信前提，那么你必须得出结论。如果你意愿目的，那么你必须意愿手段。这就是理性的必然性，并且是你所面对的一种必然
2 性，所以这与行动必然性非常接近。然而，行动的必然性又不完全是这样，因为在这些情形中有一个条件子句。相反，正如康德所说，行动的必然性是无条件的。选择和行动的必然性不是因果的、逻辑的或者理性的必然性，它是我们的困境：人类境况这一简单而又不可改变的事实。

---

① 我稍后会说明，因为本质上同样的理由，你不能致力于成为一个非正义的人（9.1.5）。

1.1.2

但是，一旦进入这个事实之中，一旦要面对行动的必然性，就会遭遇到一种不同类型的必然性。我们生活在各种各样的法律、责任、义务、期待、要求和规则的压力之下，所有这些都在告诉人们要去做什么。其中一些要求无疑是非法的或虚构的，正如我们所说（就好像我们知道那是什么），仅仅是社会压力。但是，也有许多法律和要求，我们觉得真的必须要服从。然而，在许多情况下，很难确定一条法律或者要求的规范性的来源——它的权威性的基础，它的实施的心理机制，它约束你的方式。哲学提出了诸如道德义务或者理论理性和实践理性这样高层次法则的规范性问题。但值得注意的是，在日常生活中，人们也会就职业责任、孝顺、性忠诚、义气、日常礼仪等法则和要求的规范性提出同样的问题。① 正如我们可能会发现自己反对比如说为了正义的要求而牺牲自己的幸福，同样地，在更细小、更日常的方面，我们可能会发现自己抵触做家

① 许多哲学家认为，这不是一个单独的观点：他们认为，我们受到这里所列的法则和要求的约束，正是因为它们在道德上是强制性的。这一观点转而可以采取以下几种形式：(1) 它们从道德考虑衍生而出；(2) 虽然不是从道德考虑衍生出来的，但它们的一切规范性（如果它们真的有的话）都源于道德；(3) 它们是规范性的独立来源，但是道德支持并加强了它们。第一种选项是基于这些义务明显的文化相对性和情境性质：比如，普遍理性并没有告诉我们何时该带礼物。在第二种观点中，存在一种类似要礼貌的道德义务，其细节则由文化实践填充。我自己的观点在《规范性的来源》一书中做了详细阐发，属于第三种选项：它们是规范性的独立来源，但如果它们在面对反思时要维持其规范性力量的话，则可能需要道德的支持（SN 3. 4. 7 - 3. 6. 1, pp. 120 - 130; section 5 of the Reply, pp. 251 - 258)。我认为我们应该更倾向于第三种观点，因为那些道德在其生活中只有一种脆弱基础的人可能会经历并认真对待这些低阶要求。

务，不愿意回复不必要的电话，或者抵制为了一个无聊派对而礼貌性地感谢被鄙视的主人。

令人吃惊的不是抵制这样的要求，而是我们的抵制总是失败。有时感到惊喜，有时只是困惑或者茫然的是，我们发现自己尽管不
3 情愿却在做着认为应该做的事情，即使并没有什么明显的东西强迫着自己去这样做。在恶劣的天气里辛苦地去投票，给自己不愿意交谈的亲戚打电话，在工作中参加令人窒息的无聊会议，应家人和朋友的要求做各种各样令人厌烦的事情。像 W. C. 菲尔兹（W. C. Fields）这样的角色，其无法无天的魅力，部分源于这一事实：大多数人几乎不会忽略孩子们的要求，然而却会因为孩子们的沉迷而恼火。肆意地漠视生活中的那些细小规则会让从来不会违反它们的人开怀大笑，这是值得哲学关注的事实。毫无疑问，在约瑟夫·巴特勒（Joseph Butler）所谓的“冷静时刻”（a cool hour），大多数人会毫不犹豫地选择成为那种通常做他们应该做的事情的人。①正如亚里士多德所观察到的那样：

> 有些人听到蝇声掠过身边就突然惊惧，有些人偶感饥渴便饕餮纵饮，有些人为了两个铜圆而不惜毁伤他平素最相好的朋友，有些人心志愚昧像小儿或迷惑像疯子：一个人要是没有丝毫勇气、丝毫节制、丝毫正义、丝毫实践智慧，世人决不称他为有福的人。（POL 7.1 1323a26－34）

① 参见 Joseph Butler，*Five Sermons*，ed. Stephen Darwall。引文出自第四次布道［最初的《在罗尔斯礼拜堂的十五次布道》（*Fifteen Sermons Preached at the Rolls Chapel*）中的第十一次布道，这五次布道都选自十五次布道］，第 20 段，第 56 页。

但是，同样也毫无疑问的是，在那些更温暖的时刻（warmer hours），即当实际上选择去做那些所要求的特定行动时，我们往往明显地不**想**去做那些事情。尽管如此，人们还是照做不误：义务的规范性除了别的以外，还是一种心理力量。我借用康德的概念来命名这种现象。因为规范性是必然性的一种形式，所以康德把它在我们内部的运作称为**强制**（necessitation）——它表现为一种心理力量。①

1.1.3

近年来，关注强制现象已经变得相当过时了。它似乎唤起了一个在不停改过自新的可怜的罪人（Miserable Sinner）这种令人伤心的好人形象，为了符合责任的要求，他必须不断地压抑自己的任性欲求。强制因此被视为**压抑**。与之相反的是，一些新近的德性理论家，在我看来给我们提供了同样令人讨厌的像一条好狗（Good Dog）那样的有德之人的形象，他的欲求和偏好被如此完美地训练，以至于他总是自发地、带着摇尾巴的愉悦和热情去做他应该做的事情。这两种形象之间的对立是肤浅的，因为它们共享一个基本的直觉，即强制的经验表明经历它的人一定有什么问题。② 分歧仅仅 4
在于邪恶是多么不可避免的。认为强制标示着某处出了问题，这是很自然的，因为强制可能带来痛苦，所以很自然地会把这种痛苦解释为出了问题。但是，强制对于人类经验来说如此独特，又那么地

① *Nötigung*（G 4：413）.

② 康德自己在《道德形而上学的奠基》中也似乎陷入了这种错误，他指出强制只能被一个不完善的理性意志体验到（G 4：414）。我认为这不应是康德深思熟虑的观点，参见我的论文“The Normativity of Instrumental Reason”（CA essay 1），pp. 51 - 52。

司空见惯，因此我们不应该急切地妄下定论。在《理想国》中，苏格拉底说用于描述强制的词语，像“自我控制”、“自我主宰”或者“自我命令”，它们表面上似乎是荒谬的，因为实施强制的更强自我和被强加强制的更弱自我是同一个人。但是，苏格拉底也认为这些词语就像德性在语言中留下的“踪迹或者线索”（R 430e）。他认为，强制揭示了关于人性和人类灵魂的构成的重要之事。它所揭示的正是本书主题：规范性的来源在于人类的自我构成方案。

1.1.4

不停地改过自新的可怜的罪人和好狗这两个德性形象及其背后哲学理论的困难，不仅仅在于它们诋毁了强制经验。与此相关的是，它们也没有充分解释人们是如何受到强制的。这一点有些复杂，让我试着来解释我的想法。

尽管有理由怀疑大卫·休谟（David Hume）是否会接受把规范性描述为一种必要性并将其运作视为一种强制，但他的自然德性理论在这里很适合我的目的，所以，我想请求你先把疑虑放在一边。只是考虑一下，按照休谟的看法规范性是如何在我们*身上*运作的。休谟认为道德概念是从一个旁观者的角度产生的，它们由同情所驱使从而形成公正的爱或者恨的情感，并且为人们的性情和动机所激发，我们相应地视之为“美德”或者“恶习”。例如，如果我发现你付给员工的工资低于他们的生存必需，推论出你的动机是对利润的欲求，那么对员工的同情就会引导我谴责你对利润的欲求，
5 并称之为贪婪的恶习。休谟称作“天然有德性的”人，就是那些性

情和动机从这种旁观者的角度看令人觉得可爱的人。例如，她是仁慈的，旁观者因同情那些得益于她的人，发现她的仁慈是可爱的，因而将这种仁慈判断为一种德性。[①] 尽管这种德性标准是从人的角度衍生出来的人的标准，而不是由上帝或者客观价值强加的外在标准，然而，对于天然有德性之人自身的性情和动机运作来说，它是外在的。天然有德性的人本身并不被德性标准所强制甚或激励：她是良善的，但这并非因为德性标准是一种作用于她的力量。[②] 她的性情和动机的良善，在本质上也不是她自己所拥有的那种标准的结果；她可能是有意培养自己的性情去符合标准，但话又说回来，她也可能不是——她可能只是天然地良善。如果我们问为什么好人会做这样的有德性的行动，并没有真正的答案。休谟只能说："好吧，这就是天然良善的含义：那些有着旁观者称为'德性'的各类性情和欲求的人就是这种人。"像他之前的弗朗西斯·哈奇森（Francis Hutcheson）一样，休谟允许德性标准仅仅在次优情况下作为一种心理力量发挥作用。[③] 他说：

---

① 在此，我概述了休谟《人性论》第3卷第3章中的观点。我给出的两个例子可能看起来有所不同，因为第二个例子中的品格特质（仁慈）似乎先于道德判断就能确定，而在第一个例子中（贪婪）却不是这样。严格说来，我认为休谟的观点应该是品格特质不会先于道德判断而被确定，虽然这会使例子阐释起来有些冗长。针对这个问题，参见我的论文"The General Point of View: Love and Moral Approval in Hume's Ethics"（CA essay 9），pp. 295 - 296。

② 这与休谟所谓的"人为的"德性（例如正义）的例子有所不同。正义的人为关于正义需要什么的思考所激励。但是，正如我下面将提到的那样，值得争辩的是这些思考并没有直接推动他，而只是因为他有一种要避免自我憎恨或自我非难的欲求。

③ 关于哈奇森此处的观点，参见其《道德感阐明》（*Illustrations on the Moral Sense*）第一节。

> 当任何善良的动机或原则是人性中共同具有的时候，一个感到心中缺乏那个动机的人会因此而憎恨自己，并且虽然没有那种动机，而也可以由于义务感去做那种行为，以便通过实践获得那个道德原则，或者至少尽力为自己掩饰自己的缺乏那个原则。(T 3.2.1，479)

所以，在天然有德性的人那里，规范性标准不是作为一种心理力量来运作；在这个次优情况中，它仅仅是通过自我憎恨的中介来运作。这些规范性标准就其本身而言根本不是心理力量。①

这种情感主义理论最初是与独断的理性主义理论相对立的，而
6 且现在仍然如此。在独断的理性主义理论看来，规范性，尤其是正当性（rightness），是由理性所把握的一种客观属性。根据这种观点，一个行动的正当性，或者就此而言一个论证的逻辑力量，是关于外部世界的一个客观事实，理性的心灵本身把握这个客观事实，并由此使自身的信念和行动与之相符。独断的理性主义者确实认为，规范性标准作为心理力量在我们自身内运作，因为理性可能必须运用它的力量来反对任性的欲求。但是，经过反思我们可以发现，独断的理性主义者们向**理性本身**转移了同样平淡的——看起来也盲目的——对外在标准的遵从，情感主义者们将这些外在标准归因于天然有德性之人的性情。独断的理性主义者们相信，这些规范存在于人类理性之外，它们产生于客观价值或者道德事实或者宇宙中存在的某种理性结构。但是，如果对这一事实的反思促使我们追

---

① 参见 Charlotte Brown，“Is Hume an Internalist?”。

问为什么人类理性认为有必要遵从这些标准，那么并没有真正的答案。独断的理性主义者只能回答说：“好吧，这就是理性的含义，拥有一种遵从我们称之为‘理性的’标准的心灵（或意志）。”事实上，在这些理论中，“人类理性”无非内在于我们的遵从理性标准的能力。它不以任何其他方式被确认。① 这些理论所想象的理性就像是被插入你身上的一个规范性模块，其目的在于使本质上外在于你的理性法则也成为你自身内在的一股力量。人类理性是客观理性内在的小小代表。如果我们追问是什么导致了遵从理性法则的心理必然性，答案实际上就会指向这个规范性模块：人类在自身内有一个理性代表，它使得遵从理性法则成为必要。但是，事实上，为什么我们要遵从自身内这个小小代表的要求呢？或者，就此而言为什么它要如此欣然地符合外在客观理性的要求？与其他同类理论一样，独断的理性主义并没有解释理性约束我们的能力，而是仅仅带着草率的满足指出了解释必须要前往的地方。

所以，这里存在着一种相似：如果我们问休谟，好人为什么遵从德性标准，这并没有答案，我们只能说：“这不过是做一个好人的应有之义。”假如问独断的理性主义者，人的理性为什么遵从理性的标准，同样也没有答案，我们只能说：“这不过是理性的应有之义。”从第三人称的视角来看绝对正确的是：当人们被称为邪恶 7
的或者非理性的时，我们是指他们没有遵从一定的标准。但是，这

① 关于这一点的其他讨论，参见：*The Constitution of Agency*，pp. 2－3；“The Normativity of Instrumental Reason”（CA essay 1），pp. 55－56；“Acting for a Reason”（CA essay 7），pp. 212－215。

种没有遵从是一种内在状况的外在表现，这些理论没有告诉我们那种内在状况是什么。它们没有解释，我们是如何被强制的。

1.1.5

从一个稍微不同的角度阐发我的不满意。根据刚才描述的独断的理性主义理论，当我们体验到强制时，这种强制涉及理性行动的奋斗。理性行动目标本身被认为是理所当然的：但是，我们自身内在的一些力量，难以控制的欲求，有时会干扰实现这个目标的能力。只有在那时，我们才必须采取自我控制，从而体验到强制。否则的话，持有理性就会毫不费力。同样地，在休谟关于自然德性的论述中，强制（或者类似情况）仅仅发生在次优行动者身上，他明确地想做个好人。在最优情况也就是天然有德性的人那里，良善是毫不费力的。所以，根据这些理论，只要良善或者理性的标准作为一种心理力量运作于我们自身，它们就是作为未达成的或者岌岌可危的目标而运作的。

我认为，这两种理论都低估并错置了强制在我们精神生活中的作用。道德生活中涉及工作和努力，即一种奋斗，成功奋斗的人就是被称为“理性”或者“良善”的这些人。但这并不是为理性或者良善而奋斗，相反，这是为完整性、精神统一性进行的持续奋斗，在面对精神的复杂性时，奋力成为一个统一的行动者。正如我将要论证的那样，规范性标准是我们实现精神统一性的原则，而这种精神统一性使得行动者的行动性成为可能。实现精神统一性、被我们体验为强制的工作，就是我所说的自我构成。

1.1.6

更具体地说，在这本书中，我将处理我认为密切相关的三个主
题，它们分别是行动的本质、人格或实践同一性的构成，以及实践
理性原则的规范性。[①] 为了讲述的方便，我将首先阐述与这些主题 8
有关的观念的基本要素。在这个早期阶段所谈的内容，不可避免地
会有些神秘和晦涩，或者至少有一点儿独断。所以，请大家牢记这
是对将在本书其余部分详细加以辩护的观点的概括，而且接下来的
内容也并不是无可争议或者显而易见的。

1.2　行为和行动[②]

1.2.1

让我们从行动（action）的本质开始。假如想了解究竟是什么决定行动的对与错，必须首先要问什么是行动，以及它们的功能是什么？（2.1.1）约翰·斯图尔特·密尔（John Stuart Mill）认为他知道这两个问题的答案。在《功利主义》（*Utilitarianism*）的开

---

① 对于赞成从实践角度观察人格同一性问题的论证，参见我的论文“Personal Identity and the Unity of Agency：A Kantian Response to Parfit”（CKE essay 13）。

② 这一节的部分内容，参见我的论文“From Duty and for the Sake of the Noble：Kant and Aristotle on Morally Good Action”（CA essay 6）（在这篇文章中我首次处理了这个问题）；“Acting for a Reason”（CA essay 7）。

篇，他说：

> 因为人的行动都是有目的的，所以自然可以认为，行动规则所具有的特性和色彩必定得自其所从属的目的。[①]

在密尔看来，行动本质上是生产，因此，它的功能就是产生某种东西。一个行动是不是好的，依赖于它所产生的东西是不是好的，或者尽可能地好。

这一行动观对当代英美道德哲学产生了深远的影响。如今，甚至非功利主义者的道德哲学家们，似乎也只有当他们能够根据各种利害的产生来解释道德价值时，才会显得比较坦然。义务论的思考有时被视为"单边约束"，仿佛它们从根本上限制了实现目的的方式。[②] 就此而言，许多哲学家认为它们是神秘莫测的。[③] 如果行动的全部意义就是生产这种好，那么，限制这种生产如何能够是好的？功利主义论证中的一个标准举措，杰里米·边沁（Jeremy Bentham）从一开始就采取的举措，就是坚持认为，生产成功，即好的效力是一个明显而无疑的行动标准。他指出，举证责任在他的

---

① John Stuart Mill, *Utilitarianism*, p. 2.

② 罗伯特·诺奇克（Robert Nozick）在《无政府、国家和乌托邦》（*Anarchy, State, and Utopia*, pp. 28 - 33）中使用了这一术语并阐发了这种观点。

③ 比如，塞缪尔·谢弗勒（Samuel Scheffler）在《拒绝后果主义》（*The Rejection of Consequentialism*, p. 82）中，托马斯·内格尔（Thomas Nagel）在《本然的观点》（*The View from Nowhere*, p. 178）中表达了这种困惑，虽然他们最终都不认可义务论的限制是自相矛盾的这一观念。（《本然的观点》按照中国人民大学出版社出版的中译本翻译。——译者注）

反对者一方，他们需要表明还存在其他一些行动必须满足的标准。① 虽然许多道德哲学家通过表明我们生产能力的使用存在着义 9
务论限制，从而已经准备好试图挑起这一重担，但是几乎没有人想过去质疑这个关于举证责任到底在哪里的判断。

1.2.2

但对于哲学家们来说，行动就是生产似乎并不总是显而易见的。在《尼各马可伦理学》第6卷，亚里士多德在试着解答技艺或者手艺是什么时说：

> 可变化的事物中包括被制作的事物（things made）和被实践的事物（things done）；制作不同于行动……；行动的逻各斯的品质同制作的逻各斯的品质不同……如果制作与行动是不同的，并且技艺（art）是同制作相关的，那么技艺就不与行动相关。（NE 6.4 1140a1－16）

在亚里士多德看来，行动和生产是两种不同的事情。在接下来的一节，亚里士多德谈到了二者之间最重要的区别之一：

> 制作的目的外在于制作本身，行动不是这样；因为好的行动本身就是它的目的。（NE 6.5 1140b6－7）

行动，或者至少好的行动，是因其自身而非它们所产生的某种东西被选择的。

---

① Jeremy Bentham, *An Introduction to the Principles of Morals and Legislation*, chapter 1, pp. 125－131.

1.2.3

事实上，这是亚里士多德所说的关于为什么好的行动为德性之人所做的三种不同情况之一。首先，至少在某些情况下，行为（act）是为了某种特定的目标或者目的而进行的。例如，亚里士多德告诉我们死于战争的勇敢之人是为了国家或者朋友献出生命（NE 9.8 1169a17 - 31）。同样，似乎很自然地说，做出捐赠的慷慨者是为了帮助他人（NE 4.1 1120b3），表演戏剧的衣着华丽之人是为了给城邦带来享受（NE 4.2 1122b23），宽宏大量的人是为了获得荣誉（NE 4.3 1123b20 - 21），机敏的人则是为了机智地娱乐观众（NE 4.8 1128a24 - 27），等等。其次，正如我刚刚提到的，亚里士多德说有德性的行动是为了它们本身的缘故而做。最后，亚里士多德还告诉我们有德性的行动是为了高尚的缘故而做（例如：NE 3.7 1115b12；3.8 1116b3；3.9 1117b9，1117b13 - 14；3.11 1119b15；4.1 1120a23；4.2 1122b6 - 7）。

在一种过于简单化的道德心理学观念看来，这些看上去像是关
10 于有德性的行动之目标或者目的的三种不一致的说法。但是稍加反思就会发现，这里没有不一致，同时还会有助于说明亚里士多德的行动观。在亚里士多德的理论中，与对一个行动的描述对应的是他称之为*逻各斯*的东西，我将把它称之为原则。一个好的行动是包含*恰当的逻各斯*或者恰当的原则的行动，它是在适当的时间、以适当的方式指向适当的对象，同时出于适当的目的（这一点对于我的阐释目的来说很重要）而进行的行动。让我来引证诸多类似段落中的

一个，亚里士多德在其中说：

> 每个人都会生气，都会给钱或花钱，这很容易，但是要对适当的人、以适当的程度、在适当的时间、出于适当的理由、以适当的方式做这些事，就不是每个人都做得到或容易做得到的。所以，把这些事做好是难得的、值得称赞的、高尚的。(NE 2.9 1109a26－29)

理解亚里士多德观点的关键在于，目的被包含于对行动的描述之中，而且行动者所选择的是作为一个整体的、包含着目的的行动。

假设行动者是一位城邦战士，他选择为了城邦或者城市的胜利牺牲自己的生命。希腊人似乎认为这通常是一个好的目的。让我们同样假设，战士在适当的时候牺牲了自己，而不是早于必要的时候，也许或者当特别重要的事情，比方说切断敌人增援部队的通道可以通过牺牲而达成之时。他用适当的方式有效、坚定，甚至优雅地牺牲自己。那么，他就已经做了勇敢这样一个好的行动。为什么他做这一行动？他的目标是保证他的城邦获得胜利。他选择的对象是整个行动，即为了保证城邦的胜利而在特定的时候、以特定的方式牺牲自己的生命。他选择这一整个行动，也就是为了这个目的而去做这个行为（to-do-this-act-for-the-sake-of-this-end），他选择的这件事值得为了它本身的缘故而去做，此外没有其他进一步的目的。“高尚”描述了这一整个行动所具有的价值，他在选择去做时已经在其中发现了这种价值。

1.2.4

这意味着亚里士多德关于行动本质的看法与康德的看法是完全相同的。康德认为，行动是由准则（maxim）来描述的，准则也通常具有“为了这个目的而去做这个行为”的结构。康德在阐述行动准则的方式上并不总是小心谨慎，这一事实可能会模糊目前的观点，但是在对定言命令检验的最佳解读中，被它检验的行动准则包含着所做的行为和做这个行为的目的。它**必须**包含二者，因为定言命令检验所提出的问题是：是否可能有一种通过**这些**手段追求**这类**
11 目的的普遍性策略？① 例如，在康德自己《道德形而上学的奠基》的例子中，被检验的行动准则就是类似这样的事情：“为了避免预见到的个人麻烦，我要自杀”和“为了拿到现金，我要做出虚假的承诺”（G 4：422）。拒绝这些准则确认其错误的正是这一整体：为了避免个人的麻烦而自杀；为了得到一些现金而做出虚假的承诺。再比如说，为了拯救其他人的生命而自杀，其对与错的问题，有待作为一个单独的案例被单独检验。实际上，康德自己说得很清楚，因为在《道德形而上学》中，他提出了一个有趣的问题：一个被疯狗咬伤的人，当他因为狂犬病必然要发疯时，为了避免伤害其他人而自杀，他做得对还是不对呢？（MM 6：423－424）。为了拯救其他人的生命而自杀这一行动不同于为了避免你提前预见到的个人麻烦而自杀。

---

① 我始终认为，对定言命令检验的这个解读——我称之为“实践性悖论”的解读——是最好的解读，参见我的论文“Kant’s Formula of Universal Law”（CKE essay 3）。

不仅如此，康德理论中的“道德价值”或者“出于义务”与亚里士多德理论中的高尚发挥着同样的作用。它不是我们行动的另一个目的，而是为了某一目的所实施的某一行为可能会拥有的一种特定价值的描述。当行动者发现她必须意愿某一行为准则作为一个普遍法则时，她认为这个准则所描述的行动具有这种价值。对出于义务而行动这一观念的许多典型批评，都是基于对这一点的混淆。认为出于义务而行动是冷漠的、没有人情味的，甚或自私自利的，这种观点就是基于如此想法：行动者的目的是“履行我的义务”，而不是“帮助我的朋友”、“拯救我的国家”或者其他可能的目的。然而这恰恰是错误的。为了拯救你的国家牺牲你的生命在特定情形下可能就是你的义务，但义务将是为了这个目的而行动，而且整个行动将被选择为你的义务。

1.2.5

为了更清楚地表达这些观点，让我来介绍一些术语。康德准则的基本形式是“为了促进目的 E，我将做行为 A”。这整个表述是对行动的描述。因此，行动既包括行为，也包括目的，它是为了一个目的而做的一个行为。在我们看到的例子中，做出虚假的承诺和 12
自杀就是我所说的“行为”，为了得到现金做出虚假的承诺、为了避免不幸而自杀，就是我所说的“行动”。现在，一点小小的复杂起因于这个事实，在我所谈意义上的行为有时也是因为它们本身的缘故，而不是为了其他目的去做；源于一些非工具性动机，像生气、同情或者对事情的纯粹快乐。在这种情况下，做这一行为本身就是目的。在这种情况下，为了描述整个行动，必须把这个事实放进准则之中，并且说我们这样做是为了它本身的缘故，为了它内在的可取性，或者不管它是什么。举个例子，如果你为了跳舞的纯粹快乐选择跳舞，那么，跳舞就是行为，为了跳舞的纯粹快乐而跳舞则是行动。我们可以把它与一些人的不同行动做对比，这些人为了挣钱而跳舞，或者为了躲闪射向他脚下的子弹而跳舞。如之前所言，严格来说，选择的目标是整个行动，这也是亚里士多德说人们的品质首先通过他们的选择显露出来的原因（NE 3.2 1111b5 - 6）。亚里士多德和康德都认为，正是行动才存在着道德上的善或恶、高尚或卑劣。

1.2.6

行动，即为了某些目的而去做某些行为，既是选择的目标又是道德价值的承载者，这一观念使得亚里士多德和康德与许多当代道德哲学家区分开来，这种区分与其说是因为意见分歧，远不如说是因为对这个问题的不清楚。当代哲学家们常常把行动的原因设想为某种在行动本身之外或者有别于行动的事物，以其作为行动的理由。这反过来又导致了对询问和回答关于人们的理由的做法的误解。我们寻找行动的理由，而且往往引证行动者的目的给予回答。目的独立于行为并在其背后，所以，如果认为理由独立于行动并在其背后，你就混淆了行为和行动。我们可能会问：“为什么杰克去了芝加哥？”因为杰克住在印第安纳波利斯，离芝加哥数百英里之远。回答是：“去看望住在那里的他的母亲。”杰克的目的被用来回答他的理由问题。这就显得仿佛他的目的就是他选择的理由，而他选择的是行为。但是，这一表象具有误导性。

为了阐释这一点，首先兜一个圈子。谈论理由要与行为和行动的区分相适应的话，一个方法就是区分行为的理由与行动的理由。可以说行为是为了它所服务的目的而被实施的，同时，整个行动是 13
因其本身的缘故——比如说因为其高尚性、必要性或者正当性而进行的。那么，我们可能会觉得困惑来自于此，即认为一个人做什么总是有“一个理由”，而事实上，“他做事的理由”这个句子在行为的理由和行动的理由之间模糊不清。这个想法尽管很不错，但不能令人满意。一个问题来自这个事实：理由应该是规范性的。如果一个行为的理由是它的目的，并且理由应该是规范性的，那么，目的本身对行动者来说就是规范性的。这当然不是亚里士多德或者康德所想。规范行动者的东西，对亚里士多德来说是高尚，对康德来说是行动的必要性或者正当性。在大多数情形下，目的对我们来说不是法则，因为在通常情况下，假如发现没有体面的、合理的、值得的方式去追求它的话，目的可能会被放弃。是否存在某些目的，放弃它们就是错误的，这是一个不同的问题；我的观点是，目的对于我们来说，不是普遍的法则。① 在康德的理论中，规范性源于自律，我们给予自身法则。但是，我们并不首先选择一个目的，指定它成为法则，然后在处于这样做的要求下到处寻找途径去实现它。如果是这样的话，那么每当无法找到一个体面的和合理的方式去实现某一目的时，我们就会违背自我立法的要求。我们意愿作为法则

① 在康德的理论中，有一些目的为我们所需要，特别是我们自身的完善和他人的幸福。参见 MM 6：385－394。

的是准则，是整个行动，而通常将目的视为行动的**一部分**。上述想法的另一个问题是，它表明在询问一个人做事的“理由”时，普通语言是有歧义的，因为可以说总是有两个理由，一个是行为的理由，另一个是行动的理由。

但是，这也因此提出了一个审视情形的不同方式。这个方式不要求去说关于理由的想法是模糊不清的，而只是说在我们给出理由时，往往会误解正在做的事。假如亚里士多德和康德关于行动是因其自身之故而去做这一看法是正确的，那么，似乎每一个行动都是因为同样的理由而去做的，因为它被视为一件因其自身而值得做的事情。这显然不是我们去问某人做某事的理由时所想要寻求的，因为答案总是一样的：这对他来说似乎是值得的。也许值得去寻求的是对行动的**解释**，对它的一种完整描述，这种解释和描述会告诉我们**为什么**对他来说值得这么做。现在，通常已经知道了行为是什么，所以对行动的描述所缺失的一块就是目的。“去芝加哥看望他
14 的母亲”作为一件值得做的事情是显而易见的，所以一旦填补了缺失的一块，就会明白杰克做了什么。这一事实清楚地显示目的本身不能真正成为理由的来源：如果提供的目的不能使整个行动看起来是值得的，即便行为确实成功地达到了目的，人们也不会接受这一答案。所以，如果我告诉你杰克去芝加哥买了一盒回形针，你是不会接受这个答案的，尽管你肯定可以在芝加哥买到一盒回形针。你会说：“这不可能是理由。”不是因为行动没有达到目的，而是因为从印第安纳波利斯到芝加哥，走了数百英里去买一盒回形针是如此明显地不值得。所以，当询问理由时，人们不是仅仅要问行为的目

的是什么——人们要问的是使整个行动有意义的那个目的。如亚里士多德所见，有些情况下，提供目的并不足以使行动本身易于理解，即使该目的有足够的分量来支撑行为。我们问："杰克为什么去了巴黎?"回答是："他一直总是想去那儿看看。"因为杰克在学期中间突然地离开，所以发问者追问："不，但为什么是现在?"如亚里士多德所认为的那样，为了值得去做，行动也必须以适当的方法、在适当的时间被实施。因此，通过引证行动者的目的去回答动机问题"为什么"的做法，并不能真正表明行动有其自身之外的目的，以及不是因其自身之故而进行的。只不过目的常常是——尽管并不总是——行动者准则的缺失部分，在可以弄清楚为什么行动者认为这个行动因其自身的缘故而值得去做之前，需要使这个缺失部分就位。根据这个看法，重要的是，行动的理由根本不是行动之外、行动之后或者与行动分离的东西，因为说明行动和说明理由是同一件事。相反，一个行动是一个本质上可理解的、包含着理由的对象，就像一个句子是一个本质上可理解的、包含着思想的对象一样。①

1.3 亚里士多德和康德

1.3.1

在把关于行动的本质及价值所在的共识归于亚里士多德和康德

① 关于这一点，参见我的论文"Acting for a Reason"（CA essay 7），pp. 225 - 229。

时，我是在公然反对大家普遍接受的一种观点，即认为这两位哲学家对于行动的评价有着截然相反的看法。根据这种普遍接受的观点，康德的定言命令检验通过确定一个行动（或者更确切地说一个行为）是否符合某些一般规则来评价它的价值，而亚里士多德认为，在评价行动时，一般规则起不了多大作用。相反，他说过一句名言，对行动之良善的判断“取决于感知”（NE 2.9 1109b23），想必是**明智**（phronemon）或者实践上明智之人的感知。实际上，亚里士多德在这段不完善的著名段落中所说的那种取决于感知的判断，指的是一个人可以偏离正确多远才会受到责备，而与行动是否正确无关。不过，我不会在这里坚持这一点。当这些关于一般规则有用性的观念与有关规则涉及行为类型的假设结合在一起时，形成了大家普遍接受的看法：康德认为某些行为类型被定言命令确认为永远是错误的，而亚里士多德则认为行为类型最多是错误的，并且只有感知才能确认这些例外。这种想法的一个问题是，正如我一直在争论的，这两位哲学家都不认为道德特征依附于行为类型。康德并不比亚里士多德更需要一般规则。定言命令检验针对的是行动者打算要施行的十分特定的行动，它询问**这个**特定行动的**准则**，以及该指定行动的所有相关特征，是否具有一种普遍法则的**形式**。①

1.3.2

但这意味着什么呢？正如我曾经在别处所说，当康德谈论准则

---

① 关于这一点，还可参见 4.4.2。

的形式时，他所使用的是亚里士多德意义上的“形式”。在亚里士多德的形而上学中，事物的形式就是它各个部分的安排，这种安排使它能做它所做的事，并发挥它的功能。康德式准则所描述的行动的组成部分，主要是行为和目的。（亚里士多德的**逻各斯**有这些部分，但还有其他部分，特别是时间、地点、方式，我会回到这一点上。）康德的问题是，行为和目的是否如此安排，或者彼此相互联系，以至于准则可以充当一种法则。我将用在《规范性的来源》一书中所使用的同一例子，即柏拉图三个准则的例子（R 331c）来说明这一点。

（1）我要留着我的武器，因为我自己需要它。

（2）我拒绝把武器还给你，因为我自己需要它。

（3）我拒绝把武器还给你，因为你已疯疯癫癫，并且可能伤害到别人。

准则（1）和准则（3）描述了好的行动；准则（2）描述了一个坏的行动。是什么赋予了行动这些道德属性？答案不只是行为，因为
准则（2）和准则（3）包含了同样的行为；也不只是目的，因为准 16
则（1）和准则（2）包含了同样的目的。良善不取决于部分，而是取决于这些部分结合和关联的方式；同样，良善不取决于准则的质料，而是取决于其形式。如果行动和目的相互关联，**以至于**行动准则能够被意愿为一个普遍法则，那么该准则就是好的。①

准则描述行动；如果行动准则由于其形式适合成为一种法则，

① SN 3. 3. 5，p. 108.

那么行动就是好的。这意味着适合成为一种法则是准则的内在属性，它是由组成部分之间所关联的方式而具有的。这并不是说有一些存在于行动之外或者独立于行动的法则，行动恰巧符合于它。比如说，上帝并没有把法则放进这些诫命中：要信守诺言、说真话、把武器还给它的拥有者除非他们疯疯癫癫，而这就解释了这些准则中的法则性或者失效。① 毋宁说，准则本身，因而行动都有着法则性的属性。什么是法则性的属性（property of lawfulness）？一种法则规定了要做什么，因此可以说它是要做性（to-be-doneness），约翰·麦基（John Mackie）声称就我们所知世界上没有任何东西可能拥有这种著名属性。②

1.3.3

实际上，麦基谈论了不要做性（not-to-be-doneness），这就有一个很好的理由，因为这里我想避开这里的一个复杂之处。当然，由于有两种正当性——允许性（permissibility）与义务（obligation），相应地，准则在两种意义上适合成为法则。在一种与允许性对应的意义上，如果准则可以起到法则的作用，它便适合成为法则。在一种与义务对应的强意义上，如果准则不仅可以而且必须是一条法则，它便适合成为法则。确认这一点的方式就是表明：做相反之事的准则是不适合作为法则的，并且必须被拒绝。所以，比如

① 参见我的论文“Kant's Analysis of Obligation：The Argument of *Groundwork I*”（CKE essay 2），pp. 61－66。

② John Mackie，*Ethics*：*Inventing Right and Wrong*，p. 40.

当发现我们不能意愿为了得到一小笔现金而做出虚假承诺的准则时，我们就获得为了这种目的而真诚承诺的义务。同样在亚里士多德那里，一个行动可以是高尚的，或者仅仅是非卑鄙的，或者它可能为这一事实所要求，即它的疏忽将是可耻的。所以，相应地有两种要做性，一种对应于行动适合去做（可允许的，并非不光彩的或者可耻的），另一种对应于行动被要求去做，不去做将是违背义务 17
或者可耻的。

1.3.4

因此，就像康德认为好的行动包含法则性的属性，这种法则性的属性存在于行动准则的形式中，亚里士多德认为好的行动包含着正当性或者高尚性的属性，这种属性存在于描述该行动的逻各斯中。我认为对亚里士多德和康德来说，正是由于逻各斯的形式，行动才具有了这种属性。因为使得一个行动正确的不是行为、目的、时间、地点或者方式，而是所有这些要素应该以正确的方式相互关联。在亚里士多德那里，行动就像一件艺术品，各个部分一起协作创造出完美和谐的整体。它是良构的（wellformed）。相比之下，坏的行动则是畸形的和有缺陷的。

但是，对于亚里士多德，这种形式，即要做性的形式是一种普遍性的形式吗？无疑，亚里士多德没有说过这样的话。但是我认为没有理由怀疑亚里士多德会认为，一旦行动的相关特征在它的逻各斯中被完全规定，它就具有普遍性的属性。也就是说，在一个确切地规定的环境中，对任何一个人来说，它都是恰当的行动。事实上，亚里士多德反复申明邪恶歪曲并毁坏被他视为具有普遍性的"第一原则"，而德性则保持和维护它。① 行动是特定的，是感知的对象，但是，对亚里士多德而言，感知的职责是把握居于特殊之中的普遍性：邪恶的感知已经被扭曲以至于这不再可能。② 然而，应当承认，即使亚里士多德认为行动包含高尚或者要做性的普遍形式，这也与认为要做性等同于普遍性或者可普遍化是不大一样的。所以，我不想在此低估这个差别。

当然，还有其他或许相关的差别。正如相比于康德，亚里士多德似乎认为道德判断在其运作中具有较多审美和较少的推理，所以，他似乎也以更加审美的方式去思考道德判断的对象。亚里士多德关于好的或者高尚行动的思想，不仅包括为了城邦的利益牺牲自己这样的事情，而且包括为了精巧地取悦你的观众而讲雅致的笑话和避免把合唱团全都打扮成紫色这样的错误（NE 4.2 1123a19－
18 24)。很难想象康德会很在乎类似这样的事情。另外，康德确实提出了一些相当细致的建议，关于晚会上提供什么饮料（MM 6：428），是否鞠躬表达尊重（MM 6：437），如何签署信件（MM 6：431），以及诸如此类的事情。但是同样，我不会坚持这一点。

---

① 关于德性维持而邪恶毁坏第一原则的倾向，参见 NE 6.5 1140b15－19、NE 6.12 1144a29－37、NE 7.8 1151a15；关于确认具有"普遍性"的实践第一原则，参见 NE 6.8 1141b26、NE 6.8 1142a12－21、NE 7.3 1147a1－5。

② 对这种阐释的辩护，参见我的论文"Aristotle on Function and Virtue"（CA essay 5）。

1.3.5

对于我此处的目的来说，重要的是亚里士多德和康德共有的行动观念，这种观念使他们与经验主义传统和理性主义传统区分开来。他们都认为，选择的对象是行动，是为了目的的缘故而做的行为。他们都认为，这个意义上的行动是道德价值的承载者，道德价值也就是说义务或高尚，是行动的一种内在属性，即体现在描述行动的原则中的一种形式属性。[①] 他们都认为，这个意义上的行动是因为其自身的缘故而被选择，因为它们体现了这种属性。

1.4 行动性和实践同一性

1.4.1

随着这种行动观念展现在我们面前，我将开始阐述自己的观点。我认为行动是由行动者来实施的，这对行动概念至关重要，就像思想是由思想者所思考的，这对思想来说至关重要一样。一个人必须能够把“我做”加诸一个行动，犹如康德所说，一个人必须能够把“我认为”加诸一种思想。正如这里对康德的引用所表明的，这并不是说行动者或者思想者是否需要是一个独立存在的实体，我

---

① 如果他们关于这一点的想法是正确的，功利主义就不是一种道德理论，因为效用是行为的属性，而不是行动的属性。

在后文（7.1.3）将解释，我不这么认为。但是，行动需要行动者，我们把被谈论的活动归因于作为活动创作者的他。我还认为，行动者的统一对行动性概念来说至关重要。这就是说：要把我的思想或者身体的某种活动看作**我的行动**，就必须把它看作我作为一个整体的自我的表达，而不是作用在我**身上**或者我**内部**的某种力量的产物。作用在我**身上**或我**内部**的力量所产生的活动构成了发生在我身上的事情。称一个活动为颤动，或者滑动，立即就否认了它是行动，并且把它归于小于你的整体的某些部分：把颤动归于你的眼
19 眉，或者更有问题的是，把滑动归于你的舌头。一个活动要成为我的行动，要让它以一个行动所必需的方式表达**我自己**，它就必须源自作为一个统一整体而运作的我的全部本性。

1.4.2

现在，事情在这里变得复杂起来了。你可能会认为，这要求行动是行动者的一种先验统一性（即一种已经获得的完整性）的效用、结果或者表现。你首先获得了一种精神统一性或者完整性，使你成为自己活动的主人。也就是说，它使你的一些活动作为**你的**属于你，然后，导致你行动的选择表达了你已经获得的统一的自我。但是，我认为这不是它的运作方式。在这里，人格同一性问题出现了。我要说的是，在相关的意义上，并没有先于你的选择和行动的**你**，因为你的同一性是由你的选择和行动用一种十分平实的方式**构成**的。

1.4.3

个人和行动者的同一性与他通常所超越的人类动物的同一性并
不相同。我认为人类以一种重要的方式区别于其他动物。我们以特
定的方式具有自我意识：我们意识到行动的理由，并且因此控制着
它们。比如说，当意识到自己因为正在体验某种欲求而被诱惑做某
个行动时，你可以从这种关联中抽身出来，并对它进行反思。你可
以问是否应该因为这个欲求或者因为使它可欲的一些特性而做这个
行动。① 如果确定不应该，那么你可以抑制这个欲求。② 这意味着，
尽管在某种意义上非人类动物做什么取决于她自己，但你做什么取
决于你自己有着更为深刻的意义。③ 当你慎思地决定要给这个世界
带来什么样的结果时，你也就慎思地决定了自己将是什么样的原
因。这也就是说你在决定你是谁。所以，我们每个人都面临着建构
一种独特而个体的同一性，即人格或者实践同一性的任务，这是其 *20*
他动物所缺乏的。正是这种同一性使得我们要人们负责的做法和依
赖于这种做法的人际关系变得有意义。

你已经看到，我认为这些人是绝对正确的，他们声称除非人们自己创造自己，否则对责任的判断没有意义。与绝大多数相信这一

---

① 关于我们的理由是欲求还是使事物成为可欲的特性这一问题，我在此不回答。我对于这一点的思考，参见我的论文“Acting for a Reason”（CA essay 7）。

② 参见 SN 3.2.1－3.2.3，pp. 92－98；the Introduction to *The Constitution of Agency*，pp. 3－5 and 10－12。

③ 关于这一对比，参见我的论文“Morality and the Distinctiveness of Human Action,” in *Primates and Philosophers*：*How Morality Evolved*，especially pp. 107－112。

点的人唯一不同的是，我不认为这是一个问题。作为人格或者实践同一性的拥有者，你是你的行动的创作者，并对它们负责。但与此同时，正是在选择行动的过程中，你创造了这种同一性。这意味着在选择行动的过程中，你构成自己成为自己行动的创造者。我十分清楚这听起来有点儿矛盾。除非你已经存在，否则你如何能构成自己、创造自己？这就是自我构成的悖论。这是一个问题，在解释能够使我们掌握解决方案的形而上学观念之后，我会在下一章（2.4）回到这个问题上来。

1.4.4

在继续探讨之前，我想澄清一下关于同一性的这些主张与我在其他地方说过的关于同一性的事情之间的关系。在《规范性的来源》中，我认为选择的基础就是我所称之为的“实践同一性观念”(conception of practical identity)，它是一种描述，在此描述中你评价你自己，并且发现你的生活值得一过，你的行动值得去做。[①] 实践同一性观念包含着诸如角色、关系、公民身份、种族或者宗教团体中的成员资格、事业、职业、专业和职务之类的内容。对你来说，这可能很重要：你是一个人，一个男人或者女人，从事某种职业的人，某人的爱人或者朋友，公民或者法院的官员，一个女权主义者或者环境保护主义者，或者其他什么。实践同一性观念支配着我们的行动选择，因为以一定角色或者一定描述来评价自身同时也

① SN 3.3.1, p.101.

会发现为了某种目的去做某些行为是值得的，而做其他行为则是不可能的甚至难以想象。如果你是某人的朋友，那么你会发现，为了和她分享而做饭，或者为了给她买礼物而去购物，这些都是值得做的行动，而与她丈夫的通奸将被排除在外。如果你是家长，那么你会认为，为孩子的教育而存钱是一件因其自身而值得做的事情，相反，因为你想要去看电影而拒绝帮助他做家庭作业则被排除在外。 21
如果你是一位科学家，那么，进行艰巨的实验去证明某些理论的真实性似乎是一件因为它自身而值得做的事情，同时你会拒绝去争夺你同事的数据以便在你俩都在试图做出的发现中击败他，你会认为这样做是违反职业道德和不光彩的。

人们可能会把一种特定的实践同一性，如果有点儿人为的话，看作一套原则，比如说，作为教师或者公民，应该做什么，不应该做什么。但我认为至少在某些情形下，以更加普遍的方式将一种同一性形式看作一个有意义的角色，这一点是重要的。因为关于一个特定的行动方式对于成为，比如说一个教师或者公民而言是最好的还是唯一的方式，存在着讨论的空间，例如，思考一下关于非暴力抵抗的争论。正是在涉及这种同一性形式的角色或者意义时，对这种同一性形式不同阐释的思考和争论可以继续下去。这里有着争论的余地，也存在着创造的空间：一个人也许会找到成为朋友的一种新的方式。

这些同一性是我们理由的来源，但当然，这个想法并不仅仅是我们决定要哪一个同一性并且遵从它。我们有着许多特定的实践同一性，因此也面临着把它们统一成一个连贯整体的任务。

1.4.5

在宣称这些同一性是我们理由的来源时，我并不是说关于你的同一性的这个想法需要以任何明确的方式在你的推理中发生作用。但是，就像我拒绝了关于德性的好狗理论（Good Dog theory）一样，我也拒绝关于同一性的好狗理论，这意味着我想承认，对于像我们这样的存在者来说，抵制实践同一性要求的诱惑是可能的。**然后**，你可能会有明确地唤起你的同一性的想法：“我不能做这个，她是我最好的朋友！”“你把我当什么了？我是一名科学家。”或者它们甚至可能为其他人所提出：“你知道，你**是**他的妈妈，如果你不帮助他谁还会这样做呢？”这里的结构不是那种手段/目的推理结构：这并不是说，你的**目的**是成为一个朋友或者父母或者科学家，而是说，这些同一性观念以康德和亚里士多德所认为的道德方式控制着我们的选择。正如已经论证过的那样，当康德和亚里士多德谈论“出于义务”或者“为了高尚的缘故”而从事的行动时，他们不是在谈论可以实施某种行为的其他目的，而是谈论为整个行动所拥有的一种价值——为了一个目
22 的而做一个行为。同样，实践同一性也赋予某些整体行动某种价值。我可以说，它们定义了义务和高尚的偶然形式。

1.4.6

对义务和高尚的考虑必须是康德所谓的“动机”（incentives）的来源，这一点是康德和亚里士多德的道德动机（moral motivation）观念的一个重要组成部分。正如我将在后面更详细解释的那

样（5.6），康德认为每一个行动都包含两个因素：动机和原则。动机把行动作为一种合意情况呈现给你的大脑，原则则决定行动实际上是否被选择。现在假设你的原则是定言命令：仅仅根据你可以意愿为普遍法则的准则而行事。同时假设，以某种普通欲求作为动机，你制定了一个准则，结果与这个原则不相容。在一个初晴的日子里，为了想在海滩待上一天，你忍不住想要违背帮助邻居刷房子的承诺。你检验你的准则，欲求被拒绝，因而如所承诺的那样去帮助你的邻居刷房子。如果理性的行动总是既有动机又有原则，那么你这样做的动机是什么？是什么将“遵守诺言”作为一个合意的行动呈现在你的脑海里？康德认为，它是对法则的尊重，以道德法则的运作作为其自身的动机。换言之，你必须遵守承诺的想法本身就可以作为遵守承诺的动机。当然，人们并非总是要进行这种心理操作来找出需要什么：受过教育的道德行动者在其关于正确的事情的常识中，会发现尊重法则而行动的持久动机。

我认为实践同一性正是以这种方式支配着选择。它们是动机的持久性来源，也是原则的持久性来源，根据这些原则，我们接受和拒绝所提议的行动。“我不能那样做，那是不对的”和“我不能那样做，我是他的母亲”是具有同样结构的主张。由于我在《规范性的来源》中论证了道德本身建立在实践同一性，即作为我们理性或人类存在物的同一性的基本形式的基础之上，因此，在此这么说不应让人感到意外。①

① SN 3.4.1－3.4.9，pp. 113－125.

1.4.7

值得在此重申的是，在上面最后提到的那个论证中，即关于我
23 们的人类或者理性的同一性是一种实践同一性形式的承诺，第一步应该如何运作？实践同一性在大多情况下都是偶然的，人们以各种方式获得它们。有一些是与生俱来的，比如是某个人的孩子或者邻居，或者是某个国家的公民。有一些则是出于理由而接纳的，比如加入一个值得的和适合你才能的职业，或者献身于一个你热忱信奉的事业。许多为我们自愿地接受，但没有任何超出边际意义的理由。与浪漫的想法相反，你不是嫁给一个为你而生的人，而是与一个和自己年龄相当、住在附近、同时有结婚打算的人结婚。你可以通过暑期打工的方式进入一个职业，或者在与朋友的交往中拥护一项道德事业；或者因为正好出生在这个国家而有着对它至死不渝的忠诚。

然而，不管是理由充足的或任意的，还是选择的或仅仅是环境的产物，我所谈论的这些同一性在这个意义上都仍然是偶然的：你是否把它们当作理由或者义务的来源取决于你。如果你继续认可同一性呈现给你的理由，并且遵守它加于你的义务，那么它就是你。暂时把道德放在一边，因为可能存在着道德理由不去做我要描述的这些事情，你可以甚至走出基于事实的同一性，比如某个人的孩子或者某个国家的公民，不理会它所带来的理由与义务，只是因为你不认同自己的这个角色。那么，它就不再是一种*实践*同一性的形式：不再是一种你用来评价自身的描述。另外，你可以由衷地认可

甚至最任意的同一化形式（form of identification），把它的理由和义务视为不可违背的法则。使偶然同一性成为必然同一性是人类生活的一项任务，而有能力做到这一点可以说是一个好人的标志。去做你的工作就好像它是世界上最重要的事情，去爱你的配偶就好像你的婚姻是天作之合，对待你的朋友就好像他们是世界上最重要的人，这就是把你的偶然同一性看作绝对不可违背的法则之来源。

但是，人们为什么要这么做呢？我刚刚说过这些同一性的形式是偶然的，可以远离它们。它们对人们的控制依赖于人们自己对其所给予的法则的认可。每当按其行事时，我们就认可了它们的法则。对人们来说，甚至源于自己动物本性的理由也是可选择的，因为不同于其他动物，我们可以选择背弃我们的动物同一性以及故意死亡。但是，有一个让人们不放弃所有同一性的理由。给出这个理由的是我所由出发的问题：人类的困境。我们必须行动，为了行动，我们需要理由。除非有一些认同的原则，否则人们将没有理由 24
去行动。为了有理由去行动和生活，每一个人必须使他自己成为某个特定的人。获得人们必须为之负责的人格同一性是人类生活中一项不可逃避的任务。

这是争论的一个焦点。让我们暂时回到偶然的实践同一性上。我说过，一个偶然的实践同一性就是一种描述，在这种描述下，你重视自己，发现你的生活值得去过，你的行动值得去做。说在某种描述下你重视自己，这意味着什么？构成重视对象的行动或活动因对象的不同而不同。重视并不总是在于生产、促进甚或保持你所重视的东西。例如，重视美在于欣赏地凝视它；重视人在于尊重他们的理由、选择和兴趣，而不在于他们有许多孩子。[①] 在某种描述下重视自己，在于认可这种自我认同的方式所带来的理由和义务。说某一国家的公民在这种描述下珍视自己，并不是说他的目的是成为这个国家的公民，而是说他认可和接受随着成为该国公民而来的理由与义务，因为他就是这样看待自己的。

假设我遵守作为一个美国公民的义务，把公民责任看作确实必须遵守的责任。有人可能会对我说：好吧，当然，我知道只要你认为自己是美国公民，你就必须这样做。但是，为什么你必须如此认真地对待这种自我认同的方式呢？你出生在美国仅仅是一种偶然。这里，部分的回答是必须认真对待自我认同的**某些**方式，否则我根本没有任何理由。就我把这一事实，即我需要某种自我认同的方式当作理由而言，我表达了自己作为人类或者理性存在物给自己设定的价值。

因此，当重视自己为偶然的实践同一性的承载者时，并且知道这些同一性是偶然的，我们也重视自己是理性存在者。因为通过这样做，我们就认可了一个源于自己理性本质的理由，即我们需要有理由。正如我刚刚所说，认可源于某种实践同一性的理由就是看重自己作为这种同一性形式的承载者。人们应该为自己，为自己的人性，寻找一些可以用正直和奉献精神去担当的角色。但在承认这一
25 点的同时，我们也在致力于人性本身的价值。粗略地讲，这就是我在《规范性的来源》一书中的思想。[②]

---

① 同样参见 T. M. Scanlon, *What We Owe to Each Other*, pp. 103 - 107。

② 在上面的段落中，我并没有试图再现该论证的一部分，即重视一个人作为理性存在者的同一性与道德之间的联系。这一论证部分涉及理性的本质“公共性”。参见 SN 4. 2. 1 - 4. 2. 12, pp. 132 - 45, and 9. 4. 5 - 9. 7. 6。

1.4.8

我刚刚回顾的先前著作中的观点表明，为了成为人，也就是为了要有理由，你必须把自己构成为一个特定的人，并且为了做到这一点，你必须致力于作为一般人（person-in-general），也就是一个理性行动者的价值。在本书中，我会主张同一结论，但是更加直接聚焦于行动性，即聚焦于把自己构成为行动的创作者所必需的东西。所以，我现在回到主题的另一方面：关于行动的本质方面。我说过，正是在选择行动的过程中，你把自己构成为行动的创作者。我认为这就是行动，而不是如密尔所认为的生产。行动是自我构成。因此，我将论证决定行动好坏的是它们把你构成得如何。

自我构成的任务包括发现一些角色并以正直和奉献的精神去履行它们。它还包括把这些角色融合为一个单一的同一性，融合为一种连贯的生活。人们或多或少成功地把他们的这些同一性构成为统一的行动者，一个好的行动即在这一方面做得很好。这种行动既获得又源于行动者的完整性。但是，因为行动需要行动性，因此，在构成行动者方面不太成功的行动，在某种程度上也就是有所欠缺的行动。所以，“行动”是一个允许有程度差别的概念。以一种更加成功地统一和整合行动者的方式选择的行动，相比于不能如此的行动而言，是更加真实与完满的行动。在这里，实践理性的原则，假言命令和定言命令就依次进入了我们的叙述。因为我将论证，实践理性原则就是我们把自己构成为统一的行动者所依据的原则，并且我认为这也解释了它们的规范性。实践理性原则约束着我们，这是因为我们必须行动，必须把自己构成为统一的行动者。

我知道，此刻这是非常抽象的，因为我还没有解释行动如何去
统一或者构成它的行动者，这要等待稍后再说。但是，这就是我正
在寻找的结论：遵从实践理性原则的必然性归根到底就是成为一个
统一行动者的必然性。如果行动性需要统一性是正确的话，那么成
26 为一个*统一的行动者*（a unified agent）的必然性实质上就是成为
一个*行动者*的必然性。而如果行动需要行动者是正确的话，那么成
为行动者的必然性实质上就是行动的必然性。如我已经指出的那
样，行动的必然性正是我们的困境。实践理性原则对我们来说是规
范性的，这只是因为我们必须行动。

1.4.9

很明显，在目前为止所说的这些内容中，我是在谈论*人类*的行动性，也就是说自觉的行动性。事实上，我所说过的一些内容表明只有人类才是行动者，如果你对此不感到困惑的话，但其实你应该感到困惑，因为这不是真的。更一般的行动本质以及人类行动与非人类动物行动之间的区别将是本书的主题之一。但是，其中一个区别与我开始时的想法直接相关。因为人有自我意识，所以我们会意识到对自己的精神统一性或者完整性的威胁。有时这些威胁来自我们自己的欲求和冲动。为了成为好人而必须抑制任性欲求的那个不断改过自新的可怜的罪人，其形象中的真实成分在于：在面对威胁完整性以及当反对这些威胁时，我们进行慎思（deliberate）。这一形象中的错误观念是：*为了做个好人*，必须抑制这些威胁。相反，

我们是为了成为一个人，成为统一体与整体，才必须抑制它们。我们必须抑制它们以保持人格或者实践同一性，必须这样做从而保持自己的行动性本身。能够成功做到的人就是好人，不是因为他努力成为好人，而是因为他努力成为一个统一的人，成为一个完整的人。在我正在扩展的这一图景中，成为一个人，拥有人格同一性，成为一个理性的行动者，它们本身就是一种工作形式（a form of work）。对强制的体验，包括它的努力甚至痛苦的成分，都是对这一工作形式的体验。因此，一个好人就是擅长这项工作的人，一个好人就是善于做一个人。

这就是我将在本书的其余部分要加以论述的内容。

2. 规范性的形而上学

2.1　构成性标准

2.1.1

27 在第 1 章，我提出了实践理性原则把我们统一起来，并把我们构成为行动者，它们之所以是规范性的，原因也正在于此。这个论点背后存在着一个关于规范性的更一般的解释，我认为这一解释为本书的三位重要人物柏拉图、亚里士多德和康德的哲学所共有。基于这个解释，规范性原则是把多样性、杂多性或者用亚里士多德的美妙短语来说——简单堆积（mere heaps），统一到特定对象中的一般原则（M 8.6 1045a10）。

这一观点在亚里士多德《形而上学》的核心部分得到了最为清晰的表达，因而这也是我们的开始之处。① 根据亚里士多德的看法，使对象成为这样一种对象的，即赋予其同一性的，是它的所做、它的功业（ergon）：它的目的、功能或特有的活动。这在明显由功能所界定的人工制品中是最明显的。一个人工制品既有形式也有质料。质料是制造人工制品的原料、材料或各个部分。人工制品的形式是功能性安排或目的论组织。也就是说，正是质料或各个部分的安排使对象能够发挥其功能，做其所做，使它成为所是之物。比如说，房子的功能是作为一个可居住的住所，它的各个部分是墙壁、屋顶、烟囱、隔热层等。那么，房子的形式就是这些部分的安排，使其成为一个可居住的住所，或者更为准确地说，它是那些部分的安排方式，使其成为一个可居住的住所。墙壁在拐角处连接起来，隔热层被置入墙壁中，屋顶被放置在顶端，等等，如此一来天气被挡在了外面，室内创造了一个舒适的环境。这就是房子的形式。

根据这一观点，成为一个对象，被统一起来，被有目的地组织 28
起来，都是一回事。目的论组织就是将原本质料的简单堆积统一成特定类型的特定对象。在亚里士多德看来，目的论组织也是认识的对象。认识一个对象，也就是理解它，不仅要明白它是做什么的，

① 接下来的观点主要来自《形而上学》（第 7～9 页）。

是由什么构成的，还要明白各个部分的安排是如何使其能够发挥作用的。毕竟，谁都知道房子是一个住所，谁都知道它的各个部分包括墙壁、屋顶、烟囱和其他东西，甚至大致它们的位置。建筑师的与众不同就在于他知道这些部分的安排如何使房子能够达到居住的目的。而且这意味着，在亚里士多德看来，事物的形式既支配理论，也支配实践。认识房屋就是在你的头脑中形成它们的形式，而建造房屋则是要由这一形式来指导。

同时，对象的目的性组织或者形式支持着关于它的规范性判断。墙壁上有裂缝的房子不能很好地将天气阻挡在外，不能很好地遮风避雨，因此也就不是一所好房子。古代形而上学关于真与善的同一性命题紧随着这一观念而来，因为这种坏的性质最终渐变为字面意义上的瓦解。墙壁上有足够多裂缝的房子将会土崩瓦解，不再是一座完整的房屋：它将重新分解成木板、灰泥和砖块的简单堆积。

2.1.2

在这里，我们有必要观察一下严格意义上的好的或坏的房子与因为一些外部原因房子碰巧是好的或坏的事物之间的区别。挡住了周围邻居湖景视野的大型宅邸，对于邻居来说可能就是一个坏的事物，但是并不能因此说它是一座坏房子。一个事物的目的论组织所产生的规范性标准，就是我所说的“构成性标准”，这些标准适用于一个事物仅仅因为它是其自身之所是。

构成性标准的一个特别重要的实例就是我所说的构成性原则，

一个适用于活动的构成性标准。在这些情况下，我们所说的是，如果你不遵循这一原则，你就根本没有在从事这一活动。在本质上以目标为导向的活动中，构成性原则产生于这些活动所指向的目标的构成性标准。一个房屋建造者，就其自身而言，试图建造一座能遮风挡雨的大厦。但是，所有的活动而不仅仅是一系列的事件或过 29
程，从本质上来说，都是由从事这些活动的人所指导、自我引导的，即使这些活动并不是被外部目标所指导或引导。描述从事某种活动的行动者指导或引导自己的方式的原则，就是该活动的构成性原则。因此，把一只脚放到另一只脚的前面，这是行走的构成性原则；用蹦跳或者弹跳来做这件事，这是跳跃的构成性原则。或者用一个有争议的例子来说，当看到矛盾在前进道路上若隐若现时，你会**突然转向**，这是思考的构成性原则。在所有这些情况下，我们可以说除非遵循相关的原则，否则你根本就没有在从事这一活动。

2.1.3

构成性标准这一观念很重要，因为构成性标准可以轻松应对对它们权威的质疑性挑战。为什么不应该建造一座挡住周围邻居湖景视野的房子呢？也许因为那样会使邻居们不高兴。现在这个考虑可以轻易搁置一边，如果你很自私或者够强硬，能勇敢面对邻居们的不满的话。但是，问为什么房子应该作为一个居所是没有意义的，所以问为什么角落应该密封、房顶应该防水与严实，也是没有意义的。我的意思是说，当然可以从一种技术角度去问这些问题，可以问密封的角落和防水的屋顶是如何起到遮蔽功能的。但是一旦回答了这些技术性的问题，就没有更多的余地来质疑构成性标准拥有规范性力量。因为如果远远低于构成性标准，所建造的将根本不是房子。实际上，这意味着即使是最贪赃枉法的劣质建筑商也必定试图建造一座好房子，原因很简单，就是没有其他方法可以建造房子。建造一座好房子和建造一座房子并不是不同的活动：二者都是由隐含在房子理念中的目的论的规范所引导的活动。显然，这并不是说每座房子都是好房子，尽管有一个为什么不是这样的难题。然而，它确实意味着建造坏房子与建造好房子并不是不同的活动。**它是相同的活动**，**只是做得糟糕**。

2.1.4

让我们来思考这个难题。如果建造坏房子与建造好房子是相同
30 的活动，为什么会有坏房子呢？在这个例子中，我们有一个对象，一座房子，具有某些构成性标准的特征。根据这些标准我们来理解建造房子的活动。房子的建造者参照房子构成的规范性标准，用亚里士多德的术语说，就是它的形式，并试图通过适当的质料即建筑材料来实现那个形式。因为建筑是一个目标导向的活动，这就是建筑活动的本质所在。对房子形式的描述可以被解读为一种建造房子的方案，或者一系列指令：把拐角处的墙壁连接起来，把隔热材料放置在墙壁里，把屋顶安置于顶端……因此，试图建造一座房子与试图建造一座好房子并不是不同的活动。如果一个人正在建造房子，他就是在试图建造好房子。那么，劣质的建筑商怎么可能存在呢？

这是个一般性的问题，不限于生产活动。这里有更多的例子。在《道德形而上学的奠基》中，康德认为假言命令、工具理性原则是分析性的，因为“谁意愿目的也就意愿手段”是分析性的（G 4：417）。这似乎表明，如果你不意愿手段，从逻辑上就意味着你不会真的意愿这个目的。但是，如果在最简单意义上这是真实的话，那么就没有人会受到违反假言命令的指控。因为如果有人没有意愿手段，那么逻辑上他就没有意愿目的，在这种情况下，当然，他也不会违反假言命令，这一假言命令仅仅告诉他如果他确实意愿目的时去做什么。然而，这使得我们无法理解工具性原则是命令这一断言，因为如果它们不可能被违反，它们怎么可能是一些命令呢？[①]之后我将论证假言命令是行动的构成性要素（4.3；5.1.3），但是也不能因此认为它不是规范性的。这里还有另外一个例子，你可能会发现它更容易令人信服。在一个英语句子中，名词和动词的同时在场是使其成为一个句子的构成性要素，也就是说，它们是表达一个完整思想的要素。然而，包括批改试卷在内的人们都碰到过一个无动词的单词串，这些冗长的单词想要成为一个句子却没有能成功，但它们又并非仅仅是胡言乱语。英语说得不好这件事，它和完全不会说英语是不太一样的，尽管且重要的是它倾向于那个方向。因为如果你完全无视英语的规则，你所说的就根本不是英语了。

---

① 关于这个论点的更完整的版本，参见我的论文“The Normativity of Instrumental Reason”（CA essay 1）。

2.1.5

31 所以，我们要研究的是一个相当一般性的问题，即关于在完美地执行一个活动和完全不执行它之间寻找概念性的空间，从而我们可以把做得不好的人放进这一空间。在古希腊哲学家中，这似乎是关于技艺的标准谜题之一。至少它出现在《理想国》第1卷关于统治的技艺中。色拉叙马霍斯（Thrasymachus）说，正义是强者的利益，因为正义的规则是强者强加给弱者的，强者为了自己的利益而统治。苏格拉底假装对这一问题感到困惑：当强者制定了事实上对他不利的法律时正义何在（R 339c-e）。色拉叙马霍斯回答说，问题是松散的谈话方式造成的。他说，在严格意义（precise sense）上，工匠、专家或者统治者犯错误的那一刻，他们就不再是工匠、专家或者统治者了（R 340d－341a）。换句话说，色拉叙马霍斯的结论是，如果你做得很糟糕，你就根本不是在从事一种技艺。苏格拉底则用这种“严格意义”来让色拉叙马霍斯哑口无言，他表明，一个统治者，在严格意义上说，是为他所统治的一切利益而不是为了自己的利益进行统治（R 341c－343a）。

事实上，一项活动的“严格意义”或者完美形式与这种活动存在着复杂的关系，因为活动既是规范性的也是构成性的。尽管我们说，除非你严格地执行某个活动否则你根本就没有在从事这一活动，这并不真实，但是为了从事这一活动，你必须遵循活动的严格意义，这是真实的。同时，这个严格意义为活动设置了规范性标准。人们很容易认为实际的活动必须参与到完美的或严格的活动中。换句话说，柏拉图的形式理论适用于各种活动。

劣质的建筑商没有遵循一套不同的标准或规范。他可能在做两件事情中的一件。他可能遵循规范，但是粗心大意、漫不经心地随机选择次质材料，密封墙角不完美，添加隔热材料不充分，等等。但是，如果这个人不诚实，他也可能有意识地做这些事情，说是为了省钱。在这种情况下，我们当然不能说他是在努力建造一座好房子吧？不会，但是现在我认为我们应该遵循苏格拉底的引导，认为他根本不是在努力建造房子，而是建造貌似一座房子的仿制品，一种被他可以冒充成真品的赝品。引导他的目的不是建造房子，而是建造一种能卖到房子价钱的东西，这种东西要足够像真正的房子，
并且以后他不会因此而被起诉。在我已经提到的《理想国》的段落 32
中，苏格拉底在这一点上大做文章，他坚持认为一个工匠在严格意义上不是一个赚钱者，而仅仅是从事一种技艺的人（R 341c－342a）。

2.1.6

因此，在这个观念中，每一个对象和活动都是由某些标准来定义的，这些标准既是它的构成性标准，也是它的规范性标准。这些标准是对象或活动必须至少努力去满足的，只要它完全成为这个对象或者活动。不符合这些标准的对象在某种程度上是坏的。赋予这种坏的性质，即为一种构成性标准所判断的坏的性质以一个特殊名称是很有用的，在英语中有一个单词很好地诠释了它：**缺陷**（defect）。因此，在某种特殊的意义上，我将会使用这个术语，一座被如此建造得不适合遮风挡雨的房子就是**有缺陷的**；同时，一座阻碍

了邻居视野的房子，尽管它因此可能是一个坏的事物，但却并不是一座有缺陷的房子。既然行动的功能是自我构成，我最终会论证（第 8 章）坏的行动，有缺陷的行动，就是那些没有把它们的行动者构成为它们行动的统一创作者的行动。

2. 1. 7

我在前面说过，构成性标准很重要，因为它们能够轻松地应对质疑性的挑战。但是这个想法的重要性远不止于此，因为我相信，尽管我知道这是有争议的，确立任何所谓规范性原则的权威的唯一途径，就是确立它构成了为它所支配的人承诺的事情，即她正在做或者不得不做的事情。我认为康德也是这样想的。逻辑定律支配着我们的思想，因为如果不遵循它们，我们就不会思考。不合逻辑的思维不仅是坏的，而且是有缺陷的，它作为思维是坏的。知性的法则支配着我们的信念，因为如果不遵循它们，我们就不能建构一个客观世界的表象（9.7.5）。我认为，实践理性的法则支配着我们的行动，因为如果不遵循它们，我们就不会行动，而行动是我们必须做的事情。对于一个不可避免的活动而言，构成性原则具有无条件的约束力。

否则它会怎么样呢？构成性标准具有不容置疑的权威，而外部标准却会引发更多进一步的问题，并为怀疑论的质疑留下了空间。那么，除了将外部标准的权威追溯到一条构成性标准，我们怎样才能赋
33 予外部标准权威呢？再考虑一下那座阻挡了邻居湖景视野的房子。为什么房屋建造者不应该建造它呢？因为我认为人们确实都同意，他毕竟真的不应该这么做，尽管事实上它并不会因此而成为一座有缺陷的房子。那么，也许他认为自己是一个好邻居，一个市民典型，不需要

问为什么不应该建造一座妨碍邻居的房子。或者可能他爱邻居们，不想伤害他们。或者可能——期待我们正在阐述的观点的成功——建造阻碍邻居视野的房子在道德上是错误的，所以尽管它作为房屋建筑而言可能很不错，但是作为一个行动它是有缺陷的。

2.1.8

这里还有另外一个原因来解释为什么构成性标准这一想法是重要的。或者说，这是相同的原因，只是描述的方式不同，来自不同的方向而已。这个原因就是在上面所描述的意义上，我们需要缺陷这个概念。比如说有两个对象，可称为 A 和 B，它们在某些方面互不相同。它们具有一些不同的非偶然特性。现在我们需要区分 A 和 B 互相不同的两种方式：A 可以是一种和 B 不同种类的事物，或者 A 可以是一个和 B 同种类的有缺陷的事物。假设 A 是和 B 同种类的有缺陷的事物，然后再假定有 Y 和 Z 两个对象，它们在同一特性上彼此相异，但它们是不同的种类。我们应该区别对待 A 和 B、Y 和 Z 这两组事例吗？事物是什么样的种类重要吗？① 为什么重要的不应是特性

① 在哲学文献中有一处涉及不同和缺陷问题，这就是关于动物道德地位的讨论。所谓的"边缘案例"观点认为，我们如果给予有缺陷的人类某种道德地位，那么就没有理由不给予动物这种地位，因为动物缺少讨论中的人类所具有的缺陷这一特性。我认为这个论证是错误的。对于给予其他动物道德地位，我们可以做出一个更好的论证。在即将出版的《牛津伦理学与动物手册》（*The Oxford Handbook on Ethics and Animals*，ed. Thomas Beauchamp and R. G. Frey，Oxford，2010）里，我在《生命伙伴：康德主义伦理学与我们对动物的责任》（"Fellow Creatures：Kantian Ethics and Our Duties to Animals"）和《与动物互动：一种康德式的阐释》（"Interacting with Animals：A Kantian Account"）这两篇论文中概述了这一论证。

本身呢？如果特性是最重要的，那么我们就不需要也不可能区分出不同与缺陷：不同的特性集合将仅仅是不同的，仅此而已。

还可以考虑一下工具性推理的情况。卡斯帕说为了保持身材，他决心从明天开始进行锻炼，但是他并没有这么做。如果他改变了
34 对保持身材的价值的看法，或者如果当宣布其决心时他是在撒谎，那么他的意志仅仅是与我们所期望的不同。但是，如果他因为意志薄弱而不去锻炼，那么他的意志就是有缺陷的：他做了一种无效的意志行为。区分出这两种情况肯定是可能的。如果他的意志转变仅仅是不同的而不是有缺陷的，那么他就没有也不能违反任何原则或规范。①

或者再举一个类似但更加麻烦的例子，让我们想一想语言。有人违反了你所理解的英语规则。他是在说一种方言还是犯了一个错误呢？也许他是讲方言，为了避免偏执，我们当然必须承认这种可能性，那么他所做的就只是不同的事情而已。这些情况可能会很棘手，例如，成年人可能把被孩子们视为一种合法的俚语形式看成仅仅是错误的。但是，如果每个说话不同的人被允许反驳批评，声称自己只是在用一种不同的方言，那么英语就没有规则可言了。

另一个例子：一些身体的差异，比如说头发的颜色，只是不同而已。我们把其他的情况视为缺陷，把遭受这些缺陷的人看作不幸的。有时，人们会出于尊重和体贴这些值得赞美的动机而试图否认

---

① 正如我在《工具理性的规范性》［“The Normativity of Instrumental Reason” (CA essay 1)］一文中，特别是在第 48～50 页所进行的论证。但是关于这个论证的一些复杂情况，也请参阅后文 4.3.4 中的讨论。

这一点。他们宣称耳聋并不是一种有缺陷的状况，而只是一种不同，一种向他人学习并与他人交流的不同途径的来源。但是，我们为这些遭受缺陷状况的人提供社会的特别帮助和补偿。如果他们只是不同的话，为什么我们应该这样做呢?

区分缺陷与差异可能是困难的。正如我已经给出的例子所表明的那样，它甚至可能带有政治色彩或者政治的微妙性。它也可以在很大程度上是实用的。个子矮使得做某些事情变得更难，正如耳聋一样，但是我们不认为这是个缺陷。也许这是因为，对于我们这样的物种来说，并不是所有人都一样高，有些人必然个子矮。有些差异仅仅当它们达到某些极端时才会变成缺陷。应该承认区分缺陷与差异是多么困难，然而我们需要缺陷这一概念用于各种各样的目的。如果试图从世界上彻底地消除缺陷这一概念，我们也将同时消除规范性：没有什么会违反必然适用于它的任何标准；一切都将只是不同而已。所以，我们需要构成性标准。

2.2 生命的构成

2.2.1

在 1.4.3 中，我提到过“自我构成的悖论”。除非你已经存在 35
于此，否则你如何能构成你自己、创造你自己呢？而如果你已经存在于此，你怎能需要去构成你自己呢？根据所展现的亚里士多德观点，我们现在准备开始着手解决这一问题。

亚里士多德借助生物拥有一种特殊形式的观点，将其对人工制品的同一性的论述扩展到生物身上。① 生物被设计成维持和再生产它自身，也就是说，维持和再生产它自己的形式。它具有我们所说的一种自我持存形式。因此，这是它自己的目的；它的功业或功能恰恰就是并且将继续是：成其所是。它的器官、本能和自然活动都围绕这个目的而安排。例如，长颈鹿的功能就是成为长颈鹿，并继续成为它，同时产生其他长颈鹿。因此，我们可能会说，长颈鹿就是被组织起来的一个实体，不仅主要通过营养以维持住长颈鹿本性（giraffeness）的一个特定实例，一个时空性持续流，而且也通过繁殖来生产出长颈鹿本性的其他实例。健康的长颈鹿指的是它能够很好地被组织起来维持其长颈鹿本性，而不健康的长颈鹿则遭受着促使其衰变的状况。所以严格说来，健康对于长颈鹿来说不是一个目标，而是我们所谓的能够使长颈鹿成功实现其功能，也就是继续成为长颈鹿的内在条件。这与我在 1.1.5 中谈到的方式类似，即良善对于人而言不是一个目标，而是我们称之为的一种内在状态，它使一个人成功地实现其功能，也就是维持她作为一个统一个体的完整性，成为她自己。这正是柏拉图和亚里士多德总把健康比作美德的原因。

重要是要注意到目的论组织（teleological organization）在长颈鹿的活动和行动中所扮演的复杂角色。长颈鹿的行动既是由长颈鹿本性支配的，同时也是对长颈鹿本性的保护。一种好的长颈鹿行

---

① 除了上面提到的亚里士多德《形而上学》中的关键几卷，现在再增加《论灵魂》，特别是其中的第 2 卷。《物理学》（*Physics*）第 2 卷也很有帮助。

动，譬如啃树梢嫩绿的叶子，维持了长颈鹿的生存，因为它通过营养过程提供了不断恢复其本性所需的特定营养。然而，长颈鹿的行动是由源于其本性的本能促成的。这与生物和人工制品之间的明显 36
不同相关，这一不同指的是，生物是由严格说来不能独立于其自身而存在的各个部分组成。你不能用嫩绿的叶子造出一只长颈鹿来，但是长颈鹿的营养过程可以将嫩绿的叶子转化成构造长颈鹿所需的各种质料，包括长颈鹿的各种有机组织和器官，等等。此外，构成有机体的活性组织相对脆弱，而且需要不断更新。由此可以得出结论，如果长颈鹿停止了它的各种活动，如果它停止啃食嫩绿的叶子或者这样做时却停止消化它们，它就会崩溃。这就意味着，严格来说，成为长颈鹿不是一种状态，而是一种活动。成为长颈鹿就是要做某事：长颈鹿本质上是一个实体，它总在使自己成为长颈鹿。实际上，我刚才提到的实体是派生性的，只有通过观察者精神框架的一种人为凝结（artificial freezing）才能获得，因为任何停止努力成为长颈鹿，阻止其自己成为长颈鹿的事物，都不会使其长久地保持为一只长颈鹿。所以，成为长颈鹿就是从事着不断使自己成为长颈鹿的活动：这就是长颈鹿的生活。

2.2.2

我说过生物明显不同于人工制品，因为严格说来，生物的各个部分并不独立于生物本身而存在。实际上，非常严格地讲，这也适用于人工制品：它们的各个部分也不能独立于人工制品本身而存在。例如，大块的石膏板或者灰泥可以脱离房子而存在，而墙壁则不能，因为墙壁是被功能性定义的，大块的石膏板或者灰泥并不是房屋的组成部分，它无法把一个房间与另一个房间分开，或者帮助来支撑房顶。但是也许费劲地提出这一点的唯一理由就是支持人工制品与有机体之间的类比。

然而情况也许并非如此。如果我们不做类比，而把人工制品看成拥有独立存在的各个部分，那么人工制品看上去就好像是或可以是静态的实体，而非像生物那样在本质上是各种活动。我不认为它们可以这样。一个人工制品根据其本质活动来定义：它就是能够执行该活动的事物。但事实上，大多数人工制品并不能完全靠自己来执行它们的活动。在它们能够行使其功能之前，它们需要一个能量源或者由人类来操作，或者二者皆需。因此，不能说你衣橱里的真空吸尘器“能够清洁地板”，因为实际上除非你把它插好电并使用它，否则它不能做到这一点。所以严格来讲，当人工制品仅仅是放
37 置在我们的架子上或衣橱里而什么也不做的时候，它们是不完整的对象（incomplete objects），只有当某个最后部分被置入或插入时，它才会开始行使其功能。事实上，这件事情的真相看起来似乎令人沮丧：根本没有像真空吸尘器这样的人工制品。相反，你所谓的真空吸尘器实际上是这样一个实体，当你适当地和它组合在一起时，它使你变成了真空吸尘器。

从这一思路可以得出各种奇怪的结论：现实本质上就是活动，因为所有静态实体一般而言只是观察者精神框架凝结的结果；所有那些在你阁楼和车库中的对象根本不是实体，而只是等待完成的半成品；实际上根本没有人工制品这类东西，尽管人类和其他使用工

具的动物投身于各式各样的人工制品模式中……好吧，我在此打住。

2.2.3

成为长颈鹿，简单地说就是从事不断使自己成为长颈鹿的活动：这就是长颈鹿的生活。出于我们之前考虑过的同样原因，在长颈鹿的生命活动和健康的长颈鹿的生命活动之间并没有真正的不同，因为为了过长颈鹿的生活，必须遵循隐含在长颈鹿本性之形式中的目的论原则，即成为长颈鹿的构成性原则。所以，不健康的长颈鹿的生命活动同健康的长颈鹿的生命活动并非不同。*它是相同的活动，只是做得糟糕。*

2.3 为目的论辩护

2.3.1

我们几乎已准备好了解决自我构成的悖论，不过我想先解决另一个问题。我在此所进行的实践理性规范性的论述，将规范性标准建立在关于对象和活动的一种明确的、亚里士多德式的目的论观念之上。很多哲学家都受到构想世界的目的论方式的困扰。亚里士多德认为存在着自然目的或者说世界和其中的万物都是为某种目的而创造的，这种观点难道不是早就被现代科学世界观否定了吗？对于这些困扰，我将从三个方面予以回应：首先，我将解释我建议使用的目的论观念的目标和范围；其次，我要说明使用它的理由；最后，我要谈一下目的论主张的结果状态。

首先，目的论思维的目标和范围。我刚刚提到的亚里士多德的
38 观念认为，对象具有一种内部的目的论组织。这在生物的例子中是最清楚的，在此该主张就是关于生物的器官和活动是如何被设想并解释为对其生命做出贡献的。一个有生命的东西除了自身之外，没有别的目的，它的“目的”，或者更恰当地说它的功能，就是成其所是，按照它的特定生命形式而生活。[1] 因此，这里没有这样的一些说法，马是用来骑着上战场的，奶牛是用来为人类提供食物的，女人是用来做家务的，或者油是用来点灯和为汽车提供燃料的。目的论的主张是在个体对象的层次上提出的：它们是关于个体对象的内部组织的主张。毫无疑问，只有在可以将某物确认为*在做某事*的情况下，我们才能认为它具有一种内部目的论组织。服务于人的目的是一种可辨认的*做某事*的方式；但是做我们自己做的事情，也就是生活，则是另一种情况。（即使在人工制品中，它的目的也不需要被认为外在于对象，因为在该情况下，这个对象的全部本性都是用来服务所述目的的。）事实上，我想说的是，尽管我在此的表达会有一点儿模糊：这就是我们如何挑选出对象，它是如何从康德所谓的感性杂多中作为一个统一事物显现出来的。也就是说，将对象作为杂多中的一个似乎正在做某事的领域挑选出来，通过将其理解

① 关于我所理解的亚里士多德的功能观以及对他在《尼各马可伦理学》1.7 中“功能论证”的辩护，更详尽的阐释参见我的论文“Aristotle's Function Argument”（CA essay 4）。

为从内部组织起来做它所做的事情，我们将它理解为一个单一而统一的对象。①

这引出了第二个方面，即目的论思维的理由。该理由分为两个彼此相关的部分。第一部分是我刚提出的主张。目的论思维不需要以关于世界的主张为基础。它可能是基于关于人类如何概念化世界的主张。这种观点，当然是一种康德式的观点，是说人类面临着一项把感性杂多塑造成对象的任务。它主张我们通过确认功能性统一体来选择对象。**非常**粗略地说，其想法是这样的：在将世界划分为各种对象时，我们需要一些理由从感性杂多中塑造出更多特定的统一体。基于特定对象同一性的这种统一体是一种功能性的统一体。说得夸张些，当一组力量都作用于根据公认的人类标准会被称为**结果**的某件事时，那么，我们将这些力量集合到一起，称它们为对象。当一组自然力量共同作用产生了我可以坐的东西时，比如说一 39
块平坦的岩石，我称它为**座位**。当我试图重新生产那一组力量时，我把结果称为**椅子**。当一组力量共同维持并不断再生产那组同样的力量，或者是一组时空上与自身连续的力量，因而不断制造自身和自身的复制品时，我称之为一个**有生命的东西**。

这隐含着目的论主张的结果状态。如果我们要把杂多中的自我持存领域挑选出来作为生物，那么当然，肯定存在着此类事物，所以，我在此并不是说生物仅仅是人类的构造或者任何类似的东西。情况并不必然会这么糟糕。“座位”是人类的构造，因为“座位”

① 我认为这大体上就是康德所说的“反思性判断”（reflective judgment）。

的概念同一个直立的生物能够坐下来的目的相关联。就像其他的人工制品一样，“椅子”是人类的构造，但是没有人会怀疑这一点，这个概念和它的对象一起产生于原初工匠的头脑之中。尽管如此，然而椅子确实是存在的。为什么我们从杂多之中选择自我持存者作为一类事物呢？正如每个观察动物的人都知道，动物或者至少中等大小的多细胞动物实际上是把彼此视为同类动物，而没有任何神奇的概念化能力，所以也许这个问题不需要回答。但是，我们后来将生物视为自我持存者，这可能是受到与我们自己类比的启发。我在这里所说的一切，都与达尔文关于世界如何变得充满了被合适于概念化的东西的解释相吻合。我在这里所说的一切，也都与达尔文解释所暗示的目的论思想可能是错误的各个方面相兼容。例如，我们可以错误地把一个目的指派给一个无用的退化了的器官。当某物有自己的利益并使人们对它的组织有不同的理解时，我们可以把它看作与我们的目的相关。因此，这里并没有主张，一切事物都有一个而且仅有一个目的，那实际上就是它的自然目的。更简单的说法是——我们概念化世界的方式，将其组织成一个具有各种各样对象的世界的方式，保证了它似乎是在这些对象的层次上被目的论地组织起来的。

2.3.2

目的论思维是我们的概念化能力所固有的，这一观点是对我所说内容之隐含观点的发展。一种关于世界的目的论观念对于我们作为行动者而言至关重要。我们需要把世界组织成各种各样的对象，以便于行动。承认一个对象*正在做某事*或生产某种*结果*，就是参照我们自己的目的和行动能力来识别它。既然必须行动，世界对于我 40
们来说在首要意义上就是一个工具和障碍的世界、一个欲求和恐惧的自然对象的世界。一个对象被确认为特定的因果力的场所、力场，而这种因果力被确认为我们可能使用或者必须抵制的东西。如果不以这种方式识别对象，我们就根本无法行动。

让我把这一点分析得更加具体一些。正如我以后将要论证的那样，康德的假言命令是一个对行动本身至关重要而且具有构成性的规范性原则（4.3）。行动，本质上就是采取手段以达到你的目的，这是“手段”一词最一般的意义。采取手段达到你的目的，正如康德自己指出的那样，就是决定自己来产生目的，也就是说有效地利用会带来目的的这些对象。因此，行动需要一个对象世界，这些对象被认为是因果力的场所。例如，你想要切割，所以找来一把刀，认为这把刀是切割的原因。

现在或许有人会认为，只要把刀仅仅视为*切割的原因*而不是*切割的目的*，你就不是在目的论地理解世界。刀是*切割的原因*这一观点是机械论的。但情况是这样吗？在最纯粹形式的机械观中，刀并不是切割的原因。更确切地说，手操纵着刀，大脑通过神经系统指挥着手，神经系统则受到了某些力量的刺激，而这些力量又是以某些方式所引起的某些事件决定的。假设决定论在中等大小对象的层次上是正确的，切割的原因就是纳秒之前的世界状态决定着现在的世界状态。那么，为什么说切割的原因是*刀*，而不是纳秒之前的世界状态呢？这很简单，因为我们可以*用*刀来切割。从纯粹机械论的观点来看，把一个特定的对象或甚至一个特定的事件确定为另一个对象或者事件的**原因**是人为的，是一种简略的说法，是一种经验的观念，如果我可以这样说的话。目的论的观点，即认为世界是一个工具和障碍的王国，支持特定对象是“原因”这种稍微人为的想法。但是，世界的目的论观念对于那些处于世界之中并且必须在其中行动的生物来说是必不可少的。

2.3.3

目的论认为世界是一个工具和障碍的王国，一个欲求和恐惧的对象的王国，作为行动者的我们必须从这种世界观念出发，这种观
41 点通过两种方式为理性所修正。一种修正发生在目的论观念本身内，我认为这是目的论观念的必然发展。这就是道德的世界观念。我已经说过，行动就是决定自己成为某个目的的原因。因此，**自觉地**行动就是目的论式地将**自己**设想为某一目的的原因，即**第一**原因。这就是把自己视为一个行动者，有效地实现某些主体持有的目的。因此，除了工具和障碍、恐惧和欲求的对象，一个理性的、自觉的行动者开始将世界视为包含着行动者，并有着他们自己的目的的世界。用康德的话说，［他或］她开始把世界设想成一个目的王国：所有目的自身或第一原因联结成的整体，其中每一个目的都摆在他或她的面前（G 4：433）。

最终作为替代观念出现的另一种修正，就是科学或机械论的世界观念（6.1.6）。这种观念产生于如我上面所做的那样，在其他事物中不停地强调原因概念直到世界内部的**一个**原因的观念开始显得

虚假为止。或者，换一种方式说，它是我们强调对世界的理解直到作为世界内部一个统一的、独立的存在的对象的观念开始显得虚假为止所产生的结果。你认为自己是一个对象，甚至是一个行动者，但是对于一只跳蚤或者一个虫卵来说，你只是一个相当有营养的特定环境区域，就像一个太平洋岛屿一样。如果跳蚤或虫卵能够思考，它会认为自己是一个对象，甚至是一个行动者，但是对于它身体内的细胞来说，它仅仅是一个有营养的特定环境，等等。即使我们自我确认的自我意识和所谓自我持存的实体，也无法看到我们是多么彻底地嵌入从外部支持我们的环境中，也无法认识到自己感知到的内部统一和凝聚力是多么彻底地取决于我们周围发生的事情。一次化学变化，一次温度的升高，一颗流弹，以及力的瞬态漩涡都会使自以为不朽的事物烟消云散……

那么，目的论的世界观和道德的世界观是否与作为对事实幻象的科学的世界观相关呢？如果是这样的话，它们会是谁的幻象呢？

2.4　自我构成的悖论

2.4.1

现在我们准备讨论自我构成的悖论。根据亚里士多德对生物本质的描述，有生命的东西从事无休止的自我构成活动。事实上，作为有生命的东西就是用这种方式自我构成的：一个有生命的东西就是不断地使自己成为自己。但是请注意，自我构成概念中所包含的 42

显而易见的悖论在此似乎并没有出现。没有人会想说："如果长颈鹿尚未存在，它怎么能让自己成为自己呢?"这里的情况不是一个工匠，他神秘地是他自己的产品。这里的情况是自我构成的过程，这是生命的本质。在这种情况下，自我构成的悖论根本就不是悖论了。

这同样适用于人格。亚里士多德认为，有三种生命形式，对应着他所说的灵魂的三个部分。① 每一种生命形式随附于它下面的一种生命形式。在底部的是营养和繁殖的营生生命，所有的植物和动物都共有。根据亚里士多德的观点，动物与植物的区别在于，动物在更进一步的意义上活着，这是由植物所缺少的一组功能性相关的能力所赋予的。亚里士多德强调知觉和感觉，但是指出这些知觉和感觉必然或者至少通常伴随着想象、快乐和痛苦、欲求和局部的运动（OS 2.2 413b22 - 24）。动物的独特之处在于它们通过行动来进行部分自我构成活动。

第三种生命形式是理性活动的生命，这是人类的或者人的独特之处。如同我已经说过的，理性活动本质上是一种自觉的活动，正是这一点导致了人格同一性的建构。因此，人格确切地说是一种生命形式，成为一个人就如同成为一个有生命的东西一样，就是从事一种自我构成的活动。

换句话说，做一个人或者理性的行动者，就是从事不断使自己成为人的活动，这就犹如做长颈鹿就是从事不断使其成为长颈鹿的活动一样。

---

① 这些观点尤其见于《论灵魂》第 2 卷至第 3 卷。也请参见 NE 1.7 1097b32 - 1098a5。

2.4.2

这一点可以从实践同一性观念的角度加以说明。在 1.4 中，我提出我们在行动过程中构成自己的同一性。我认为，在按照一种实践同一性形式的原则进行选择时，我们使这种同一性成为自己的同一性。

有时人们会说，与这类观点相反，它涉及一种过于唯意志论的同一性观念。我没有选择成为美国公民，也没有选择成为我父母的女儿。甚至我的许多个人友谊，尤其是那些年代久远的友谊，既是选择的结果，也是环境的结果。因此，我**必然**是这些情况，即这个国家的公民、这两人的女儿、这个人的老朋友，而不是因为我选择 43
成为他们。然而，这些身份产生了理由和义务，同那些我更明显地选择的身份，比如刻意寻求的一种职业或者一个职务或者一份友谊所产生的理由和义务一样多。但是我想说，虽然这在一方面是正确的，但在另一方面却并非如此。因为每当按照这些角色和身份来行动时，每当允许它们支配我的意志时，我都支持它们，接受它们，再次确认我就是它们。在根据这些同一性形式进行选择时，我使得它们成为我自己的同一性。

做一个人就是不断使自己成为这个人，这一观念有助于解释这场争论中正在发生的事情。为了了解这场争论，请考虑一下当代道德哲学的一个标准困境。有些人抱怨康德式自我是"空洞的"。①

---

① 例如，参见迈克尔·桑德尔（Michael Sandel）的《自由主义与正义的局限》（*Liberalism and the Limits of Justice*）。

如果你将自己简单地想象成一个纯粹的理性行动者，而不致力于任何更具体的同一性观念，那么可以说你就离自己太远了以至于无法做出选择。这里有两个问题。更正式的问题是，你的空洞自我看起来似乎没有理由做这件事而不是另一件事。但是，即使你能找到一些特定的理由，也有一个关于全心全意、关于承诺的问题。比如说，如果相关的承诺总是一个疑问，并有选择的余地，你怎么能成为一个真正的朋友、一个真正的公民、一个真正的基督徒呢？有人认为，自我不应是空洞的，而应是确定和充实的：它必须将某些同一性与关系视为不容置疑的法则。

当然，另一方的回应是，确定的自我也有两个问题。首先，确定的自我是不自由的，因为其行为被并非理性自己的原则或法则所支配。其次，确定的自我最终必定是不公正的。因为宽容恰恰需要我们与自己的角色和关系拉开距离，而这正是确定自我的捍卫者所谴责的。宽容的人说：“基督教是我的宗教，但是同样地，伊斯兰教是他的宗教。”宽容要求你把你的宗教不是看成*你*而是看成*你的*，你自己本质上不是基督徒，而是本质上*拥有*一种宗教的人，该宗教是你可能拥有的很多宗教中的一种。所以，你无法全力以赴地认同你的宗教，同时仍然是一个宽容的人。空洞自我的捍卫者或许会这么说。

实际上，这是由观察者精神框架的人为凝结所产生的一个虚假困境。它假定，我们的同一性认可、我们的自我构成是一种状态而不是一种活动。如果自我构成是一种状态，那么我们就会陷入进退
44 两难的困境：或者我们必须已经构成了自己，在这种情况下，自我

将会是充实的和确定的；或者我们必须还没有构成自己，在这种情况下，自我将会是空洞的。

但是，不必在这两个选项中做出选择，因为自我构成不是我们实现的一种状态，也不是行动的出发点。正如我将在接下来的四章中努力展示的那样，自我构成就是行动本身。

3. 理性的形式性原则与实质性原则

3.1 形式与实质

3.1.1

45 在第1章，我解释了本书所论证的总的论点：行动就是自我构成。我的意思是，我们人类通过行动本身构成自己的人格或者实践同一性，同时也构成了自己的行动性。通过行为的方式，我们使自己成为行动的创作者。正如我之前所说，这个看似矛盾的论点取决于这样的观念：行动要求行动性，而行动性要求统一性。行动就是一种可归因于被看作一个整体的行动者的活动，而不是一种仅仅归因于行动者的一个部分的活动，或是作用于她内部或她身上的一些力量的结果。由于某些行动方式比其他方式更好地统一了它们的行动者，活动多大程度上是行动，有一个度的问题：一些行动相比于其他行动是更加真实的行动（1.4.8）。我认为，真正的行动就是那些符合实践理性原则的行动。因此，这些原则就是行动的构成性原则，如果想将它算作行动的话，我们必须至少要努力去遵循这些原则。这就解释了这些原则的规范性，或者它们约束我们的方式。

在第 4 章，我将首先通过展现实践理性原则如何统一并因此构成了意志而尝试捍卫这一论点，或者至少使它不那么抽象。我还将把这种关于它们规范性基础的解释，与其他一些熟知的关于实践性原则激励和约束我们的方式的解释进行对比。严格地说，我相信第 4 章得出的结论与我在这本书中希望达到的总的结论相差不远，但是我不认为这会是显而易见的。在接下来的章节中，我会发展更丰富的关于行动、行动性和同一性的观念，希望这些观念能使自我构成所包含的内容更加清楚。

但是在此之前，当谈论实践理性原则时，我需要说一下正在谈论的是哪种原则，并且引入一个关键性区分：理性的实质性原则 46
（substantive principles）和形式性原则（formal principles）之间的区分。因为它将会是第 4 章论证中的一个重要部分，即只有形式性原则才能是直接规范性的：如果实质性原则要对意志具有约束力的话，那么它们就必须可以从形式性原则中推导出来。

3.1.2

在哲学传统中，三种实践原则被看作理性的原则。首先，工具理性原则，它指导我们运用手段来达到自己的目的。康德把工具性原则当成一种假言命令，称之为技巧的命令（G 4：415）。它［假言命令］说，如果我们意愿目的，那么也必须意愿达到这个目的的手段。我在 4.3.1 中将要讨论康德对这一原则的推导，这个推导把达到目的的手段等同于目的的原因。但是现在，假言命令已经被广泛地扩展为实现目的的方式，这些方式在任何技术意义上都不是这些目的的原因，例如有时被称为“构成性”的手段。比如说，我的目的是户外运动；现在有一个机会去徒步旅行，这是户外运动；因此，我有理由抓住这个机会，不完全是作为达到我目的的一种手段，而是作为实现目的的一种方式。当我们沿着这一思路走到极端，似乎任何情况都是被假言命令支配的，在其中，你的行动是由应用到世界上的一个实际的特定对象或者事件的概念所指导。例如，让我们比较一下：我需要一把锤子；这是一把锤子；因此我将会使用它，不完全是作为达到我的目的的手段，而是作为实现目的的方式。亚里士多德的一些实践三段论例子正是如此。让我们看看《论动物的运动》中的一个例子：“我想喝水，说的是欲望；这是饮料，说的是感觉或想象或思考：我随即喝下”（MA 7 701a32－34）。或者以《尼各马可伦理学》第 7 卷中著名的“干燥的食物”三段论为例，亚里士多德在其中嘲笑意志薄弱发生在这样一个人身上，他相信“干燥的食物对所有人都有益”，但当他推论“我是一个人”

并且“这种食物是干燥的”时，却没能运用他关于“这个食物是某某类食物”（NE 7.3 1147a1－7）的知识，因而也没能得出他应该吃**这种食物**的结论。用这种方式，假言命令可以被扩展到覆盖**任何**行动，在这些行动中行动者被他试图在世界上实现的事态的观念自觉地引导着。① 在这一幌子下，假言命令似乎成为实践应用的一般 47
规范性原则，或者我们也可能称之为实践**判断**的一般原则，即把一种关于必须做什么或者做什么是好的普遍思想实践应用到世界上的某一特定运动。这种作为实践应用或判断原则的最一般形式的假言命令，我将在本书中进行讨论，我认为它是意志和行动的构成部分。因为在某种意义上，一个行动**就是**这样一种实践判断。②

3.1.3

换到另一个极端，道德原则通常被认为是实践理性的原则。这里要做两个重要的区分。第一个区分是区分两种观点，一种观点认为道德行为实际上是理性的并由一些**其他**理性原则来判断，而另一种观点则认为道德原则本身就是理性原则。新霍布斯主义的论点便属于前一种观点，它声称道德是符合我们自身利益的。自身利益标准被认为是理性标准，根据自我利益标准来判断，道德被认为是理性的。这不是我在这里要谈论的那种事情：我要讲的观点是，道德原则本身是理性的直接规定。

① 前面的段落部分取自《工具理性的规范性》（第 27～28 页和第 28 页注释 1）中的一个讨论。

② 参见我的论文“Acting for a Reason”（CA essay7），especially pp. 228－229。

这一领域中的第二个区分，是实质性道德原则和形式性道德原则之间的区分。粗略地说，恐怕这里所有的探讨都会有一点儿粗糙，实质性道德观念根据其内容来确定道德，而形式性道德观念则以对实践问题进行推理的方法来确定道德。大多数人凭直觉从实质角度来考虑道德。道德地行事意味着什么？它意味着守诺言、讲真话、帮助他人、尊重人们的权利、做慈善，诸如此类的事情。从哲学传统来看，直觉主义哲学家和独断的理性主义者提出，理性是指导这些行动类型的某些实质性原则的来源。[1] 或者更温和一些，他们可能认为，行动的某些实质性特征，例如行动是
48 善意的，或者帮助有需要的人，可以当作这些行动的理由。这一观点的另一版本出自一些同样是理性主义者的后果主义者，例如西季威克（Sidgwick），他们提出，一种指导我们以某种形式将善最大化的原则，是一种理性原则。[2] 我知道，将后果主义原则归类为实质性原则可能会引起一些惊讶，因为后果主义似乎更像一种推理方法。事实上，边沁和西季威克都是这么说的。[3] 但是功利原则，像所有最大化原则一样，实际上是一种实质性原则，我将在下面予以论证。

---

① 一些例子，参见 Samuel Clarke，*A Discourse Concerning the Unchangeable Obligations of Natural Religion*，*and the Truth and Certainty of the Christian Revelation* (the Boyle lectures，1705)；Richard Price，*A Review of the Principal Questions in Morals*，and W. D. Ross，*The Right and the Good*。

② Henry Sidgwick，*The Methods of Ethics*. 特别参见第 3 卷第 13 章。

③ 我指的是，边沁主张任何进行实际推理的人都必须以一种功利主义的方式来进行推理（*The Principles of Morals and Legislation*，pp. 128 - 129）和西季威克将功利主义描述为一种“方法”。

另外，关于形式性道德观念最清晰的例子就是康德。道德地行事意味着什么？根据康德的观点，它意味着自主地行动，也就是说，始终确保你行为所依据的准则是你可以意愿它为普遍法则的准则。在康德看来，道德不是由它们的内容所确定的一些特定考虑，而是一种慎思的方式：正如我后面要讨论的那样（4.2.4），定言命令是实践理性结构或者逻辑的一部分。当然，康德试图表明，通常认为是我们实质义务的事情将通过这种推理方式被证明是必要的，以便为它提供一个合理的理由。但是康德认为，区分道德主体的首先不是他做决定时的所思所想，而是他做决定时的慎思的方式。这种"形式的"意义与我在第1章引入的"形式的"意义相关（1.3.2），在第1章，我探讨了可普遍化和法则性在亚里士多德的意义上是一种形式特性，即准则的各部分之间的一种功能性关系的特性。因为所提出的慎思方法是确定准则的各部分是否以该准则能够成为一种法则的方式而彼此相关。①

一个更加当代的关于道德理性的形式化解释出现在托马斯·内格尔的《利他主义的可能性》（*The Possibility of Altruism*）一书中。内格尔并没有给我们一个关于道德的观念，但是他确实提出了利他主义的一种形式化描述：在这种形式意义上，利他主义地行动就是为别人的理由所感动。② 为了确认行为是利他的，我们不必说任何关于这个理由的内容：在形式意义上，帮助某人去屠杀他的敌

① 在5.1.3中，我会将这些形式的意义依次与另一种紧密相关的意义联系起来：这些形式性原则获得了行动，即自律的和有效力的活动的基本形式。

② Nagel，*The Possibility of Altruism*，pp. 15 - 16.

人就是利他的（尽管不完美），如果你这么做仅仅是因为你为这个
49 人的理由所感动的话。内格尔认为，利他主义之所为成为可能，是由于对理由的形式要求：这些理由应该以客观的或者主体无涉的方式可公式化，也就是说，根据获得的某些事实状态的理由，而不是仅仅根据我，或甚至任何处于我的位置上的人有理由去做的事情。① 基于这些观点，道德和利他主义的要求不是我们应该根据由其内容来确定的一种特殊类型的理由来行动。它们要求的是任何一种实践理由的充分性条件。

3.2 检验与权衡

3.2.1

实质性的道德观念和形式性的道德观念之间的区别在哲学中经常被忽视，我认为这是混乱的根源。在一种实质性的道德观念中，我们很自然地会发现一种特殊原因，并称之为“道德理由”。它们都是从实质性的道德原则中产生的特定理由：比如，一个行为是不公正的或不友善的事实就是反对它的道德理由。在一种康德式观念中，如果愿意，我们也可以确定一种特别的“道德理由”，但是这会多花费一些功夫。正如我在 1.4.6 中已经解释的那样，当一个行动被定言命令所禁止时，因为它的准则不能作为一种普遍法则，这

① Nagel，*The Possibility of Altruism*，chapter 10.

个想法和与此相关的尊重感给我们提供了动机（对法则的尊重）来执行这个行动。人们会很自然地说，根据这一动机来行动的人是基于一种“道德理由”。因为该理由在某种意义上也是把道德原则应用到一个事例中的结果，所以它看起来就像是一种实质意义上的“道德理由”。但是，意义真的很不一样。在康德的意义上，“道德理由”是一种具有无条件约束力的理由，它本身通常是从正确慎思过程中产生的。在实质意义上，一种“道德理由”只是很多考虑中的一种，因此它作为无条件的地位可以被质疑。

3.2.2

这正是伯纳德·威廉斯（Bernard Williams）在《伦理学与哲学的限度》（*Ethics and the Limits of Philosophy*）开篇章节中所论述的。威廉斯告诉我们，苏格拉底的问题“一个人应该怎样生活”，不应该等同于“一个人应该怎样道德地生活”。因为，威廉斯声称，如果把那两个问题等同起来，那么便不能论证我们应该过一种道德的生活，因为我们实际上预设了应该过一种道德的生活。威 50
廉斯还拒绝了对他的观点的一种可能的回应，即应该区分“应该”的道德意义和非道德意义。① 相反，威廉斯想要把“应该”在其未改变的形式上当作我们在询问最一般的慎思问题时所使用的那个词，这个问题可以说就是我们实际上在做决定时所问的问题。但是威廉斯承认，有时候在慎思的过程中，我们会从某种特定类型的考

① Bernard Williams, *Ethics and the Limits of Philosophy*, p. 5.

虑出发询问应该做什么。从道德角度看，我应该做什么？从自利的角度看，我应该做什么？或者，甚至是从家庭角度看，我应该做什么？威廉斯把这些称为“次慎思”（subdeliberation）的问题。[①] 情况似乎是这样的，在做决定的过程中，你把某种共同类型的考虑汇集在一起，然后再将它们与另一种类型的考虑进行权衡。

有一种直观的实践推理观与这种情况相当契合。我称它为“权衡模式”（the weighing model）。假设必须对某项行动做出支持或反对的决定。你拿出一张纸，在这一页纸的中间向下画一条线，一边写上“支持”，另一边写上“反对”，然后开始列举相关的考虑因素，正如一些哲学家所认为的那样，初步的或至此为止的理由。然后，你把它们全都加到一起，以这种方法看看“支持”的理由和“反对”的理由权衡程度各自有多强。你在以这种方式想象一个决定时，很自然地会认为有不同的考虑因素，而且它们可能会导致威廉斯所说的“次慎思”。在“支持”的一边你可能会写：“我会赚很多钱”和“我会有更多的声望”。你对自己说，这些都是自利的考虑。但是在“支持”的一边你也许还会写下：“它将会给当地居民带来就业机会”；而在反对的一边你写下：“它会破坏环境”。你对自己说，这些都是道德的考虑。之后，你可能会对这些不同类型的考虑进行一些次慎思，然后相互平衡结果。当做最终决定时，你可能会这样说：“好吧，有一些道德理由反对它，但是支持它的道德理由超过了反对它的道德理由，所以总体上看道德是支持它的。而

---

① Bernard Williams, *Ethics and the Limits of Philosophy*, p. 6.

且自利也支持它。因此，考虑到各个方面，这就是我应该做的。”这里有着威廉斯所说的一般性慎思的应该，考虑过所有事情的应该，而道德考虑只是其中的一种考虑。

你如果这样来思考慎思，那么就会很自然地谈论道德理由并把 51
它们与其他类型的理由进行对比。当你以这种方式来实质性地设想实践理性时，顺便说一下，就像威廉斯通常做的那样，坚持这一点是有道理的，即虽然我们可以问在道德上应当做什么，但我们不应该想当然地认为，考虑到各个方面，这就是我们应该做的事情。或者至少有道理认为，不能够简单地通过将“应该”的观念等同于“道德上应当”的观念来得出这个结论，即我们在道德上应当做的事情与考虑到各个方面后我们应该做的事情是一样的。

在这里以及其他地方，威廉斯倾向于认为，似乎那些将“应该”与“道德上应当”等同起来的人，是在试图表明我们总是应该通过一种语言策略或计谋来做道德上正确的事情。但是，在康德哲学这样的理性的形式观念中，慎思本身看起来很不一样。康德给我们提供了我认为的一种理由的“检验”（testing）模式而非“权衡”（weighing）模式。在他看来，你应该慎思的方式是制定一个准则，它陈述了共同支持某一行动的全部考虑因素。当然，我上面描述的一些推论，对相关考虑的汇集仍会继续，但是现在它将是制定准则这项工作的一部分。你仍然会做一些权衡和平衡，尽管现在只会考虑那些显然可一般通约的因素，我们不需要假定一个使任何可能的考虑与其他考虑相通约的度量标准。你的准则，一旦制定，就体现了你提出的理由。然后，你以定言命令来检验它，也就是说，你问自己是否可以意愿它成为一条普遍法则，以便看出它是否真的是一个理由。可普遍化是理由的形式条件，如果一种考虑不能满足这个条件，那么它就不仅仅是不重要的，应该说，它根本就不是一个理由。① 在这种形式解释中，将慎思中的一般性应该等同于道德的应当是很有意义的。这并不是因为在这种理论中，我们应该做我们所做的一切，都出于一种“道德的理由”，也就是说，不是因为我们
52 行动的动机总是应该尊重法则，而是恰好因为，该理论提出了一种作为形式性原则并决定我们应该做什么的道德法则。②

当然，描述这两种模式本身并不能解决慎思的应该是否等同于道德的应当的问题：它仅仅意味着，在可以处理这个问题之前，我们必须问一问一种形式性的或者实质性的道德观念是否正确。这正是我在第 4 章打算做的事情。因为在我看来，道德的形式性原则，即定言命令，是行动的构成部分。

---

① 显然，所有这些可行性都取决于康德的主张的真实性，即他的形式性原则可以将某些考虑作为非理由（non-reasons）排除出去，并要求其他考虑作为无条件的理由。参见我的论文“Kant’s Formula of Universal Law”（CKE essay 3），以及本书第 9 章，特别是 9.4.5。按照内格尔的解释，可客观化（objectifiability）是形式条件，但是内格尔不认为这种条件能够起到排除作用——任何理由都可以被赋予客观形式，即便某些理由的要求在被客观化时会显得不合理（*The Possibility of Altruism*，p. 126）。因此，在内格尔的理论中，形式方法并没有充当一种检验。与此相关，内格尔理论中自形式化产生的理由仍必须受到权衡，尽管内格尔并不支持一种最大化观点（*The Possibility of Altruism*，pp. 135 - 138）。

② 康德自己给人的印象是，在《道德形而上学的奠基》的某些地方有两种理由（例如，参见 G 4：419）。根据一种通常的解释，它们与两种命令相关，大体来说，自利理由与假言命令相关，道德理由与定言命令相关。要进一步讨论为什么这不应该是康德所认为的观点，参见我的论文“Acting for a Reason”（CA essay 7），pp. 222 - 223。

3.3 最大化与明智

3.3.1

现在要提一下被搁置的我称之为缺失的原则（missing principle）问题。康德把他所思考的另一种假言命令确认为一种明智原则（a principle of prudence），它指导我们采取一种广泛意义上的手段来获得自己的幸福（G 4：415－416），他认为这是一种欲求满足的最大化或完全性。很多哲学家都赞同康德的这一观点，认为存在某种明智或者自利的理性原则，指导我们促进或者最大化自己的善、欲求的满足或者其他可能的东西。他们也赞同康德把这一原则与工具性原则一道归类为假言命令。它常常被视为工具性原则本身的简单扩展或者应用，当哲学家或者社会科学家把自利的推理描述为“工具性的”时候便是如此。

我认为，最后这种思考明智或自利原则的方式，将之视为工具性原则的应用或者扩展，这是完全混乱的。工具性原则仅仅告诉我们采取手段达到任何给定的目的；它并没有告诉我们，我们的目的应该是什么。因此，它不可能告诉我们应当追求一种满足的最大化，或者任何其他形式的整体善。事实上，它甚至都没有说即便没有冲突，比起满足目的中的任何一个，应当更喜欢任何两个目的相结合的满足。毫无疑问，存在这样一种理性的要求，这就是我称这个原则为“缺 53
失”而不是“不存在”的原因，但这不是工具理性的原则。当然，工具性原则也没有说当有冲突的时候，比起任何特定的满足或者快乐或者善，我们应当更喜欢它们的最大化。

当假定的最大化是由完全不同的对象组成时，这一点尤其明显。设想有人会辩称，基于一美元购买力更强，宁愿要一便士而不要一美元，这是不理性的。当然从这种论辩中不能得出这样的结论：宁愿要结局令人心碎但却激情澎湃的爱情故事，而不要一生和睦的婚姻；或者宁愿要一整瓶香槟而不要免于宿醉的星期天，这都是不理性的。因为一个人必须更喜欢美元而不是便士的说法，只有或最多在假设他只是为了二者的交换价值而评估它们时才成立，同时只有最原始的享乐主义者才会认为一个人为了一些通常的经历或者结果而评价一切。

但是事实上，这个问题远比它看起来的大得多，因为即使对最原始的享乐主义者来说，也有一个问题。甚至宁愿要美元而不愿要便士的论点也不能仅仅是基于工具理性的。如果我想要买一便士的糖果，就这个目的而言，工具性原则认为一便士和一美元是同样好的手段。只有基于如下假定我才要求选择美元而非便士，即我所追求的目的不止一个，而且其他目的也要花费金钱。正如我刚才所指出的，工具性原则并不要求我们更倾向于目的的联合的实现，而非实现其中的任何一个。一种主张追求更大善并且总是喜欢更大善而非较小善的论证，并不依循工具性原则，因为甚至在工具性原则告诉我们更喜欢较大手段而非较小手段之前它就必须准备就绪。

当然，如果我们舍弃原始的享乐主义及其背后的简单可通约性，任何意在表明如下观点的论证，都必须根据某种关于善的实质性观念来完成：基于更大的善，比起整瓶香槟来，人们应当更喜欢免于宿醉的星期天；或者比起热烈的爱情故事来，人们应当更喜欢多年幸福的婚姻。随时间而满足的最大化，以及任何其他形式的整体善，都是一种*实质性*目的，而不是一种形式性目的，而任何指导我们促进并倾向于它的原则都将是一种实质性原则。它不会是一个假言命令，因为它要求采纳一个特定目的，当然也不会通过工具理性的应用而实现。

3.3.2

为什么人们倾向于把最大化看成一种形式性要求呢？我认为他 54
们弄错了，就像约翰·斯图尔特·密尔在证明功利原则时犯的错误一样。密尔认为，唯一能“证明”任何事情是可欲求的因而是善的情况，就是它是被欲求的。每一个人都欲求他自己的幸福，因此每个人幸福的总和是可欲求的，因而是善的。[1] 但是，我们可能反对，因为至少就我们所知，没有人欲求所有人幸福的总和，所以如果只有欲求造就了可欲求性，那么是什么使这种总和成为可以欲求的呢？密尔想要表达的是，对于这个人的幸福来说，它的每一*部分*都是被欲求的。[2] 但是，一种最大化当然不能以*这样的*方式来包括

① Mill, *Utilitarianism*, chapter 4, especially p. 34.

② 实际上，密尔说这是他在给亨利·琼斯（Henry Jones）的信中所指的意思：“至于你从我的《功利主义》中引用的句子；当我说普遍的幸福对所有人的集合体是一种善时，我并不是说每个人的幸福对于其他任何人来说是一种善；尽管我认为，在一个社会和教育都很好的状态中情况会是这样。我只是在这一特定句子中主张，既然A的幸福是一种善，B的幸福是一种善，C的幸福是一种善，等等，那么所有这些善的总和必定是一种善。”（*The Later Letters of John Stuart Mill*, ed. Mineka and Lindley, 3.1414）夏洛特·布朗和杰罗姆·施尼温德（Jerome Schneewind）向我提供了这一参考信息。

它的各个部分：幸福的最大化并不是像将一英亩地加到与其相邻的另外一块地上。冲突是可能的，如果计算得出的结果是如此，即我可能为了总体的最大化而不得不牺牲掉我的幸福，那么我的部分在哪里呢？同样地，如果我的幸福就在于我的欲求的最大化满足，那么它不可能包括我的每一个欲求的实现。正如为了整体的利益而牺牲其幸福的个人似乎有权利来抗议那样，为了整体的幸福而牺牲其满足的个体欲求似乎也有权利来抗议。有些时候，"我为什么要明智？"这个问题，与其更著名的近似问题一样，同样非常需要答案。①

3.3.3

假设我们说，一个人的幸福对她是善的（或者仅仅是善的，它与此处的论证无关），意味着她的欲求满足的最大化对她是善的。那么，对于什么使幸福成为这种意义上的善，看起来就很自然能够给出两种解释中的一种。第一种解释是，她的每一个欲求的满足对她来说都是善，所以她通过这些满足的最大化来最大化善事。第二种解释是，她的幸福是善的，因为她事实上欲求它，同样的原因，她特定欲求的每个对象对她来说都是善的。无论用哪一种方式来确
55 立幸福的善好，我们得到的结果都是，人的每一个特定欲求同她的幸福一样对她具有完全相同的规范性要求。所以，如果满足最大化的目标与满足她的一个欲求的目标发生冲突（这两件事情，她现在都有一种规范理由去做），那么，她就需要某个进一步的理由来选

① 这一节取自我的论文"The Myth of Egoism"（CA essay 2），p. 72。

择最大化的满足而非特定的满足。她为什么要明智这一问题，以前似乎是关于是否有一个明智的规范性原则的问题，现在只是以多种规范性原则之间的冲突为幌子再次出现了。为什么她要选择其欲求满足的最大化，而不是它们中任何一个的满足呢？

现在也许你会同意，这一问题对于一些人而言确实出现了，这些人声称因为我们欲求幸福所以幸福是善的，并因此把幸福完全作为其他欲求对象的基础。但是，你可能会认为该问题对另外一些人而言并没有产生，这些人主张她的每一个欲求的满足都是善事，所以幸福是善的，因此幸福是善事的最大化。因为显然，根据越多就越好这一原则，善事的最大化要好于任何单个的善事。但是，这个论证只有在假设满足本身是你真正想要的唯一东西时才会有效。巴特勒主教认为，这一假设是不连贯的。因为正如巴特勒所论证的那样，你不可能从对一个对象的欲求的实现中得到任何满足，除非你是为了欲求对象本身而想要得到它。[1] 但是，如果我们也想要这些欲求的特定对象，那么为什么我们要为了满足而牺牲这些特定对象就不甚明了了，除非碰巧我们实际上想要满足胜过其他一切。所以，这个论证的困难就在于它没有解释这种关于明智原则说法的权威性，仅仅是假设整体的满足，要么是一个人想要的唯一之事，要么是一个人事实上最想要之事。但是，这正是质疑明智原则权威性的人所要否认的。不明智之人并不否认，如果明智行动的话，他会

---

① Joseph Butler，*Fifteen Sermons Preached at the Rolls Chapel*，Sermon 11. 在史蒂芬·达沃尔（Stephen Darwall）所编的《约瑟夫·巴特勒五次布道》（*Five Sermons*）中，它作为第四次布道而被重印。特别参见第 47～51 页。

得到更多的满足，他要问的是，既然他将不得不放弃满足之外的东西，那些他实际上想要的东西，那么为什么他因此有理由去这样做。

但是，明智原则的捍卫者还有最后一招。我们看到的最后这个论点非法地假设，满足的最大化是一个人真正想要的唯一之事，或
56 者为了迎合巴特勒的观点，满足的最大化是一个人最想要之事。明智原则的捍卫者可以把这些心理学命题中的一个转化成规范性命题。他可以坚持，只有满足或者只有那些会带来满足最大化的欲求对象，才是真正的善事，因此，除了满足或者那些能够带来最大化满足的欲求对象以外，再想要任何其他东西都不会是理性的。但是这种对明智原则的辩护，从其表面上看是基于善的实质性理论。根据这一观点，对一个人来说的善恰恰就是满足最大化或者是那一系列会带来满足最大化的欲求对象。在这两种意义上，幸福的善好现在都不可能基于这一事实，即它必然会使行动者得到他最想要的东西，因为我们已经拒绝了这种假设，正如已经看到的那样，这种假设回避了挑战明智原则的问题。它也不能基于这一事实，即它能让行动者得到他想要的大部分东西，因为我们已经否认他想要的事物本身具有任何规范性力量，以免产生多种规范性要求，这将与明智原则本身相冲突。根据这一观点，认为除了最大化的满足或者与获得最大化满足相一致的那些欲求对象以外，追求任何东西都是非理性的，这是一种纯粹教条的主张，它仅仅基于一种实质性信念，即最大化的满足或者能够产生它的一组对象必定是善。①

① 我在下文中也会论证，这种关于善的观念并非一种理性观念（8.3.3）。这一节和那一节改编于我的论文“The Myth of Egoism”（CA essay 2）。

3.3.4

我刚才说的一切，*经过必要的修改*，都适用于功利原则。为了理解这一点，可以回忆一下同密尔的比较。功利原则的论证依赖于每个人的幸福都是一种善这一理念。因此，功利主义者必须承认每个人的幸福都是一种规范性要求的来源。此外，我们在第一个例子中得到的是多个规范性原则：一个告诉我们去促进每个人的幸福；一个告诉我们去促进总体的幸福，假定在这种情况下累加完全可以讲得通。[①] 当自己的幸福被牺牲而挑战功利原则的人，并不是否认如果遵循功利原则就会有更多的总体幸福。他问的是，为什么他因此有理由放弃他自己的幸福，功利主义者必然同意他自己的幸福也是一种善。功利主义者可以通过坚持认为幸福的最大化显然更好来阻止这个挑战，就像明智的捍卫者可以试图坚持认为满足的最大化 57
显然更好一样。但是，功利主义者不能将这一要求建立在这一观念的基础之上，即幸福的最大化包括任何一个人的个人幸福以及更多，因为它不是这样；某人的幸福可能会被排除在外。这就犹如明智的捍卫者不可能坚持满足的最大化包括你想要的一切以及更多，因为它不是这样；某欲求及其对象的满足肯定会被排除在外。所以，如果功利主义者坚持满足的最大化或者任何会产生这种最大化的东西都是更好的，那么，他仅仅是提出了一种实质的且明显教条化的主张。功利原则，如果它是一种理性原则，则将是一种实质性

---

① 我不认为它能说得通。对我来说的好的东西加上对你来说好的东西并非对任何人都是好的，而一切好的事物必然对某个人是好的。

原则，而非形式性原则，它基于最大化的幸福就是善的这个不被支持的命题。

3.3.5

虽然我提到的关于“缺失的原则”的一些观点会令人困惑，但它们背后存在着一个事实。正如我之前所说，似乎完全有理由相信，比起任何单个目的的实现，我们应该更愿意诸多目的之结合的实现，这是一种理性的要求。一旦这个想法被摆到桌面上，当这些目的实际上无法结合在一起的时候，也确实需要某些方法来平衡它们。这就是为什么我们需要缺失的原则，某种除了工具性原则和定言命令之外的东西，因为工具性原则和定言命令都不会做这项工作。但是，为了在各种目的之间进行选择，我们对它们加以平衡的方法有许多。鉴于这个事实，相对于实践理性理论的其他部分，哲学家们之间对缺失原则的正确形成有着更多的争论，也许就不会令人吃惊了。正如我们已经看到的，一些哲学家认为它要求我们将自己一生中的满足或者快乐的总和最大化；另一些哲学家，比如那些同意德里克·帕菲特所谓的“当前目的理论”（present-aim theory）的人，仅仅要求尽可能最大限度地去满足我们的“当前”欲求、计划和目的。① 但是所有这些原则必须建立在关于善的可疑的实质性理论的基础上，这些理论使得我们有可能根据目的促进善的程度来分配这些目的的“权重”。

我已指出，最大化原则及其近亲是实质性原则而不是形式性原

① 参见帕菲特的《理与人》（*Reasons and Persons*），特别参见其第 6 章第 45 节。

则。事实上，这正是康德的明智命令与他的其他理论很不契合的原
因，因为他的其他原则都是形式性原则。我没有办法提供一种形式 58
性版本的缺失原则。如果有的话，它就会像工具性原则一样，是一种制定准则的原则，但仍然需要检验；它本身不会产生理由。但是很清楚，如果可以构想出一种形式的而非实质的缺失原则版本，那么我就能很容易地说明如何建立这一原则的规范性。我的意思是说，似乎相当明显的是，用以权衡各种目的和理由的形式性原则必须是一种统一我们行动性的原则，因为这正是我们需要它的原因：由此人们在实现各种规划时就不会总是绊倒自己，由此人们的行动性就不会不连贯。事实上，支持原始享乐主义的论证实际上经常基于这种形式的考虑。享乐主义者说，一定存在某种通用货币使得我们的目的可以通约，否则我们怎么能在它们之间进行选择呢？在此，权衡的需要先于善的理论，而不是从善的理论中获得权衡的可能性。也许总的来说，关于我们行动性的统一性思想就是建立在这样一种信念的基础上的，即一定存在某种单一的或统一的人类的善，我们可以始终把自己看作在行动中为之而奋斗。

所以，我将把明智原则或者平衡原则放在一边，而把注意力集中于工具性原则和道德原则。在下一章，我会为两种主张辩护。首先，实践理性的规范性原则必须是形式的。特别是，我认为它们必须是我所说的康德式命令，假言命令告诉你，你如果意愿目的就必须意愿能够达到那个目的的手段；定言命令告诉你，你必须意愿你的准则是一种普遍法则。其次，我认为确立这些命令的方式就是展示它们如何构成一个统一的意志。

4. 实践理性与意志的统一

4.1 规范性的经验主义解释

4.1.1

59 在这一章，我将说明实践理性原则如何统一意志，以及如何使它们自身成为规范性的。我会首先反驳另外两种对实践原则之规范性的解释，它们分别基于经验主义传统和理性主义传统。在每一种情况下，我将从它们各自对假言命令的处理开始。①

① 本节的论证已先在我的两篇论文“The Normativity of Instrumental Reason”（CA essay 1）和“The Myth of Egoism”（CA essay 2）中展现过。

经验主义者通常认为，假言命令或者自动地具有规范性，或者不需要具有规范性，因为它们自动地具有激励性。这种观点与其说出现在假言命令的直接论证中，不如说出现在反对所谓更具抱负的理性原则（如道德原则）之规范性的论证中。这类论证中的**一个经典引证**就是休谟关于理性是激情的奴隶的著名论点（T 2.3.3），伯纳德·威廉斯关于内在论赞成一种类似于休谟的观点的论点则是另一个例子。[①] 事实上，我们可以将威廉斯的看法视为对休谟观点的泛化，以符合我前面提到的假言命令的更广泛版本，即作为一般意义上的实践应用或实践判断原则的假言命令（3.1.2）。

按照休谟的说法，推理的作用是探知事物间的关系。他认为，唯一可想到的与行动直接相关的关系是因果关系（T 2.3.3，413－414）。对因果关系的认识可以激发我们，但前提是我们有一种先在的欲求，想要获得或避免由此相关的两个对象之一。因为正如休谟所描绘的那样，我们的因果关系知识像液压一样运行，它提供了一 60
条管道，驱动力量通过这条管道从对目的的欲求转变成为采取手段的想法，由此使采取手段的想法变得值得欲求。[②] 这并不意味着存在任何采取手段的理性要求，我也不认为休谟假设有这种要求。在休谟看来，我们确实是这样产生动机的，而且他明确地说，除非出现关于对象性质或者手段的理论错误，否则我们做任何事情都不可

① 参见 Bernard Williams, "Internal and External Reasons," in *Moral Luck*, pp. 101－113；"Internal Reasons and the Obscurity of Blame," in *Making Sense of Humanity and Other Philosophical Papers*, pp. 35－45。

② 或者，从对结果的厌恶到对产生结果的原因的想法，当然也会导致我们从一个会产生不希望的结果的行动中退缩。

能被称为“非理性的”。换言之，我们对某一对象的欲求可能是基于一个错误，比如错误地认为某物是令人愉快的，或者弄错了实现该目标的手段的构成性要素。休谟认为，即使如此，严格地说与理性对立的是错误的信念，而不是行动或引发行动的欲求。休谟相当明确地断言，在这类错误没有出现的情况下，我们事实上总是被激励着采取手段去实现自己的目的（T 2.3.3，416）。

但是，如果休谟是对的，那么我们就从未真正在工具意义上是非理性的。因为犯一个理论上的错误，与犯了实践非理性的错误即违背了一种实践理性原则之间是有区别的。当一个人的行动是基于一种错误时，客观地说这个人做了错误的事情，但这并不表明这个人在实践上是非理性的。一个人向装满醋的玻璃杯里添加少量苦艾酒和一些橄榄，认为这将是一满杯的杜松子酒，这不是在做任何非理性的事，因为在她看来这样做完全有道理。她的动机和意志并无差错：只有她的事实判断需要修正。只有当正确考虑了事实却未能采取手段达到目的的时候，我们才是违背工具理性的原则。而在休谟看来，这是永远不会发生的。

然而，休谟对人类理性明显乐观的看法，面临着陷入同义反复的威胁。当我们问什么使某物成为某人的目的时，这个问题就出现了。假设有人声称想要某个特定的对象。我们告诉他，从事某一行动是得到那个对象的适当且充分的手段，但是他未能产生采取那个行动的欲求。那么我们就有权认为，他并不想要这个对象，或者对它的欲求还不足以激发他采取那些手段。既然如此，这个对象就不是他的目的，所以，他就没有违背按照任何他所拥有的工具理性去行事的原则。如果我们所说的你的“目的”是你实际上追求的，那么从**概念上**来讲，你就不可能不采取手段以达到目的。如果你未能 61
去追求某物，那么它就不是你的目的，而且在未能去追求它时你并没有非理性地行动。

但是，如果人们永远不会被指控为在他们的头脑中违背了工具性原则，那么它就不是一个规范性原则。因为，在你**的确**采取了行动会达到欲求的目的的情况下，说你按照一种工具“理性”来行动就已经变得模糊不清。你对目的的欲求在解释你为什么如此行动方面发挥了作用，但是并不存在对你来说具有规范性力量的理性要求，即采取手段以达到目的，所以也不存在**指导**你行动的理性。看起来像是工具理性原则的东西，结果证明只是**描述**了某种判断对人类意志的不可避免的影响：向一个人证明某种特定行为将会有助于获得十分渴望的对象，而这将使她渴望去做这一行为。

4.1.2

为什么理性原则不能成为关于某些判断或观念对意志的影响的本质描述呢？答案在于，这一理性原则的观念不能支持对“应当”的规范性使用。有些哲学家，我认为威廉斯可能就是其中之一，相信理论错误或无知的可能性足以支持这种规范性“应当”。但我认为这是错误的。因为按照经验主义的看法，如果我对你说“你真的应该为这颗牙齿去看牙医”，我所能表达的**全部**意思是，如果你明白了看牙医对于达到避免牙痛的目的必不可少，那么事实上你将有动力去看牙医。而这并不是一个你可以**按其**来行动的考虑因素。它将如何起作用呢？我断言这是一个真理，即如果你知道事实 F，那么你将会有动力去做行为 A。现在你知道事实 F，那么你能**按照**我断言的真理去行动吗？你所能做的就是检查，如果你没有动力去从事行为 A，你不必调整你的行为，因为如果你没有动力去从事行为 A，我的断言就是错误的。因此，这里的“应当”判断并不真的是一种建议，而是一种假设性预测。这并**不是**说，我预测如果你明白去看牙医是达到避免牙痛这一目的的一个手段，你就会有动力去看牙医，因为那时你会发现你有**理由**去看牙医。情况并不是**那样**，按照经验主义观点，声称你有理由去看牙医**只是相当于**说，如果你做出上述手段-目的判断，那么你将会有动力去这么做。所以，可以看出，看起来像是规范性的“应当”，实际上只是一种关于期望的
62 “应当”。在经验主义者看来，说眼看就要牙痛的某人**应当**去看牙医和说一个晚归的人现在**应当**在家是完全一样的。鉴于人类的本性，我们会预测一个眼看就要牙痛的人将会有动力去看牙医；正如考虑到距离，我们也会预测一小时前离开办公室的人现在应该到家了。如果这些预测结果证明是错误的，那我们就知道有些事情出错了。但是，无论对没去看牙医的人来说，还是对现在没回到家的人来说，把出错的**情况**描述为实践理性的失败都是不恰当的。在这两种情况下，我们所预测到的事情都没有发生，仅此而已。

上述观点的不足之处从这一事实中可以清楚地看到：可能会存在很多原则来准确地描述人类特有的被激发的方式，或者某些判断对意志的影响。经验主义理性观使我们没有办法区分哪些是理性的原则，哪些不是。我们**可以**可靠地预测，人们会被激发去采取手段

实现他们的目的，错误和无知的情况除外。但我们同样可以可靠地预测，人们会购买包装上带有色情图片的物品。毫无疑问，力比多从包装转移到对象的发生方式，相同于休谟所解释的欲求由目的转移到手段的方式。因此，我们不能认为购买诱惑性包装的物品是理性对我们的要求。

4.1.3

是什么使这两种情况有所不同？如内格尔在《利他主义的可能性》中指出的那样，去看牙医以避免不必要的牙痛的具体理性特征，取决于信念（去看牙医将会避免牙痛）和欲求（避免牙痛）是**如何**“结合”在一起的。[①] 当然，说它们共同**引起**了这个行动，或者说仅仅是它们的共在（co-presence）产生了动机，还是不够的，因为一个人可能习惯于以完全疯狂的方式对某些信念和欲求的共在做出反应。在内格尔自己的例子中，一个人已形成条件反射，所以每当他想喝饮料并且认为在他面前的东西是一个铅笔刀的时候，他就想把一枚硬币放进铅笔刀里。这里，信念与欲求的共在确实导致了某种行动，但这个行动是疯狂的。（我关于市场营销技术的例子没什么不同，除了大自然已为我们做出了调节之外。）这个人和另 63
一个人，即当想喝饮料时她就想理性地把一枚硬币放进一台冷饮出售机，他们之间有什么区别？人们可能会忍不住要说，把一枚硬币放进冷饮出售机和放进铅笔刀不同，前者是喝到饮料的一个手段，

① Nagel, *The Possibility of Altruism*, pp. 33 – 35.

因而在欲求和因果信念之间获得了一种正确的概念连接。但到目前为止，这只是解释了信念与欲求这二者之间的关系这样一个事实，而对受它们影响的这个人的理性却只字未提。如果信念与欲求共在的时候仍仅仅通过具有一定的因果效力作用于这个人，那么这个理性行动和那个疯狂举动的不同就只是偶然的或表面的。毕竟，一个人可能习惯于做正确的事情，也可能习惯于做错误的事情；但是她所习惯了的正确丝毫也没有使她更理性。因此，无论是信念与欲求联合的因果效力，还是它们之间的一种适当的观念连接，或是这两种事实的简单结合，都不能使我们判断一个人在理性地行动。对于行事理性的人，她必须是被自己对信念与欲求之间的适当概念连接的认识所激发。我们可以说，她自己必须以正确的方式将信念与欲求结合起来。① 而正确的方式就是假言命令所描述的方式。这意味着，我们跟随康德可以说，一个理性的工具推理者（a rational instrumental reasoner）不仅按照假言命令去行动，而且出于假言命令去行动。假言命令的规范性不能根据它对意志的影响来说明，因为我们必须先确立这种规范性，然后才能知道对意志的影响是正确的。

4.1.4

但是，为什么假言命令代表着手段与目的的正确结合方式呢？正如我将在本章后面所讨论的，在下一章还会再次讨论，我们坚信

---

① 上述段落选自我的论文“The Normativity of Instrumental Reason”（CA essay 1），pp. 32－33。

采取手段以达到目的是为理性所要求的，然而购买诱惑性包装的物品则并非如此，原因在于采取手段以达到目的构成了意志力和行动，而购买诱惑性包装的物品则不是。关于理性原则本质上描述了判断或观念对意志所产生影响的理论，没有充分体现出这种不同。事实上，休谟的看法最终取决于一种不充足的行动观念。对休谟来说，行动本质上无非由不断地影响意志的判断或观念所引起的一种 64
运动（T 2.3.1，403－404）。① 我将证明，这并不是行动之所是。

4.2 规范性的理性主义解释

4.2.1

理性主义的观点似乎向正确的方向迈进了一步，因为在理性主义者看来，行动不仅由判断*引起*，而且还由判断*指导*。传统的或独断的理性主义者是关于道德原则的实质性实在论者。该观点是现代道德哲学传统中最常见的和经常反复出现的主张之一，它的各种版本一直被许多人持有，其中包括 18 世纪的塞缪尔·克拉克（Samuel Clarke）、约翰·贝尔盖（John Balguy）、理查德·普赖斯（Richard Price），19 世纪的威廉·惠威尔（William Whewell），以及 20 世纪和 21 世纪的 W. D. 罗斯（W. D. Ross）、H. A. 普理查德

---

① 那些认为休谟应对“信念/欲求”模式负责的人可能会对这个说法感到吃惊。但休谟并没有坚持我们总是由于激情而行动：他明确表示，我们可以由于对可能激情的判断而行动。参见 T 1.3.10，“Of the Influence of Belief”。

（H. A. Prichard），还有最近的德里克·帕菲特。这种关于规范性的理性主义的观点与一种形式性的理性原则的结合是不寻常的，但正如我在别处论证的那样，有证据表明，康德自己在其早期著作中也有点儿困惑不解地持有这样的观点。[1] 我不会在这里复述这些论证。总之，人们将康德理解为持有这种观点，这当然并不罕见。我认为，西季威克就是这样理解康德的。[2]

休谟公开地指责了这种当今被称为外在主义（externalism）的观点。更确切地说，他认为，要解释上述这类理性原则会如何激发我们是不可能的（T 3.1.1，457－462）。他自己的同时代人，如克拉克和普赖斯等哲学家没有看到这里的困难：他们只是声称，对正当性（rightness）的感知必然会激发行动。[3] 我想，这场争论可能是一个僵局。但如果仔细考虑规范性而不是动机，那么就会在休谟的不满中发现一些情况。

实在论者假设，存在某种永恒的规范性真理——关于哪些行为类型或行动是正当的事实，或关于什么才算是真正原因的事实。怎样按照这些真理来行动？显然，通过将它们运用于特定的实例，通过选择行动来应用我们的关于一个行动是正当的知识。这听起来很
65 自然。但请注意，这种解释不可能说明假言命令的规范性。我们可

① 参见我的论文“The Normativity of Instrumental Reason”（CA essay 1），pp. 51－52。

② Sidgwick，*The Methods of Ethics*. 例如参见第 385～386 页。

③ 参见 Clarke，*A Discourse Concerning the Unchangeable Obligations of Natural Religion*（the Boyle lectures，1705），in the selections in Raphael's *British Moralists*，vol. 1，pp. 199－200。就普赖斯而言，参见 *A Review of the Principal Questions in Morals*，in the selections in *British Moralists*，vol. 2，p. 194。

以通过考虑它将会如何起作用来看到这一点。行动者必须承认，作为某种永恒的规范性真理，采取手段以达到其目的是好的，或者是必需的，或者是有理由的。假设只是为了做出选择，这是理性的要求。他怎样按照这种认识而行动？他如何将之应用于当下的情况？问题是，正如我前面提到的（3.1.2），假言命令的扩展版本本身就是实践应用的原则。但是，我们无法解释，人们是如何通过诉诸假言命令本身来激发他们按照假言命令行动的，更不用说他们是如何受其约束的了。我们只能说，行动者的目的是做理性要求的事情，他注意到遵循假言命令的行动是为理性所要求的。因此，采取手段达到他的目的本身就是一个实现从事理性所要求行动之目的的手段，而且他在假言命令本身的影响之下选择遵循假言命令。关键是，假言命令不能成为一个在实践中应用的规范性真理，因为它是在实践中应用真理时所遵从的行动原则。

4.2.2

即使这不是关于我们按照假言命令行动时会发生什么情况的一种不连贯的思维方式，它也会是一种关于其规范性的不连贯的思维方式。因为根据我刚才的简要描述，假言命令只有通过一种先验承诺做理性要求之事的方式才能约束我们。所以，我们试图解释的这个现象，即理性的要求，可以说，必须被提前载入描述之中。为此，实在论者的描述事实上对道德原则的效果，并不比对假言命令的效果更好。因为即使知道什么使一个行动成为在道德上所要求的，只要它只是一种知识，这种知识就必须要通过假言命令的方式被应用于行动中。但是假言命令本身不能约束我们去做道德上要求的事情。必须要有更进一步的义务，使得从事道德所要求的行动成为我们的目的。而且，这更进一步的义务不能仅仅是另一种知识，因为那样的话相同的问题会再次出现。是什么使我们有义务去应用它呢？

这里的问题在于把规定义务和禁止的这些原则，当作我们在慎思做什么的时候所应用的标准。事物而非行动的规范性标准就是这
66 样起作用的。例如，你决定了要买一辆车，然后就问自己如何才算是一辆好车，或者也许对你而言如何才算是一辆好车。这些标准发挥了其规范性作用，如果它们通过行动本身，即我们允许它们来指导自己的选择，的确起到这个作用。然而，行动本身的规范性标准无法以相同的方式起作用。要了解这个问题，请考虑这样一个事实，在事物而非行动的情况下，你不是绝对*必须*要应用规范性标准。通常来说，你选择一个好的 X（或一个对你来说好的 X）跟你选择一个 X 有着同样的理由。但至少可以想象的是，你或许只是*挑*了一个 X 而不管其好坏，就像有人从 1 到 10 中选了一个数字，或者随机从经过的托盘中拿了一块饼干一样。所以，你如果*有义务*挑选最好的 X 或者一个好的 X，就需要一些更进一步的理由。但是，没有更进一步的理由可以说明，为什么我们*有义务*选择强制性行动。

只要理性行动的原则被视为我们慎思做什么时所加以*应用*的东西——因而是可能应用也可能不应用的东西，我们就无法真正有义务去从事道德上所要求的行动。因为，我们或者有义务应用道德要

求的行动标准，或者没有义务去这么做。如果说没有义务的话，那么道德就不是规范性的；而如果说有义务的话，因为这个标准是众所周知的，那么整个论证又要重新开始——为什么我们必须应用这种知识？这就是休谟对理性主义者不满的实情。纯粹的知识外在于意志，而外在的标准不能使意志负有义务。①

4.2.3

当然，如果我的论证成功，如果你出于正当的理由相信它们，那么你就会认识到假言命令和定言命令是规范性的，而且也许这会促使你去遵循它们。那么，我是否要说，你终究是运用了关于这些原则之规范性的知识呢？并非如此。因为哲学引导人们对其所处理的问题进行一种观念性把握，所以存在一种长期不变的倾向，即认为哲学想要的总是一些能够被应用的知识。然而，关于实践原则的规范性知识并不能将它们转化为前提，然后加以应用，正如关于逻辑原则的规范性知识，比如演绎推理，不能将它们转化为随后加以应用的前提一样。当哲学制定了这样的原则并揭示了它们的规范性来源时，其所导致的并非一种随后被应用的知识，而是自我认知 67
(self-knowledge)。换言之，它导向一种对你之所是和如何是的自觉欣赏，这将使你更擅长地成为你之所是，并以这种方式如何是。

顺便说一下，这就是我想使本书论证所产生的影响——当然如果它们奏效的话。

---

① 该讨论改写于我的论文“Realism and Constructivism in 20th Century Moral Philosophy”（CA essay 10），pp. 315 - 317。

4.2.4

正如刚才所提示的，我在4.2.2中提出的论点与现在熟悉的论点本质上是相同的，大意是逻辑的标准无法作为前提进入推理。[①]假设乔治不依照演绎推理进行推论。他不明白你是如何从“如果A那么B”和“A”而得到结论“B”的。正如经常指出的那样，将演绎推理作为前提，换言之，添加“如果A和B，而且A，那么B”作为前提，这并没有什么帮助。对你而言，你仍需要按照演绎推理进行推论，由此从这些前提中得出结论，但是乔治做的并非如此。我刚刚反对理性主义对规范性的解释所表达的论点，实际上是说，如果实践理性原则作为前提进入实践慎思中的话，它们无法强制我们去行动。将实践原则添加为前提并不能约束我们的行动，正如将逻辑法则添加为前提不能约束我们得出结论一样。这个事实与我在这里试图以另外一种重要方式解释的例子相关。因为，重要的是要注意到，如果乔治不懂逻辑，他的想法将是一堆五花八门、杂乱不相干的原子式信念，根本无法像一种思想那样发挥作用。它将是前提的*简单堆积*。而这正是规范性之所在。在这些情况下，强使乔治相信B的不只是他的信念，即相信“如果A那么B”以及那个“A”，而宁可说是演绎推理本身。而且，不是他对演绎推理的*信念*强使他相信B，因为正如刚才看到的论证所表明的那样，这是不相

① 我展示了如果我们试图把工具理性原则作为一个前提来使用，那么这将会带来什么样的麻烦，参见我的论文“The Normativity of Instrumental Reason”(CA essay 1), pp. 50－51。

关的。强使他相信B的理由是，如果他不按照演绎推理进行推论的话，他将一点儿思想都没有。

如果实践理性原则是规范性的，它们就必须是关于实践慎思之**逻辑**的原则。它们必须是形式性原则。因为，如果没有这些原则，意志就会像乔治的想法一样，将是行为冲动的**简单堆积**，而不是现在的观念。这一点最终将我们带向康德。

4.3 康德论假言命令

4.3.1

康德对假言命令的推导很简单。假言命令认为，如果你意愿一 68
个目的，你必须意愿达到这个目的的手段。如康德所说：

> 谁意愿目的，就（只要理性对他的行动有决定性的影响）也意愿为此目的不可或缺的、他能够掌握的手段。就意愿而言，这种命题是分析的；因为在对一个作为我的结果的客体的意愿中，已经把我的因果性设想为行动的原因，也就是对手段的使用了。(G 4：417)

采取手段达到目的和自己下定决心促成目的有如此紧密的联系，以至于康德将这种联系描述为“分析的”。虽然这个术语从某种意义上显然是恰当的，但从另一种意义上讲是不成功的，因为它暗示，如果有人未能采取手段获得某个对象，那么我们在逻辑上就有权得出结论：这个对象根本不是他的目的。如果这是正确的，那么康德的观点同休谟的一样，将陷入同义反复：你的目的将是你事实上追求的任何事物。但这个论点其实表明，假言命令是意愿的一种构成性原则。使意愿与纯粹的欲求、希望或设想如果那样就好不同的是，意愿一个目的的人会下定决心去实现这个目的，即促成这个目的。使自己下定决心成为目的的原因，就是使自己下定决心引发一连串将会导致目的实现的原因。因此，意愿一个目的的人把**自己构成为**这个目的的原因。

4.3.2

这个解释回到了康德对理性的最初定义。根据康德，一个理性存在者本质上区别于其他一切事物的地方在于这样一个事实，即理性存在者不仅仅按照规律行动，而且还按照自己对规律的表象或观念行动（G 4：412）。如果我把钢笔抛入空中，它将按照万有引力定律行动：它最终会落回到地面。但是，当达到最高点的时候它没有告诉它自己："我想现在该往回走了。"这却是我们行动时会做的那类事情。当然，我们不会选择遵循万有引力定律。但是在某些情况下，我们可能会选择往回走。例如，或许我正在爬山，如果不往回走我将在日落之前回不了家。所以我对自己说："为了在日落之
69 前赶回家，我想现在该往回走了。"这个想法——我现在要往回走，以便在日落之前赶回家——是我的准则，而且也是我对法则的理解。正因为我的准则决定了我做什么，我的活动才被视为是有某种意志的，也就是说，被视为一种行动。换言之，正因为我自己决定

要往回走，所以我的活动才要归因于我。理性是一种自我决定的力量。

这是一个一般性观点，而不只是关于实践理性的观点。让我们再考虑一下逻辑的情况。也许你没有通过推理达成你所有的信念，但是当你推理的时候，这是一种自我决定的行为，在这个意义上讲，你自己的精神活动是你产生信念的一部分。假设你相信两个前提，由此可以得出某一个结论。你不会自动地相信这个结论，因为你可能没有注意到它们之间的联系。但是，如果你的确注意到了这种联系，并按照这种联系所建议的方式把前提放在一起，那么你就**做了**一件事情：你**得出了**结论。在得出结论的过程中，或者如我们所说的，在下定决心的过程中，在**构成**你的想法的过程中，你决定自己去相信它。演绎推理的原则描述了你在得出结论时做了什么，但它也是一种规范性原则。同样地，假言命令描述了你在意愿一个行动时做了什么：你决定自己成为一个原因，成为某一目的的原因。但是，它也是一种规范性原则。对意志来说，它是一种构成性原则。

4.3.3

那么，假言命令是怎样统一并构成意志的呢？假设我决定今天要完成一些关于书稿的工作。现在这一刻，我决定，我**意愿**去工作；而在下一刻，在任何时刻（重要的是，也许甚至就在**此**刻），我肯定愿意**想要**停下来。我如果要工作，就必须**意愿**它，这意味着我必须使自己下定决心坚持到底。胆怯、懒散和沮丧将会轮流施加它们的影响，企图控制或推翻我的意志，使自己从工作中分心。我应该让这些力量来决定自己的活动吗？每一刻我都必须对它们说："我不是你们，我的意愿是这项工作。"欲求和诱惑也会轮番出场。"我不是一个像胆怯那样丢脸的东西，"欲求会说，"跟我来，你的生活将会是甜蜜的。"但是，如果对每个如此这般的要求屈服，那么我将一事无成，也将不会有自己的生活。因为意愿一个目的不是仅仅促成它，即使这个促成是我自己的欲求和冲动之一，而是自觉地拿起缰绳，并使我自己成为目的的原因（5.5.2）。之所以必须遵从假言命令，是因为如果不遵从它，如果我总是允许胆怯、懒惰或沮丧使自己脱离正轨，那么我就从未真的意愿一个目的。追求目的
70 的欲求和使我远离目的的欲求各自轮流占支配地位，但是我的意志却从不主动。我的意志与欲求和冲动在我内部的运作之间的区别并不存在，这意味着作为行动者的我并不存在。因此，遵从假言命令是具有意志的构成要件。实际上，它是你产生意志的一个重要组成部分。①

4.3.4

现在谈一点儿稍微复杂的事情。在 1.2 中我论证过，根据亚里士多德和康德的观点，选择的对象是我所说的行动，即为了某一目的的行为（an-act-for-the-sake-of-an-end），而不是一个单纯的行

① 这段文字取自我的论文《工具理性的规范性》（第 59～60 页），并做了一些修改。正如我在这篇论文的后记中提到的，在写这篇论文的时候，我第一次注意到康德和柏拉图对实践原则之规范性的解释之间的联系，从而使这本书得以产生。

为。如果是这样的话，那么在某种意义上就不存在假言命令了。我的意思是指，我们从来没有做过仅仅由假言命令支配的选择；我们做出的每个选择都由定言命令支配。正如我在 1.2.6 中所说，我们不会首先意愿某一目的作为一种法则，接着再四处寻找某些方式去实现它，现在却被要求这样做。严格地说，这就是如果我们发现自己直接受到假言命令的支配，那么选择将会如何发挥作用。假言命令根本就不是一种单独的原则；恰恰相反，它表达了定言命令的一个方面：我们意志的法则必须是实践法则这一事实。①

这有一个重要的分支。在《工具理性的规范性》中，我认为工具理性的规范性原则的存在取决于工具非理性（instrumental irrationality）的可能性。存在工具非理性的观点，反过来则取决于我们是否能够区分不同类型的失败。② 假设卡斯帕说他想要减肥，并且承认运动（如康德所说）是绝对必要的。但卡斯帕并不运动。我 71

① 近年来，已经有很多论文都在担心这样一个问题，即仅仅拥有或采纳某种目的，如何就可以给你一个理由，让你采取手段去实现它。首先，你的目的也许是可怕的，我们要说暗杀者有理由仔细瞄准吗？如果说了这样的话，我们怎能原谅自己？其次，你仅仅通过采纳一个目的就可以给你自己一个采取手段的理由，似乎使一种令人反感的引导方式成为可能，因为从某种意义上说，每个行动都是实现它自身的一个手段。尽管有这些担忧，但作者们都同意，一个对达到自己目的的手段漠不关心的人，似乎确实存在一些理性上的错误，而且他们已经完成了大量的工作来描述这种情况，并没有造成令人不安的后果。在此我只是举几个例子，参见：Jay Wallace，"Normativity，Commitment，and Instrumental Reason" in *Normativity and the Will*；John Broome，"Normative Requirements" and "Practical Reasoning"；Joseph Raz，"The Myth of Instrumental Rationality"。我认为有一些担忧是被误导的，但无论如何，如果我在文中所说的是正确的话，那么根本就不会出现这样的问题。可以说，我们从来没有受到过假言命令的独立支配。

② "The Normativity of Instrumental Reason" (CA essay 1)，pp. 48 - 50.

们会得出什么结论呢？也许当卡斯帕宣布其决定的时候，他要么是不诚实的，要么是自欺欺人的，所以他根本没有真正的减肥意向。在这种情况下，他的行为有一些可批评之处，但不能说他犯了工具非理性的错误（我当时辩称），因为如果减肥不是他真正的目的，那么他未能意愿手段就并不存在非理性。如果真的存在工具非理性这回事，那一定有第三种可能性，即他确实意愿那个目的，但是却无法让自己采取手段。而且，如我当时所论证的，对我们来说似乎确实存在这样的情况。因为如果一个人在用来挽救他的生命的痛苦难忍的手术面前畏缩不前，那么与其说他真的不意愿继续活下去这一目的，不如说他无法面对这个手段。

然而，许多人向我指出，这里有一个困难，因为似乎不清楚我们怎样辨别卡斯帕在这三种情况中属于哪一种。① 而且，这一纯经验问题植根于一个更为严肃的形而上学问题，因为关于如何能有一种卡斯帕身处其中的三种情况这一事实，存在一种深刻的不确定性。但是，如果我们拒绝假言命令是一种独立的原则这个观点，并接受选择的对象是行动，那么这个问题就消失了。行动者决定为了某一目的实施某一行为是一件值得做的事情。在软弱的情况下，他对其决定的掌控犹豫不决和摇摆不定。我们仍然可以区分这两种情况的不同：一种情况是软弱的来源更有可能是对采取手段的不情愿或害怕；另一种情况是软弱更有可能源于未能充分意识到，比如说，目的的重要性或乐趣。但是，也有可能是两种情况的要素一起造成其困难。因为假言

① 我要特别感谢约瑟夫·拉兹（Joseph Raz）、西德尼·摩根贝莎（Sidney Morgenbesser）和迈克尔·汤普森（Michael Thompson）提出这一异议。

命令不是一项单独的命令，所以这根本不重要。

我倾向于认为，上述问题与我对亚里士多德的德性统一理论（NE 6.13 1144b30 - 35）的讨论类似。事实上只有一种德性，但有许多不同的恶习和远离德性的不同途径，而当我们赋予某人一个特定的德性时，真正的意思是她没有相应的恶习。与此类似，只有一种实践理性原则，即被视为自律法则的定言命令，但有远离自律的
不同方式，而且实践理性的不同原则的确指导我们不要以这些不同 72
的方式远离我们的自律。

虽然如此，我将继续谈论假言命令，就像它是一种单独的原则一样，因为它充分表达了行动的一个鲜明特征，该特征与定言命令所捕捉的行动特征有所不同。[①] 行动就是将你自己构成为一个目的的原因。假言命令突出了这个表述的**原因**部分：通过遵循假言命令，你使自己成为**原因**。正如我们将要看到的，定言命令突出了这个表述的另一部分，即原因是**你自己**。通过遵循定言命令，你使**自己**成为原因。

4.4 反对特殊主义的意愿

4.4.1

我已经说过，行动是自我决定的一种形式，而且我们可以从行动是决定你自己成为一个原因这一事实中推导出假言命令。假言命

① 对于这两种特征之间的关系，参见 5.2。

令是行动的一种构成性原则，因为除非你决定自己成为一个原因，否则你不会行动。但正如我刚才所指出的，康德认为行动是自我决定这一事实具有更深一层的含义。它也意味着定言命令是行动的一种构成性原则。因为你决定自己成为一个原因，不同于被内在于你的某种东西所驱动，例如某种欲求或冲动——或者用康德自己的话说，某种动机——作为一个原因而运作。当你深思熟虑确定你自己的因果性时，就好像有某个东西在你的所有动机之上，那就是你，就是你选择按照哪种动机来行动。所以，当确定自己的因果性时，你必须作为一个整体行事，作为超过和高于你的各个部分的东西来行动。① 康德认为，为了做到这一点，你必须意愿自己的准则成为普遍法则。

要理解为什么，只需考虑如果我们试图否认它的话会发生什么。接下来的论证我称之为“反对特殊主义的意愿（particularistic willing）的论证”②。如果我们的理由无须是普遍性的，那么它们就
73 有可能是完全特殊的，一个理由可能将会只适用于你面前的情况，对其他的任何情况都没有影响。意愿按照这样一个理由去行动，我将之称为“特殊主义的意愿”。如果特殊主义的意愿像我将要证明的那样是不可能的，那么由此可得出结论，意愿必须是普遍性的。换言之，一个准则为了被完全意愿，必须作为一个普遍法则被意愿。

---

① 我将在 7.1.3 中详细讨论如何将你自己理解为在你的各个部分之上的存在物。

② 这个论证的先前版本，参见以下文献中的回应：*The Sources of Normativity* (pp. 225 - 233)； “Self-Constitution in the Ethics of Plato and Kant” （CA essay 3），pp. 120 - 124。

4.4.2

在开始该论证之前，需要做一些附加说明以避免混乱。首先［第一个说明是］，摆在我们面前的问题，即特殊主义的意愿是否可能的问题，并非我们是否可以为每一个新情况都意愿一个新准则的问题。我们完全可以这样做，因为每个情况在相关方面都可能不同于以前遇到的那些情况。在康德的理论中，任何实际与决定相关的情况中的差异都完全属于我们的准则，这就是说，我们的准则可能是十分特定于当前的情况。这里的论证不是用来表明理由是一般性的。它应该是向我们表明理由是普遍性的，而且普遍性与一种高度的具体性是完全兼容的——实际上，它需要与之相容。

第二个说明是，如果被意愿的原则如我所说是暂时普遍性的，那么这对于该论证来说就足够了。允许我先定义一些术语，这样你就会明白我的这些说明是什么意思。有三种不同的方式可以使原则包含各种各样的情况，重要的是保持它们之间的区别。当认为一个原则适用于广泛的类似情况时，我们把这个原则看作一般性的（general）。当认为一个原则绝对适用于某一类型的每一种情况，所有情况必须确切地属于这一类型时，我们把这个原则看作普遍性的，或者如我有时会说，绝对普遍性的（absolutely universal）。当一个原则适用于某一类型的每一种情况，除非有更好的理由不这样做时，我们把这个原则看作暂时普遍性的（provisionally universal）。将一个原则视为普遍性的与将其视为暂时普遍性的，二者之间的差别很微小。把一个原则看作仅是暂时普遍性的，实际上是做了一种心理承认，意思是你可能没有考虑到使这个原则成为普遍性所需的一切情况，因而可能没有完全指定它。把一个原则看作一般性的和把一个原则看作暂时普遍性的，表面上看起来相似，因为在两种情况下我们都承认可能存在例外。但其实它们在深层和本质上是不同的，当遇到例外情况时，这种不同就出现了。如果我们认为一个原则仅是一般性的，在我们遇到了一个例外时，什么都没有发
74 生。这个原则只是一般性的，并且我们预计会有一些例外。但是，如果一个原则是暂时普遍性的，在遇到一种例外情况时，我们必须立刻回头修正这个例外，使其跟暂时普遍性本质上所追求的绝对普遍性更接近一些。

在日常生活中被运用的粗略因果原则（我现在不是在谈论量子力学）是暂时普遍性的，我们有时用习语“其他条件都相等”（everything else equal）来表示这一点。其他条件都相等的情况下划一根火柴会产生火苗，这个原则中必须相等的条件是指，没有一阵风或飞溅的水花或空气化学成分的奇异现象等可能干扰通常联系的因素。这些规律要起作用存在一些背景条件，我们没有列出这些条件而且也许并不完全知道它们，只是提到，当说“其他条件都相等”时，它们必须各就其位。尽管肯定存在例外，但这些自然规律不只是一般性的，因为每当一个例外情况发生时，我们都寻找一种解释。肯定有什么事情使这种情况与众不同：它的一个背景条件没有得到满足。

为了看清它在实际情况中如何发挥作用，请考虑就康德的可普遍化标准而言的一个典型难题。想成为一名医生是成为一名医生的

一个充分理由，看起来似乎是这样，因为你想要成为一名医生并没有什么错——事实上，这真的令人非常羡慕——如果你问自己它是否可以成为一种法则，即每个想成为医生的人都应该成为一名医生，这在表面上看起来似乎挺好。然而，反对者会说："但是，你看，假设每个人实际都想成为医生，没有人想成为别的；那么整个经济系统将会崩溃，于是你也无法成为一名医生。所以，你的可普遍化准则就会自相矛盾！"那么，这是否表明，仅仅因为你想成为医生就去做一名医生是错误的呢？

这表明，仅仅欲求进入某一行业只是这样做的一个暂时普遍性的理由。因为你想成为医生就做一名医生的正当性有一个背景条件，即社会对人们进入这一行业有某些需要。实际上，这个例子确实表明，仅仅因为你想成为医生就做一名医生是错误的，这个原则需要修正，因为除非它提到存在一种社会需求作为你成为医生的理由的一部分，否则它就不是绝对普遍性的。完全根据反思而决定成为医生的人，也应当考虑到这一点。

这个例子很简单，但没有一般性理由可以假定我们能预先考虑到所有的事情。当采纳一个准则作为普遍法则时，我们知道可能存在一些没有考虑到的情况，而这将会表明它终究不是普遍性的。在这个意义上，可以允许例外。但是，只要面对例外就加以修改的承 75
诺准备就绪，这个原则就不只是一般性的。它是暂时普遍性的。

所以，特殊主义的意愿既不是意愿一个适合于每个场合的新准则的问题，也不是意愿一个在另一个场合你可能必须改变的准则的问题。这二者都同样把理由看作普遍性的。相反，特殊主义的意愿是这样的一个问题，它意愿一个恰好适合于这个情境的准则，而不认为它对其他任何场合有任何其他的含义。你意愿一个准则，认为可以仅此一次地运用它，然后可以说就弃之如屣；你甚至不需要理由去改变自己的想法。

4.4.3

我将要证明这样的意愿是不可能的。第一步是这样的：我在前面说过，当你深思熟虑地确定你自己的因果性时，就好像有某个东西在你所有的动机之上，那就是你，就是你选择按照哪个动机去行动。这意味着，当你决定自己成为构成你行动的活动之原因时，你必须将自己等同于行动所依循的选择原则。例如，假设你体验到一种欲望的冲突：想要做 A 和 B，而它们是不相容的。有一些原则支持 A 超过 B，所以你运用这个原则，选择做 A。在这种情况下，你没有把自己仅仅看作 A 和 B 之争的一个被动的旁观者。你把这个选择视为你的选择，视为自己行动的产物，因为你把这个选择原则看作你自己的，即你自己的因果性的表达或代表。你必须这么做，因为除了认同选择原则之外，唯一的可替代方案就是将选择原则看作你内部的第三种东西，与做 A 的动机和做 B 的动机同等的另一种力量，这种力量碰巧支持 A，而在这场斗争中你终究只是一个被动的旁观者。但是这样的话，你也就不能把自己视为构成你活动的行动之原因了。因此，自我决定需要认同你的行动所依循的选择原则。

第二步是要注意到，特殊主义的意愿使你不可能把你自己、你的选择原则与你行动的各种动机区别开来。康德认为，每个行动都包含这样或那样的动机，因为一定总是有某种东西促使你考虑行动。为了特殊主义地意愿，你必须在每种情况下都完全认同你的行动动机。这种动机将暂时是你的法则，规定你的行动性或你的意志的法则。

重要的是要看到，如果你有一种特殊主义的意志（particularis- 70
tic will），你就不会将这个动机等同为任何一种类型的代表，因为如果把它作为一种类型的代表，就会把它看成普遍性的。例如，你不能说你决定按照此刻的倾向来行动，因为你倾向于此。当有人以“我应该做我倾向于做的事情，只是因为我倾向于做它们”为其准则时，他已经采用了一个普遍性原则，而非特殊性原则：他拥有的是把他的偏好本身看作理由的原则。① 这是规定他的因果性的法则。一个真正的特殊主义的意志必须把动机包含在其完全的特殊性之中：它无法被进一步描述，就是这样一个意志的法则。②

但是，这意味着特殊主义的意愿消除了一个人和他的行动动机之间的区别。于是，这里就不再有这个人、这个行动者，不再有与他内部的动机作用明显不同的自我决定意志。如果有特殊主义的意志，那么你就不再是一个人，而是一连串、一堆纯粹不相干的冲

---

① 我们将在 8.3.4 中与这个人再次相遇。

② 既然特殊主义意志者不能把这个动机看作一种类型，因此无法给它一个名称，那么为什么他不能依次在心中指出“我是依照这个动机行动的人”，从而把他自己和他的动机分开呢？这一在心中指出是问题所在（That mental pointing is the problem）。他所谓的“这个动机”是什么意思？只不过是“我现在正在依照它来行动的这个动机”。所以，他的想法将会是：“我是依照我现在正在依照的这个动机行动的人。”显然，这个想法缺乏内容。

动。有特殊主义的意志的人与根本没有意志的人之间没有什么区别。特殊主义的意愿缺少一个主体，一个促成其行动的人。所以，特殊主义的意愿根本不是意愿。

4.4.4

如果特殊主义的意志是不可能的，那么当意愿一个准则时，你就必须将其视为普遍性的。如果不这样做，你就不是在决定自己去从事一个行动，那么你就不是在意愿。用熟悉的康德术语来表达，如果意愿我们的准则成为普遍法则的话，只能把“我意愿”附加到我们的选择上。在康德看来，定言命令是行动的构成性原则，因为符合定言命令是*意志*运用的重要构成部分，它使一个人*由他自己*而非某些内在于他的东西所决定。

4.5 决定和预计

4.5.1

让我们以一种更简单的方式进行实际上同样的论证（我*总是*在
77 做同样的论证）。比如说，为了补牙，我在星期一决定星期二去看牙医。请考虑以下事实：决定做某事和预计将要做某事之间是不同的。毕竟，如果知道一群善意的绑架者打算在星期二抓住我并将我拖到牙医那里，或者用枪口威胁我去看牙医，那么我可以预计会去看牙医，但这并不意味着我已经决定去看牙医。[1] 同样地，如果我预计（诚然，有点儿出人意料）周二我会想去看牙医，因而届时我将会去，但我还没有决定这样做。毕竟，我可以预计我想要在半小时内喝一杯马提尼，由此看来我将会这样做，然而很遗憾我现在又决定不喝了，这并不矛盾。所以，决定不同于预计。决定就是承诺自己去做这件事。换言之，行动是决定自己成为一个原因。在这个例子中，为了在星期二补牙，我决定自己成为出现在牙医办公室的原因。

4.5.2

通常，当决定在未来做某事时，我们会意识到可能出现某些意想不到的情况，这些情况会提供好的理由不去做这件事。所以，我的承诺隐含地采用这种形式：

> 为了补牙，我准备星期二去看牙医，除非有某个好的理由不去这样做。

---

① 我知道有人可能会担心，这个例子在“去”的被动意义和主动意义上存在模棱两可；也就是说，我预计如果我被带去（由善意的绑架者）我就会“去”看牙医，和我预计如果我自己去我就会“去”看牙医，二者的感觉是不同的。为了避免这个问题，我增加了强制情况（在枪口下被命令）作为例子，使用了更主动意义上的“去”。但现在你可能会担心，预计如果在枪口的命令下你就会去，这个预计终究是基于一个决定，例如一个一般性原则，即如果在枪口的威胁下被命令，那么让步就总是明智的。为消除这个担心，请注意，你可能预计如果在枪口的威胁下被命令的话你就会做某事，尽管你认为不应该这样做。例如，对你自己的勇气做一个谨慎的估计，你可能预计自己如果在枪口下被命令这样做，你就会对一个完全不认识的陌生人开枪，尽管你认为不应该这样做。这表明，即使在“做”的积极意义上，预计一个人会做某事与决定去做某事也是有区别的。

可能有一个好的理由不去这么做，这个理由存在于现有准则的内部：我去看牙医的理由可能被取消了。我的牙脱落了，或者牙洞可能魔法般地在一夜之间自动补上了，人们总是希望如此，这样我就不再能够从看牙医中获益了。但并不是所有好的取消理由都是如此。其中一些理由在承诺本身之外。也许在星期二早上，我听说自
78 己爱的人生命垂危，然后我赶飞机去向她做最后一次告白。或许在星期二早上，我发现自己必须在截止期限之前兑换一张三百万美元的中奖彩票，或者我意外地被召集到世界上我最想为之效力的公司面试。由于这些例子可能会引起争议，我规定它们都是取消预约的好的理由。你如果不喜欢它们，就再找其他的。因此，你不会认为我在利用牙医预约可以重新安排的便利性，让我也规定，我会因为这些理由取消预约，即使我确信这将使我付出损失牙齿的代价。

所以，如果我在星期二早上醒来，发生了其中一件事，从而没有去看牙医，那么我并没有违背自己的承诺，因为我承诺只有在没有好的理由不去看牙医的情况下才会去，结果我有这样一个理由。但现在假设相反的情况，在星期二早上醒来时，一想到牙钻我就充满了恐惧。尽管所有的例子都是有争议的，但我认为这是取消预约的一个**坏的**理由。所以，我如果因为**这个**理由而取消了预约，那么就违背了自己的承诺。

4.5.3

因此，情况是这样的。现在，我受制于一系列潜在的动力因素，即各种动机。我接受其中一个动机来作为星期二去看牙医的理由。在

星期一，当自己承诺将在星期二去看牙医的时候，我知道星期二将会受到一系列不同的潜在动力因素或动机的制约，尽管不能确切地知道它们会是哪些。我刚才说的是，在这些动机中，一些将会被视为取消预约的好的理由，而另一些则不然。这意味着我的承诺具有普遍的规范性力量：它涵盖了一系列不同的可能情况，即在这些情况中我受制于不同的潜在动力因素，但没有好的理由取消预约。

为了说明这一点，再次假设我们否认它。假设认为，我受制于其中的**任何**可能的动力因素都提供了取消预约的好的理由。这意味着当星期二到来时，除非想去看牙医比世界上任何事情都重要，否则我不会去看牙医。或者更恰当地说，这意味着当星期二到来时，我不会去看牙医，除非我决定星期二去看牙医。但是，如果在星期一承诺星期二去看牙医时我所做的一切，就是承诺自己去做将在星期二决定去做的任何事，而不管自己在星期一的决定，那么显然我什么也没有做。我给予自己的法则必须具有**普遍**的规范性力量，否则我就没有承诺任何事情。 79

事实是，虽然用了一个面向未来的决定的例子来说明这一点，但这个论点也同样适用于面向现在的决定。因为正如你做出的未来做某事的决定不同于预计一样，你做出的现在做某事的决定也不同于**观察**。当决定现在要做某事的时候，我知道在自己的动机状态中有一系列假设的差异，其中一些会构成不做这件事的好的理由，而另一些则不会。如果动机状态中**任何**可能的变化都能成为我做其他事情的好的理由，那么我就不是在做决定，而只是在观察自己内部动机力量的运作。因此，即使是为此时此地做的一个决定，也必须具有普遍的规范性力量。

4.5.4

暂时回到逻辑上来。另一个具有这种结构的论证是亚里士多德《形而上学》（M 4.4 1006a12 - 15）中的著名论证，亚里士多德在其中声称，一个人只是凭借做出一种断言（无论什么断言），和通过这种断言赋予某个特别事物意义来承诺不矛盾律。我刚才提出的那个论证与此类似：你只是凭借意愿某个特别的事物来承诺可普遍化，可以说，你是通过意愿一个准则并通过这个准则赋予某个特别的事物意义来进行承诺的。

4.5.5

行动就是把自己构成为某一目的的原因。我一直都认为，这要求我为自己制定一个具有普遍规范性力量的法则，这个法则在一系列情况下都适用于我的行为。我把这个论证归功于康德，因为我相信，当他在《道德形而上学的奠基》第三部分中断言，由于意志是一种因果性，所以它必须根据一种法则来运作时（G 4：446），沿着这些思路的论证一定在他的脑海中出现过。康德由此得出结论："自由意志和服从道德法则的意志完全是一个东西"（G 4：447）。因为，如果这个论证正确，那么自由意志作为一种因果性，就必须依照普遍法则行事；然而，因为它是自由意志，所以它不可能是一种从外部强加于它的法则。康德的结论是，它一定是自己的法则，即定言命令，也就是将法则加于自身的法则。

80 可是我认为，这个论证比康德所认为证明了的既多一点儿又少一点儿（或者至少不是明显相等），而且二者都是出于同样的原因。在《规范性的来源》一书中，我区分了我所谓的“定言命令”和“道德法则”。[1] 定言命令是这样一种法则，它强调只依照你意愿成为普遍法则的准则而行动。道德法则，如我在那里描述的，则是这样一种法则，它主张只依照所有理性存在者在一个切实可行的合作系统中一起遵循的准则而行动。以上给出的这些论证，没有或者更确切地说没有明显地让我们一直恪守对这个更具体意义上的道德法则的承诺。要理解从定言命令到道德法则的进展，还有两件事情是必要的。首先，我们必须确定，普遍法则所涉及的影响范围必须是理性存在者本身：当意愿你的准则作为一种普遍法则的时候，你必须意愿它成为每一个理性存在者的法则。其次，我们必须确定，包含在普遍法则中的理由必须被理解为公共的，或可共享的理由：它们对所有理性存在者都具有规范性力量。我们将在第 9 章再回到这些问题。康德或者没有认识到这些论点仍需被确立，或者没有看到他需要使已经被确立的论点清晰起来，这就是为什么他认为其论证多于它所为，或者多于它明显所为的原因。

然而，他的论证比他所认为的又证明得更多。如果我解读正确的话，康德的结论不应该仅仅是关于只要有自由意志我们就必须做什么。这个论证把定言命令视为意志的一种构成性原则，所以它是关于只要有所行动我们就必须做什么。在下一章，我将解释行动是什么，从而使为什么会这样一目了然。

---

① SN 3.2.4，pp. 98 - 100.

5. 自律与效力

5.1 行动的功能

5.1.1

81 在第 4 章，我论证了假言命令和定言命令是意志和行动的构成性原则。除非我们以这些原则为指导，至少试图去遵从它们，否则我们就根本不是在意愿或行动。产生这一结论的行动观念是康德的观念：行动就是你决定你自己成为某一目的的原因。假言命令约束着你，是因为当你行动时，你决定你自己*要成为*某一目的的*原因*。定言命令约束着你，是因为你决定**你自己**要成为某一目的的**原因**。实际上，这二者是如此紧密地联系在一起，以至于它们似乎是不可分割的，因为在试图实现某一目的时，一定是**你自己**下定决心去实现这个目的，而在**你自己**下定决心实现这个目的时，也就决定了你自己的**因果性**。事实上，如我们所见（4.3.4），这**两种**命令是如此紧密地联系在一起，以至于认为存在两种命令的观点似乎是人为的。这里确实只有一种命令，按照你可以意愿其为普遍法则的准则而行动。假言命令只是规定了我们所寻找的这种法则，即一种因果律，一种实践法则。这种想法已经包含在这一观念中，即我们正在寻找的是一种支配**行动**的法则。实践理性似乎只有一个法则，那就是定言命令。

5.1.2

我在 4.5.5 中指出，这看起来比康德认为他已经达成的结论更加强而有力，因为至少在《道德形而上学的奠基》中，康德似乎声称存在一种“他律的”行动（G 4：441－444），即被“外来原因”（446）而不是被自律意志所意愿的行动。① 他似乎还认为这种行动 82
是被假言命令而非定言命令所支配的（G 4：441），此外，定言命令不同于假言命令，它是“综合的”而不是“分析的”（G 4：417－419）。但是，这里有一些不妥，至少如果我的假设正确的话，正如我在 1.2.4 中所论证的那样，在康德看来，我们选择的对象是

① 另见 3.1.3，n.9。我说“至少在《道德形而上学的奠基》中”，是因为到他写《实践理性批判》时，康德把邪恶意志（evil will）的特征描述为被“自由采纳的邪恶的和不变的法则”（C2 5：100）而不是被“外来原因”支配。我们将在第 8 章探讨如何理解邪恶行动这一问题。

“行动”而不是单纯的“行为”。因为，如果你选择的对象始终是整个行动，也就是说，为了某一目的而采取一种行为，那么很明显，你的选择不能仅仅由一个假言命令来支配。因为假言命令只关注行为和目的之间的关系，而对于整个行动即为了目的而采取行为是不是一件本身值得做的事，则没有什么可说的。如果这是我们的选择，那么该选择必须由定言命令来支配，因为只有定言命令支配行动的选择而非仅仅是行为的选择。

5.1.3

那么，我们该如何解决这个问题呢？定言命令是不是所有行动的构成性要素，还是说存在一种他律行动，不受定言命令的支配？在 2.1 中，我提出为了确立任何事物的构成性标准，我们必须注意其亚里士多德意义上的形式，注意使该事物是其所是的目的论组织结构。因此，为了证明我的主张是正确的，我需要展示行动的功能或目的（telos）是什么。我的观点是，行动是自我构成的，因此我当然要论证行动的功能是构成行动者。更具体地说，我将论证行动者的本质特征是效力（efficacy）和自律（autonomy）。

这些术语的含义和你所理解的意思差不多。大致说来，并且以一种最适合人类行动者的方式来讲，当一个行动者成功地实现了她打算通过其行动所实现的任何事态时，这个行动者就是有效力的。在这里做一提醒很重要。我说这些话并不是在暗示一个行为从来不是为了其自身而去做；换言之，我并不是在说一个行动者必须总是试图实现行为本身之外的某种目的。例如，你可能会因为舞蹈的纯粹乐趣而跳舞（1.2.5）。但即使因为舞蹈的纯粹乐趣而跳舞的人也要受制于效力标准，因为他可能会失败。比如，他可能会摔倒在地。如果他的脚步不遵循这种效力标准——如果他*不去*努力避免摔
倒在地——那么他就不是在跳舞，而只是在乱蹦。这种规范性—— 83
行动者为某种效力规范所引导——是行动理念本身所固有的。从这个意义上说，行动理念本身是一个规范性理念。

当一个行动者的活动从某种明确的意义上说是自我决定的或是她自己的活动时，这个行动者是*自律的*。效力和自律这两种属性对应于康德的两种命令，即假言命令和定言命令。假言命令要求我们具有效力，定言命令要求我们自律。如我之前所讲，这就是我尽管已经否认了假言命令是一种独立的存在，但仍在谈论假言命令的原因：因为它充分表达了关于行动性之本质的一些非常基本的东西（4.3.4）。既然行动的功能是使你具有效力和自律，那么你的行动就必须遵循这些命令，以便成为一种好的行动，即一种实现其功能的行动。① 如果不遵循康德的命令，你就不会是有效力的和自律的，那么你就不会是一个行动者。通过以使你这个行动者具有效力且自律的方式被选择，你的行动将你构成为行动者。

5.1.4

还请保持一些耐心。我知道这听起来像是本末倒置。你会问：

① 如我先前提到的（n. 6 to 3.1.3），这给了我们另一种意义，在这种意义上，这两种命令可以说是“*形式*的”。它们的规范性力量是基于这一事实，即它们反映了行动，自律且有效力的活动的*形式*。

除非行动者已经是自律的和有效力的，否则她怎么能实施一个行动？我认为，这个问题是基于对行动者与其行动之间关联方式的一种错误想象。它基于这样一种观念，即行动是由它们的行动者产生或引起的，但这并不正确。我们确实可以说，当行动者行动时，她的活动是由她产生或引起的。但只有在已经确定这种情况是一种行动之后，我们才能那么说。问题是我们如何做到这一点：具体来说，是什么赋予我们权利把一种活动归于一个行动者作为她自己的活动。因为，这——行动的属创作者性（authoredness），正是一个行动的本质。

要打破使你认为我的谈论方式是本末倒置的这个魔咒，不妨试试这种方法。如果你的行动是不成功的，没有带来预期的那种事态，那么无效力的不是（或者不仅仅是）这个行动，无效力的是你。这并不是说，你有效地产生了行动，但随后这个行动一旦独立出去便失败了，如同你发明了一个有缺陷的机器，然后就放任不管
84 了。行动不是你的产品：失败的是你。一个不成功的行动使你没有效力。因此，一个成功的行动是使你具有效力的行动。类似的观点也适用于自律，我将在本书的其余部分努力阐明这一点。事实上，考虑到刚才所说的内容，这几乎是必需的。因为，除非在与你相关的意义上，这些活动是你的，通过这些活动，你应该是具有效力的，否则你的效力问题就不会产生。如果我把汤姆推到伯纳德身上，希望伯纳德会跌倒，而他没有，那么无效力的不是汤姆，而是我。只有当活动是自我决定的活动时，评价活动是否有效力才有意义，所以，在这个例子中，受假言命令支配的是我的活动，而不是

汤姆的活动。因此，只有当活动是自我决定的，即受定言命令支配时，评价该活动是有效力还是无效力，即是否受假言命令支配才有意义。如我之前所说，假言命令并不真的是一个独立的原则。因此，成功的行动，作为行动而言是好的行动，是一个使其行动者既有效力又自律的行动。

5.2 行动性的可能性

5.2.1

在继续讨论之前，我想先谈一个问题。我刚刚声称，行动者是自律的和有效力的。成为一个行动者是可能的吗？这里有一个问题，其中只有一个方面，即与自律相关的一方面通常获得了公认。我想讨论这个问题的另一方面，不是因为我知道怎样解决它，而是因为它揭示了一条路径，在其中行动性的两个方面，即自律和效力，其实只是同一枚硬币的两面。

5.2.2

如果你专注于背后那些已经过去的原因，那么它可能威胁到你的主体感，这是老生常谈了。在康德看来，成为一个行动者就是成为一种自觉的因果性：你自思自忖将实现某一目的，并借由这个想法以某种方式来实现它。当你把自己看作一个行动者时，你认为结果是自己的，而且如果你不打算去实现它们，在其他条件都相同的情况下，它们根本就不会发生。所以，你是它们的原因，这些结果是你的，世界是不同的，正是因为你使它如此。成为行动者有一种神圣的感觉，正如亚里士多德所说，我们喜爱自己行动的结果，就像诗人爱他们的
85 诗歌，父母爱他们的孩子一样，因为它们被视为我们的作品，在它们身上我们看到自己的实现和完成（NE 9.7 1168a1－9）。

但是然后，你回过头去看，可以说就会发现在那里它们存在一些前因（the prior causes）。毫无疑问，你的确对自己说你会做这件事，并以某种方法导致了这件事的发生。但你这样对自己说反过来也是有原因的；引发决定的直接刺激，当然还有这个刺激的原因，还有作用于你内部的各种力量，我们有时把这些力量称为你的性格，所有这些因素的联合决定了你对这样一个刺激如何反应。这些力量转而也有它们的原因，如你的教育，你的训练，你的精神结构，等等，这会延伸得足够远，以至于超出了你自身，最终导向你出生前的过去。突然间，你看起来不再是该事件的这个原因，它在任何特殊的意义上都不是你的，因为实际上它不可避免，而你只是一个因果链条上成千上万环节中的一环，这条因果链势不可挡地沿着一个预设的路径滚动，可以一直追溯到时间的开始。

5.2.3

我刚才描述的是自由与决定论问题，是我们的主体性所面临的威胁问题，这些威胁源于潜藏在我们背后的原因，如我所说，人们对它再熟悉不过了。但是它让康德天才地注意到了隐约出现在我们面前的原因对主体性的威胁。这是一种真正的威胁。因为我对自己

说要实现这个目的，但接下来会发生什么呢？之前，我说你认为你将实现某一目的，并“以某种方式”实现了；现在我要解开蕴含在这个“以某种方式”中的问题。我的身体是否服从我的意志的命令，如果是的话，这是我的所作所为吗？假设我瘫痪了，或者部分麻醉了，或者只是被捆绑或被束缚住了呢？那么我对目的的意愿就不会有导致实现我意愿的目的的趋势。而且，即使我采取了行动，以恰好我意愿的方式去行动，然后会发生什么呢？通常情况下，我不能直接实现我想要的结果，而是引发了一些因果链，如果一切顺利，将会导致我意愿的结果。但是这个“如果一切顺利”包含着隐约出现在我们面前的关于原因的一个假设世界。

与自由和决定论问题、我们背后的原因问题一样，存在很多情况使这个类似问题，即我们面前的原因问题显得格外显目。一些救援的情况就是很好的例子，因为不管怎么说，你为另一个人所拯救的世界是件很好的事情，可以视为你的作品。[①] 所以，你开枪以阻 86
止袭击者，但却射杀了逃跑的受害者。或者你试图把枪扔给受害者，而本来一直赤手空拳的袭击者反而接住了枪并对准了受害者。或者你打开窗户以散去烟雾，然而一阵风却把火焰吹得更高。又或者你打开窗户以散去烟雾，但纵火犯却通过你现在为他留下的开口处又扔了一枚手榴弹。[②]

---

① 事实上，“施惠者”是我们在 5.2.2 中引用的段落中亚里士多德最为直接讨论的行动者（NE 9.7 1168a1－9），虽然他的观点是一般性的。

② 或者，用康德自己的例子，你向在前门的看守人撒谎以避免你的雇主受到干扰，而你的雇主却从后门悄悄溜走并且犯下重罪，在康德看来，撒谎的后果现在将通过你自己的良知被归责于你（MM 6：431）。

像自由与决定论的情况一样，这些活生生的例子其实只会引出一个一直存在的问题。在这些鲜活的例子中，你开始着手做某件事，引发一个应该实现某一目的的因果链，但是自然的力量和其他人的行动可以说介入了、转移了这个链条的方向，使得结果与你预期的相反。你自身的不称职、突发事件、干扰因素，都能使你已发动引擎的火车出轨，或者更糟：使其走向一条毁灭之路。但这只能揭示一个事实，在任何情况下这都是正确的，即在任何情况下，你行动的结果不仅取决于你的意志，而且还取决于自然的力量和其他人的行动。行动，如果这样的事情是完全可能的话，它就是将你自己，即你的第一人称的、慎思的自我，嵌入因果网络之中。但是，这必然意味着它要受制于因果网络、自然的力量和其他人的行动。

5.2.4

这是如何威胁到行动者的主体感的呢？一般而论，可以说问题在于，我们的意志内容和意愿结果之间的关系似乎完全是偶然的。为了理解为什么这是一个问题，试想一下你的说话内容和它在你听众心中的影响之间的关系，变得（也许已经是这样了）完全偶然，或者更糟。你说“我来帮你”时，对方吓得后退，或者畏缩着好像在等着挨打。你说“你真棒”时，却发现你已经严重冒犯了他人。你说“吻我”时，腹部却随之遭受了一记重拳。你的话总是莫名其妙地在某种与你表达的意思不同的意义上被接受，不要把他人想象
87 成你认为他们会是的样子，当你开口说话时，事情并不会成为你下

定决心要使它们成为的那样。你仍然会把自己看作一个说话者吗？当然，它并不总是会这样发生，可是有时确实如此。在康德看来，行动就是这样，因为行动的意义不仅仅是由我们的意谓，而且还是由世界接受它们的方式来决定的。① 所以我们的行动就像孩子一样，以一种不同的方式，一种更加令人不安的方式，而不是亚里士多德所想的方式，即似乎没有人知道在这个危险的世界里他们会发生什么，又会变成什么样子。

如果实际上意志根本没有能力使结果成为我们意愿的那样，那么我们就不能将自己看作行动者，也就是说，看作凭借意志造成某些结果的原因。然而，我们必须把自己视为行动者，这是我们的境况，不容妥协，因为作为人类，除了选择别无选择（1.1.1）。因此，正如一个要讲话的人必须祈祷希望她的听众会在她所指的意义上理解她的话一样，要行动的我们也必须祈祷并希望这个世界，从我们自己的身体开始，能够在我们所指的意义上接受我们的意志。这就是说，正如讲话者对其听者不得不采取信任的态度一样，行动者对世界本身也不得不采取一种信任的态度。

5.2.5

我之所以提到对世界采取一种信任态度，是因为这些关于效力的思想是康德宗教哲学的基本出发点。这就是我把发现这个问题归功于康德的原因。康德关注的是道德行动的效力问题，但我很快就

① 关于这些问题，我很感激与塔玛·夏皮罗的许多有益交谈。

会解释，我认为一般性问题是相同的。康德认为，对道德的承诺本质上包含对实现某一目的，即至善（the highest good）的承诺，他将至善描述为事物的状态，在这种状态中，人类获得德性并必然获得与他们德性相配的幸福（C2 5：113）。如果这个目的不可能实现，甚至无法促进其实现，那么我们就不能理智地承诺将其实现；如果对道德的承诺包含对其实现的承诺，那么我们也就不能理智地承诺道德。然而，正是由于刚刚讨论的这些因素，即自然的力量和其他人的行动，似乎不可能看到我们所做的任何事情如何能在德性
88 与幸福之间产生一种必然联系，并因此促进至善的实现。但既然必须承诺道德（当然，因为这是不可选择的），那么就必须假设至善是可能的，并且我们能通过自身的道德努力去促成其实现。这种理性的必然性或不可选择性使我们有了信仰（Glaube），这个词也用来表示“信任”，相信使至善成为可能的这些条件确实实现了，即使我们不能确切地知道它们实现了。根据《实践理性批判》中的观点，这些条件是：灵魂不朽，这样我们才能朝着道德完善或德性不断进步；有一个上帝存在，也就是自然法则的创造者，它将会调整良好的道德意图所意愿的那些法则，最终带给我们幸福，从而产生促进至善的结果。①

你可能认为康德关于宗教信仰的论点不是对一般效力问题的回

① 众所周知，康德要求扬弃知识，以便为实践信仰（practical faith）留出地盘（C1 Bxxx）。他在其作品中多处都谈到了实践信仰，但主要的论述是在《纯粹理性批判》中的“纯粹理性的法规”（“The Canon of Pure Reason”）一节，《实践理性批判》中的“辩证论”（“Dialectic”）一节，以及《判断力批判》的第 83～91 节。我在文中的描述与康德在《实践理性批判》中的描述方式最为接近。

应，因为这与他的这一论点有关，即他认为我们应该去促进的目的为道德所要求，因此我们不可能将其放弃。但我倾向于认为，他的论点的力量并不仅限于此，因为关键的一点是，只有当认为达到想要达到的目的真的**很重要**时，才会产生对信仰的需要。然而，这恰恰内置于行动性的结构之中，因为不去考虑行动所造成的结果如何就去行动，那就只是乱动而不是行动。但正因如此，宗教的解决办法，细想起来似乎太过强烈。

5. 2. 6

现在让我们考虑一下它［宗教的解决办法］实际上意味着什么。康德在《实践理性批判》中说，问题是这样的：

> 在尘世中行动着的理性存在者毕竟并不同时是世界和自然本身的原因。……正因此……［他］也不能从自己的力量出发使这个自然与他的实践原则完全一致。(C2 5：124 - 125)

所以，问题在于我们不是自然的原因。解决办法是：

> 整个自然的一个与自然有别的原因的存在也就被**公设**了，这个原因包含着幸福与道德性精确一致的根据。（C2 5：125)

康德说，这个被公设的自然原因必须具有上帝的传统属性，因为： 89

> 这个世界创造者必须是**全知的**，以便在一切可能的场合和在一切未来都认识我的行为，直到我的意向的最深处；他必须是**全能的**，以便赋予我的行为适当的后果；他同样必须是**全在**

的、永恒的；等等。(C2 5：140)①

这表明上帝要做的是洞察人们的内心，了解人们的道德品质，并因此安排自然法则，使每个人的幸福与她自己道德品质的良善相匹配。

但是，如果这被认为是解决效力问题的办法，那么似乎什么地方出了严重的问题。因为如果这就是我生活的世界，那么为什么我的结果永远是我的呢？请回想一下我前面提到的关于营救和营救出错的例子。我能救你，还是不能？上帝已经设计了自然法则，因而你的命运将由你的道德品质决定。如果你是善良的，那么我不能伤害你，当然这是从长远来看，有很多限定性条件。如果我帮助你，那么我只是上帝的一个工具，只是在做一些如果我没有考虑去做也会以另一种方式被完成的事情。那么，假如我未曾考虑去产生自己的行动性、效力和结果，它们根本就不会发生，那么我关于它们的梦想在哪里呢？我要怎样做才能使这个太过完美的世界变得更好，或者说，变得更糟？

5.2.7

总之，我提出这一切不是为了简述康德的宗教哲学，也不是为了简要说明行动性需要信仰的支持。因为事实上，这里的问题与2.3.2中讨论过的问题完全一样，我在那里论证了某一特定原因的观念在世界范围内本质上是一个目的论观念，当以一种使行动在其

---

① 是的，这个听起来不耐烦的“等等”确实是康德自己的话。

中得以可能的方式来概念化世界时，我们运用了这一观念。为什么说*这把刀*，而非一纳秒之前的世界状态，是切割的原因呢？因为我们可以*用*这把刀来切割。世界内部的特定原因的观念使这个世界成为行动的场景。为什么说*我*或者*你*是切割的原因呢？由于同样的理由：这样，我们才能行动和互动。这里的重点是要表明，效力与自律的观念实际上是多么紧密地联系在一起，以及行动性的理想是多么远大。行动性的理想是将你自己嵌入因果秩序之中，从而真正地改变世界。自律在康德的意义上是不被外来原因所决定，效力则是 90
指真正属于你自己的、改变世界这一意义，二者正是这个理想的两面，一个向后看，另一个向前看。这就是康德的两种命令共同成为行动性法则的原因。

5.3 非理性行动

5.3.1

在我讨论的内容中有一个问题，前面（5.1.3）提到我的评论最适合人类行动者和人类行动的情况时，我已经标记了它。这个问题非常明显地出现在《道德形而上学的奠基》第三部分康德自己对定言命令之基础的论述中。康德的论述首先声称，意志是“有生命的存在者就其有理性而言的一种因果性”（G 4：446）。这句话可以追溯到康德在该书第二部分对理性的最初定义，我曾在 4.3.2 的一个段落中讨论过。康德说：

> 自然的每一个事物都按照法则发挥作用。唯有一个理性存在者具有**按照**法则的**表象**亦即按照原则来行动的能力，或者说具有一个**意志**。既然为了从法则引出行动就需要**理性**，那么意志无非就是实践理性。(G 4：412)

但是在其他著作中，康德显然否认理性与意志之间存在这种紧密的关联。在一些地方他提到**动物的任性**（arbitrium brutum）这个概念，即一种动物的选择或意志（C1 A802/B830；MM 6：213）。在《道德形而上学》中，他相当宽泛且事实上有些太宽泛地将行动的能力等同于“生命”。他说：

> **欲求能力**就是通过自己的表象而成为这些表象的对象之原因的能力。一个存在者按照自己的表象去行动的能力就叫作**生命**。(MM 6：211)

原因显而易见。毕竟，人类不是唯一会行动的生物。行动与事件之间的区别也适用于其他动物。一个非人类的行动，与一个人类行动一样，以某种方式归因于那个在行动的动物本身。这些活动是动物自己的。当一只猫追赶一只老鼠时，这不是发生在猫身上的事情，而是猫做的事情。从这种意义上说，我们把其他动物看作它们行动的创造者，认为它们具有某种类似意志的东西。

但是康德从来没有告诉我们，这种承认可能对他的道德法则推论产生什么影响，该推论以这一主张为前提，即意志是“有生命的
91 存在者就其有理性而言的一种因果性”。更一般地说，他目前的解释模糊了什么是非自由的、非理性的意志。因为，自我决定或自律，与康德所说的“他律”或为自然法则所决定，二者之间的鲜明

对比，似乎没有为非人类的动物行动留下任何空间。如果其他动物的活动是由来自外部的外来原因所引导，那么还不清楚的是，这些活动如何不同于没有归于行动的那些对象的活动，或者如何不同于没有归于动物自身的那些动物活动。羚羊察觉到正在靠近的狮子，于是跑开了。羚羊被狮子捉住，便摔倒了。跑开是羚羊做的事情，而摔倒则是发生在羚羊身上的事情。但是，如果二者都同样是羚羊被外来原因决定的活动，那么不同在哪里呢？

这让我们回到了开始时的问题，康德显然坚信，一些行动、他律的行动，仅仅被假言命令所支配。因为我们现在考虑的问题与这个更加声名狼藉的问题密切相关，即按照康德的观念，我们应该如何设想坏的行动（bad action)。《道德形而上学的奠基》把坏的行动描述为他律的行动。评论者们经常抱怨说，如果这被认为是指由外部力量引起的行动，那么人们就永远不可能为坏的行动负责。但问题当然比这更严重，因为如果一个人的活动是由外部力量引起的，那么不清楚究竟为什么我们应该称其为行动。非人类动物的行动也是如此。

5.3.2

有点出人意料的是，甚至在亚里士多德关于行动的显然更自然主义的解释中，也有这个问题的版本。亚里士多德区分了三种行动：非自愿的、自愿的和出于选择的行动（NE 3.1－2)。出于选择的行动是自愿行动的一个分支，因为所有出于选择的行动也都是自愿的。儿童和非人类的动物通常是自愿地行动，只有成年人出于选择而行动（NE 3.2 1111b7－10)。亚里士多德告诉我们，对于自愿活动而言，这就足够了："活动的始因（moving principle）在行动者自身之中，他了解行动的具体环境"（NE 3.1 1111a23－24）。

关于"在"行动者"之中"的这个活动始因标准的解释，存在着众所周知的问题。呼吸、循环和消化的活动始因似乎在某种意义上"在"我们自身"之中"，但是它们是非自愿的。亚里士多德将
92 强制的活动与自愿的活动相对照，将前者定义为"其始因是外在的行动，即行动者对这初因完全无能为力"（NE 3.1 1110a1－3）。所以，活动始因的"内在"特征必须与行动者的作为有关。当亚里士多德试图更详细地解释强制活动的时候，困难出现了。他给出了强制活动的三个例子，它们似乎倾向于逐渐接近自愿活动（NE 3.1 1110a3－11）。第一个例子涉及一个人被飓风或其他掌控他的人带到某个地方。这似乎不是一个强制行动的例子，因为被飓风或其他人带到某个地方的人根本没有做任何事情。我们可以更好地想象一下，比如这个受他人掌控的人被绑在马车的后面，这样他被迫走路。① 第二个例子涉及强制：一个僭主以你的亲人为人质，迫使你去做某事，并威胁如果你不做就伤害他们。第三个例子是一个不幸的情况：它涉及一些水手，他们在一场暴风雨中必须从船上扔掉他们的货物才能挽救自己的生命。亚里士多德告诉我们，后两种情况实际上是混合的，因为"在做出行动的时刻，它们是值得被选择的"（NE 3.1 1110a12）。对于走在马车后面的人，我们也可以这样说，因为如果他的脚不动，他将会被拖着走，而这对他来说会更

① 参见4.5.1，n.21。

糟。然而，除非他选择走路，否则他不会采取任何行动，即使是强制性的行动。这正是问题所在。行动需要来自行动者的一些作为，在所有这些情况下，行动者的作为看起来是，考虑到当下情况，他选择去采取行动。但如果行动者的作为在于他的选择，无论这个选择多么受限制，那么纯粹自愿的行动类别又会变成什么呢？而如果我们失去了纯粹自愿的类别，那么这些永远不能做出自己选择的非人类动物的行动又会怎样呢？

5.3.3

显然，我承继了这个问题。前面已经说过，我们不能确认某人在行动，除非他至少在某种程度上被假言命令和定言命令支配。如果要承认一个行动者正在做的完全是行动，那么他至少必须努力使自己具有效力和自律。那么，其他动物的行动如何可能呢？我当然不会想说，它们试图服从康德的命令。这里似乎面临一个选择：或者放弃康德式命令是行动的构成性标准这个观点，或者放弃其他动 93
物也会行动的观点。①

但是这二者我都不会去选择。下文将解释我所认为的行动是什么。基于该解释，我还将说明自律和效力如何能够成为行动的构成

① 动物行动的观点在哲学中一直被忽视，就像动物认知的观点一样，至少直到最近也是如此。这是一个重要的课题，因为许多哲学理论似乎并没有为动物留下任何可以存在于其中的概念空间，换言之，为某种既不是纯粹的机械装置也不是理性的人留下空间。也有一些哲学家否认动物是行动者，但这显然是错误的。亚里士多德说其他动物“没有参与行动”（NE 6.2 1139a20）。但是，他的意思是说，其他动物并没有在我于 1.2 中提出的与行动观相关的意义上从事行动：它们不会选择整个行动，把它看作因其自身而值得做的事情。我在本章其余部分对动物行动性的论述将证明这个结论是正确的。

性标准，即使其他动物并不试图遵循它们。除了拯救现象（saving the phenomena）之外，因为我认为，很明显其他动物确实也有行动，这个解释将阐明人类行动的独特之处，以及为什么只有人类行动受命令支配，并且可以在道德上是好的或坏的。

5.4 行动

5.4.1

回想一下 2.2.1，在亚里士多德看来，一个有生命的事物具有一种特殊的自我持存的形式。它被这样设计，是为了维持和再生产自身，也就是维持和再生产自己的形式。所以，它就是它自身的目的；它的目的或功能只是成为并继续成为它之所是。它的器官、本能和自然活动都是为这个目的而安排的。这对植物和动物同样适用：植物也有自我持存的形式。

但亚里士多德告诉我们，在更深一层的意义上，动物的活着与植物的活着是有区别的，植物缺乏一组功能相关的能力。亚里士多德强调知觉和感觉，但注意到它们是为想象、愉快和痛苦、欲望以及通常的局部活动所伴随的（OS 2.2 413b1－23）。也就是说，动物的独特之处在于，它们通过行动来执行一部分其自我持存的活动。① 相比

① 如今，“动物”被定义为以其他生命形式为食的复杂的多细胞真核生物。这与亚里士多德的定义并不完全一致，但就我这里的目的而言，这并不重要。

于植物，动物在更进一步的意义上活着，因为它们一生都在做事情。这就引出了我们的问题：在同样适用于动物的一般意义上，行动是什么？

5.4.2

首先，在一种简单的描述性意义上，行动是一种智能活动（in- 94
telligent movement）：动物的活动是对它所形成的关于世界或其环境的表象或观念做出反应。这就是为什么亚里士多德将行动在本质上与知觉联系在一起。当说行动是智能的时候，我当然不是在一种赞美的意义上使用“智能的”。就我正在使用该词的意义而言，一只蜘蛛爬向在其网中被缠住的飞蛾，或者一只蟑螂在你试图用报纸拍它的时候跑到烤箱下面，它们都表现出了智能，因为它们对其环境的表象或观念做出了反应。一种对晚餐或危险的知觉，即被吃掉或要避免，决定了动物的活动过程。在前面引证的一个段落中，康德这样说：

> 欲求能力就是通过自己的表象而成为这些表象的对象之原因的能力。（MM 6：211）

例如，这只蜘蛛把飞蛾表象为自己的晚餐，这是飞蛾成为晚餐的原因。

在我已提到的例子中，一个欲求或畏惧的对象被表象为在环境中的实际的存在，但当然行动也可能始于某种可能存在之物的观念，就像当动物去寻找食物或配偶时发生的那样。然而，即使在这种情况下，它的活动也是由一种对其环境的表象来指导的，因为它活动的形式或过程，包括看哪里，如何四处地看，是由它对自己正在经历的世界的观念所决定的。

5.4.3

在继续讨论之前，应该澄清一下我使用“活动”的方法。当谈论蜘蛛和蟑螂的时候，将行动等同于物理活动是非常自然的，或至少假定行动是一种物理活动，或者可能是随附于物理活动。但出于各种原因，我们不想把这种想法写进行动的观念中。首先，并不是每个行动都是物理性的：例如，对某人许下承诺就不是，施为句一般来说也不是。当然有人可能坚持说，许下承诺必然要有一些物理表现，至少说话就是这样。但对你自己许下承诺呢？也许一些物理主义者会坚持说即使这样也一定多少有些物理表现，或者在大脑中留下某种痕迹，但我不认为心灵哲学的这个论题应该成为我们行动观念的一部分。也不是所有的行动者都是物理实体：公司和政府就不是。同样，有人可能会说只要它们的决定记录在纸上，它们和它
95 们的行动就必定随附于某种物理事件。那么上帝呢？神的行动的想法难道是不连贯的吗？

事实上，这个问题有助于我们理解活动的相关观念。行动就是使世界发生变化（或者在极限情况下，是阻止或防止一种变化）。当行动者行动时，一定有某事作为行动结果发生。我们起先可能会倾向于认为，上帝的行动与有限造物的行动之间存在这样的不同。当一个有限造物行动或在世界上引起一种变化时，这个造物一定要有一种途径在方法甚至是手段的意义上来达成它。反之，当上帝行

动时，他不需要任何方法：甚至他一想到自己要做什么就会实现它。但这种观点应该被抵制。尽管我们做的很多事情都涉及手段或方法，但并非所有的事情都是这样。比方说，假设我决定举起手臂。我那样做没有任何途径，没有方法和手段，只需要做就好了。诚然，碰巧有一种途径：神经信号从我的大脑传到我的手臂，或者别的什么；因为碰巧有一种途径，所以我被约束在上帝不可能被约束的这一途径中。如果神经系统没有正常运行，也许我就不能举起手臂。但是那个“碰巧的途径”不是一个“我做事的途径”，因为我并没有像母亲送她的孩子们去上学那样，把神经信号传给我的手臂。[①] 所以，当我说行动必然包含活动时，我所说的活动是影响世界本身的变化，而不是影响世界变化的方法。

然而，我刚刚用来说明一种无需方法的行动例子，却造成了另外一些与活动观念相关的重要问题。通常，动物改变世界的最直接方式是移动它们的四肢。我们能做、但却不是通过移动四肢来做的少数几件事情之一，就是移动我们的四肢。这导致了一种混淆行动和肢体活动的倾向，比如，所谓的“动作片”（action film）就是一种主人公在其中跳来跳去的电影。这种混淆有一个深刻的原因，因为我无需方法或手段就能够做的唯一事情便是改变自己，这不是偶然的。这种改变不必发生在我的身体内部，但一定要在我自己身上。即使想象有人神奇地产生某种效果时，我们也想象这个行动者以某种方法处置（disposing）了他自己：吟诵、专注或凝视。就此

① 在行动理论文献中，这样的事情被称为一种“基本行动”。

而言，即使设想上帝在创造世界，我们也会想象上帝最直接地在他自己身上实现了一个变化：想到一个想法，或者甚至说出这个想法，比如“要有光”。所以，尽管我所说的活动是对世界变化的影响，但行动者通过在自己身上产生一种变化从而使世界产生变化，
96 这对于行动的观念来说是至关重要的。这一切之所以重要，是因为换句话说，行动本质上包含自我决定。不存在方法的情况局限于此，即行动者所做的*一切*只是在自己身上产生变化。所以，当动物行动时，它以对其外部环境观念做出反应的方式，通过改变自己来实现世界的某种变化。这就是我们所讨论的这种智能活动。

5.4.4

现在这种意义上的智能活动已经意味着行动具有意向性内容。我们说，蜘蛛“正爬向网的中央去吃那只被困在那里的飞蛾”或蟑螂“正在烤箱下到处跑以避免被拍打”。这些语句明确了目的，但对于表现行动特征的意向性内容，不需要说明更深层的或进一步的目的。行动的重要之处正在于，如我们所说，它是“有目的的”。在这个意义上，为活动指定意向性内容，就是使它服从于效力的规范性标准，即一种成功和失败的标准。正如我之前提到的，服从于这样一种标准，对于行动的理念至关重要。假设关于蟑螂我们只说“它正在烤箱下到处跑”，这仍然不同于说石头正在从山上滚下来。如果这块石头遇到了障碍物，还没有到山脚下就停止了滚动，那么它并没有失败。但是，如果这只蟑螂没有跑到烤箱下面，那么他就*已经*失败了。是什么允许我们这样说呢？显然，我们不想说蟑螂已

经形成了跑到烤箱下面去的意图。这确实就是我们一开始着手的问题。既然蟑螂本身不受任何假言命令指导，那为什么我们认为它的活动服从于效力的规范性标准，而这些标准使得这些活动被视为行动呢？

5.4.5

在亚里士多德看来，要把意向性内容指定给一个对象的活动，不需要假设有一些思维过程伴随着这个活动。允许意向性描述的不是伴随的想法的在场，而是诉诸这个对象的形式和功能。意向性描述甚至适用于人工制品的活动。例如，时钟是为了报时而按功能构造的对象。这就是为什么当我们说“这个时钟鸣响报时了”或“这个闹钟会在八点叫醒我”的时候，暗示着成功与失败的标准的存在。如果时钟在两个指针都指向十二点的时候敲了十一下，或者如 97
果闹钟在八点的时候没有响，那么这个时钟就失败了。正是因为时钟被组装起来以便报时，我们才可以把意向性内容指定给它的活动。同样地，因为动物具有一种自我持存的形式，我们可以将意向性内容指定给它的活动。正因为动物的功能是维持它的形式，所以即使是非常原始的动物，我们也将其描述为“寻找食物”或“试图逃离危险”，这就暗含了成功和失败的标准。

当然，时钟报时并不是一个行动。我们将意向性活动归于植物和机械，但它们不是行动。时钟鸣响报时，或把你叫醒。植物向着太阳，或它的根通过干燥的土壤向下生长到有更多水分的地方。正如后一个例子所表明的那样，这些活动可能实际上还是对环境中的事件或条件的反应。但是，这些对环境的反应并不是前面描述的智能活动。它们不是植物或机械形成环境观念或表象的结果。因此，要理解行动概念，必须把这两个要素，即具有意向性内容的活动和对环境的观念反应性，放在一起。行动是动物的一种意向性活动，这种活动为该动物对其环境形成的一种表象或观念所引导。

5.4.6

如我刚才已经表明的，有的意向性活动不是行动，而是对环境因素的反应。例如，考虑植物的向光性反应，几乎无法抗拒地用行动-语言（action-language）描述为植物向着太阳。为什么它不是一个行动呢？根据刚才所给出的描述，只是因为它不是被知觉，被对环境的一种表象支配：如果植物看见了太阳或感觉到了太阳，那么它就是一个行动。行动概念是否要求对这两个方面做出明确而直接的区分，即一方面是对环境提示的纯粹因果反应，另一方面则是对环境提示的知觉或表象？除非我们认为行动概念本身应该是明确而直接的，但没有理由这样认为。行动和其他形式的意向性描述的反应之间本质上并没有一条明确而直接的界线，因为纯粹反应和知觉表象之间本质上没有一条明确而直接的界线。但这并没有影响到我所说的行动。它只是表明，在行动和非行动之间本质上并没有一条
98 明确而直接的界线。不管怎样，我们都知道这一点。由于很多不同的原因，有许多东西徘徊在行动的模糊概念边缘：敲击手指（介于单纯的可表达性和行动之间），呼吸（毕竟，你可以屏住呼吸），关乎道德的疏忽相对于无关道德的疏忽（前者是一个坏的行动，后者

则什么都不是)。在许多情况下，为了哲学理解的目的，甚至为了伦理和政治生活，需要一种明确而直接的概念，即使在本质上并不存在明确而直接的界线。[①] 这并不奇怪，因为本质上几乎很少有明确而直接的界线。

5.4.7

行动概念既要求意向性活动，也要求对世界的表象或观念。二者一起使得行动者能够在现实中引导自己。正因为对行动的理念来说这两个要素都是必需的，我相信，哲学家们才会太容易陷入一种过度智能化的行动观念。我们倾向于认为，为了使某物成为行动者，它必须为它正在做的事情的观念所引导，甚至它必须主动地抱有一种目的和实现这个目的的方法，如哲学家们所说，它必须"形成一种意向"。说一只蟑螂在烤箱下面到处跑，这是一件荒谬的事情。动物的确必定被一种观念引导，而且它的活动必定有一个目的，但它不需要对自己的目的有一个观念。如我将很快表明的那样，这种特殊的自觉行动，即人类行动，当然要求行动者对自己在做什么和为什么这样做有一种观念。这在定义上是正确的。但更广泛意义上的行动却并非如此。

事实上，我认为最好的办法是将人类行动特有的这种意向性视为一个连续统一体（continuum）的顶端。这个连续统一体的底部是单纯的意向性活动，如我一直在说的，植物、器官和机械活动被

---

① 关于这一点，参见我的论文"Two Arguments Against Lying"（CKE essay 12)。

归于此类。第二层是由知觉引导的简单动物的活动。这里我们开始倾向于用行动这个词，原因足够清楚：当动物的活动受其知觉引导时，它的活动是在其大脑的控制之下，而当活动在大脑的控制之下时，我们倾向于说这些活动是在动物自己的控制之下。[①] 第三层也
99 许是某种程度上知道自己在做什么或试图做什么的动物的活动。最后，我在这里先行一步，将是那些知道它们行动所依据原则的动物的活动（6.1.7）。因此，意向性本身不是使人类行动与世界上所有其他活动截然不同的原因。但是，正如我将在第 6 章论证的那样，它在人类身上采取的形式确实使我们的世界发生了根本的变化。

5.4.8

关于植物的向光性反应还有一点。太阳照射植物，而植物转向太阳。我在 5.4.6 中说过，如果植物看到了太阳，那么这就是一个行动的例子。这种想法会遭到抵制。你们中的一些人会认为，这不可能是使行动成为行动的独特之处。因为要成为一个行动，必须包

---

① 事实上，这有点儿不可思议。让我们设想一只蚊子。为什么在它的“大脑”、它的表象能力控制下的一个活动，要比在它的其他器官控制下的活动更应归因于它呢？我们当然不会更想让它为此负责。我们认为自己是自律的，因为我们的行动在它们大脑的指导之下：可以说，行动的必然性相遇在我们的大脑中。所以，当低等动物的行动在它们大脑的指导之下时，我们把它们看作其行动的创造者。当然，这有助于那种大脑指导的活动显示出一种反应的灵活性，我们用这种反应的灵活性来区分行动和机械运动。我在 2.1.5 中说过，活动（activity）概念是一种柏拉图式的概念：其他运动在它们分有理想版本的意义上被视为活动。这就是此处涉及的问题：行动概念从理想的情况中得到它的轮廓，这种理想情况是我们自己情况的理念化版本：一个人反思地控制自己的活动。

含自我决定：植物必须移动自己的叶子。所以，只有当植物有一种**意志**，而且当它看到了太阳，形成一种使叶子转向太阳的意志时，植物将其叶子转向太阳才是行动。植物的意志必须对它的叶子发出转向太阳的命令，就像所有那些我们对自己的胳膊和腿发出的命令一样，而这肯定就是导致它的活动的原因。这么讲对吗?

并非如此。这是一种关于意志的侏儒或松果体理论。我们在此被一个哲学问题难住了，所以虚构或指向了一个器官或一种能力，并说“在这里，这就是解决问题的能力!”意志是如何被假定为一种能力，由此解决使意愿成为可能的问题的？本质上讲，是通过拥有意愿的能力。

你不能通过给它起个名字来解决一个哲学问题。意志不是一种使自我决定成为可能的能力，意志是自我决定的能力。这是为了理解动物的行动性而需要加以理解的事情：为什么我们把某种类似于自我决定的能力归因于其他动物。

5.5 归因

5.5.1

但是这种表述方式清楚地表明，我迄今为止对行动的描述尚未 *100*
触及问题的核心。当动物行动时，它应该决定自己去活动；这个活动被认为是它自己的。我们根据什么把活动归**于**动物？这便引出了行动的第三个也是最重要的特征（前两个特征是，行动是一种意向性活动以及它被知觉引导)。到目前为止我还没有把注意力放在动物活动的原因上，而只是集中于动物通过其活动所运用的因果关系，以及它实现其目的的效力。但是，对很多哲学家来说，行动是由某种特定方式引起的，这似乎是关于行动的最本质的事情。就人类行动而言，这一点与一个道德问题相关联，即我们要求人们对自己的行动负责。时常有人会说，我们不能这样要求，除非人们是自己行动的原因。

然而，这并不完全正确，因为说行动者是行动的原因，意味着行动可以由行动者之外的东西引起。但是，我认为将行动归因于一个行动者对于行动概念来说至关重要。所以，问题不在于为什么把行动归因于行动者，而在于为什么把某些活动归因于行动者作为她自己的活动，从而把它们理解为一个行动。对这个问题的一种传统回答，就是将行动等同于通过人的某种特定的因果路径，比如说人的心理路径所产生的活动。这个想法似乎是说，一个人本质上更认同于她的心理而不是她的身体。所以，通过其心理的因果路径似乎非常适合于使活动成为她自己的。①

但我认为，这种说法几乎完全地本末倒置。人和行动之间的密切关系并不在于行动是由人的最本质的部分引起的，而在于人的最本质的部分是由她的行动构成的。

5.5.2

让我试着把反对理由解释得更清楚一些。经验主义者有时似乎

---

① 例如，参见 Hume at T 2.3.2，410－412。

认为，行动是由一种激情或欲望所引起的活动，这种活动从引起它
的激情或欲望那里获得了其意向性。例如，假设一种对苹果的欲望
以某种方式促使你的胳膊靠近它，我们称这为“伸手去拿苹果”，101
这个活动的意向性源于引起它的那种欲望的内容。但这并不正确。因为激情与欲望引起的活动和其他自然改变，并不是或不完全是行动。你因为愚蠢或过失被发现而脸红，因为针尖靠近胳膊而退缩，开心时咯咯地笑，伤心时哭泣，紧张时掉下手中的书，这些都不是或者不完全是行动。但这些活动的确从它们表达的情绪中获得了一些类似于意向性的东西。就这些活动而言，我们给出的解释不仅说明了它们如何产生，而且使它们易于理解。我们可以说他因为感到惭愧而脸红，正如我们可以说他因为想吃苹果而伸手去拿它一样。

事实上，情绪表达性活动甚至可能从它们的原因中获得某种对规范性标准的服从。例如，如果引起哭泣的原因是不好的，则哭泣可能被认为是不好的。“所以你没有得到你想要的。这有什么好哭的！”我们会严厉地说。如果说出于一个不道德的动机而哭泣的话，哭泣甚至可能被视为不**道德的**。例如，假设你在得知竞争对手最终没有在事故中丧生时哭了，那么我们就会发现你的哭泣是道德上的冒犯。

休谟认为，行动**完全**以这种方式从其“动机”的道德品质中获得它在道德上正确或错误的能力（T 3.1.1）。根据这种德性伦理的解释，我们恰好也可以说，出于卑劣的动机而哭泣不仅是不道德的，而且是**错误的**，就像伤害别人是错误的一样。二者之间没什么不同，因为根据休谟的说法，伤害别人从引发它的残忍的恶意中获

得了其错误性（wrongness），正如卑劣的哭泣从引发它的悲伤的恶劣中获得了其不道德性（moral badness）一样。在这种情况下，道德上的对或错，实际上只是道德的善或恶，与行动没有特别的关系。而在我看来，这意味着这种对行动的解释不可能是正确的，因为（人类）行动本身可以是对的或错的，这是（人类）行动的一个**本质**特征。情绪反应可能会受到道德标准方面的评价，但在与行动同样的意义上，它们不能是对的或错的。

在这个时刻，有人可能会说，与表达性反应不同，我们判断行动的对与错，是因为行动出于自愿，而情绪表达性反应则不是。根据一种常见的解释，是非对错的概念适用于我们可能遵循或违反一个规则时，而这只是发生在自愿的领域。按照实际的情况来说，这仅仅是关于意志的又一个松果体观点（5.4.8）。因为缺乏进一步的
102 分析，“自愿”只是我们正在探讨的问题的另一个名称：是什么使行动不同于情绪表达性活动？然而，这个回应指向了正确的地方，因为在这里，情绪表达性活动在与行动完全同样的意义上并不是意向性的。因为，尽管情绪反应受到规范性标准的制约，但它们不受成功和失败标准的制约。当说有人在哭泣时，并没有使人想起失败的可能性，而当说蟑螂在烤箱下面到处跑时，却使人想起了。什么会算作失败呢？当然你可以**试着**去哭泣，且失败了，但如果你试着去哭泣并且成功了，在这个意义上说，哭泣便是一个行动。

5.5.3

现在让我来处理一个问题。我曾问过，人们凭借什么把一个活

动归因于一个行动者。我认为，活动有一个心理学原因是不够的，因为这对行动来说是如此，对情绪表达性反应而言也是如此。但是行动如我所说，可以是对的或错的，而情绪表达性反应则不可以。现在似乎还不清楚这一点与这个问题有什么关系：为什么我们会以不同于行动的情况中所采取的方式，把某些活动归于行动者呢？因为这是一个关于一般行动性的问题，而只有人类行动才可以有道德上的对与错。

但是在非人类行动中，也有类似于对或错的事情。因为在我看来，如果行动没能把你构成为一个你所是的行动者，那么这个行动就是错误的。类似的是，一个动物行动未能把这个动物构成为其所是的动物，不是仅仅因为它碰巧是无效的，这总是难免的，而是因为它完全是错误的。之所以会发生这种情况，是因为动物的本能与动物的环境有关，当环境发生根本性变化时，动物就会失去自我持存的功能。举个例子，迁徙的候鸟由于人类的光污染而偏离原来的飞行路线，或者捕食者攻击牲畜，也许将它们看作唾手可得，却使自己被射杀了。①

当然，这些动物并不为这些失败负责，因为它们不像我们这样对自己的原则负责。而我们的原则，道德原则，应该在任何环境 103
中，在任何情况下，无论发生什么都使我们凝聚在一起。它们应该

---

① 正如我将在 6.1.7 中解释的那样，即使人类不再凭本能行动，我们的欲望和动机仍然与我们的本能联系在一起，我们可以从自己身上看到这些影响。人类被高脂肪的食物所吸引，因为本能告诉我们要尽可能地存储脂肪，以便能度过将来的饥荒。而当饥荒不再出现时，人类就会变得肥胖并可能因此而丧生。另一个类似于本能已变成错误的非人类动物情况的例子是试图符合外国文化中的礼仪标准：你的标准一旦脱离了你自己的文化环境，就会导致你做完全错误的事情。

是可普遍化的，我们应该这样选择它们。

5.5.4

我对归因问题的解决方法隐含在刚才所说的内容之中。先前提到亚里士多德的观点，即意向性活动易受成功与失败标准的影响，在我们想要的意义上，它的意向性来自活动对象具有某种形式或功能化组织这一事实（5.4.5）。要把活动看作一个行动，看作服从于成功与失败的标准，我们必须把它看作一个可归因于动物形式的活动。既然动物的形式是将它统一成一个单独的对象的东西，那么它的形式就不仅仅是动物内部的某种东西。所以，当动物的活动可以归因于它的形式时，正是动物自身作为一个整体在活动。当我说活动归因于动物的形式时，并不是仅仅指动物的形式对活动的原因有重要促成作用。更确切地说，我的意思是动物是被构成的，即我们认为动物是被构成的，从而产生了那种活动。

当然，动物的形式也决定了它的情绪表达性活动。因此你可能会认为，我的解释并不比经验主义者的解释更好，经验主义者想说行动的特征是因果链贯穿于行动者的心理，而我认为，他们并不能把情绪表达性活动与行动区别开来。要回答这个异议，我只须提醒大家，我们可以区分这二者，即对象的形式（它对某种结果的原因有重要的促成作用），与对象的被构成，从而导致某种结果。闹钟的形式可能是它发出滴答声的重要原因，但这不是它的功能。当数字时钟被发明时，我们并没有因为它不发出滴答声而认为它是失败的。

为了避免混淆，更不用说反对的声浪，让我提醒你，我不是在声称*体验一种情感*就像发出滴答的响声一样，只是动物形式的一种偶然的副产品。我是在表明，情绪表达性*活动*更像这种副产品。但在这里，我们再次遇到了实际上没有清晰界线的问题。在动物世界中，很多情绪表达性活动具有生物学功能：当恐惧使你的毛发竖立时，这也使你在敌人面前显得强大和可怕。所以，对于这样一种动物，竖立毛发是一种行动并受制于成功和失败标准吗？它是动物所做的吗？在情绪表达性活动和行动之间的界线并非固定不变，这种 104
情况在动物身上比在我们自己身上表现得更甚。我们将再回到这一点（6.1.3）。承认这一点，我们就可以说使一个活动成为一个行动的是，这个动物被构成从而产生那种回应于对其环境之观念的活动。

5.5.5

这就是我一直在论证的观点。当动物被其对环境的知觉引导时，它的活动就会受一种效力标准，一种成功和失败的标准的支配。它受制于成功和失败的标准，是因为它在努力做一些事情，它在努力成为并继续成为自己，而且再生产出像自己一样的其他动物。它努力这样做不是因为它产生了这样做的意向，而是因为这是它的本性：它具有一种自我持存的形式。动物在环境中引导自己时支配自身活动的原则，即支配它对知觉反应的原则，可以被称为动物的本能。[①] 当动物的活动被它的本能支配时，其活动是自我决定

① 对这个概念的澄清，参见 6.1.3－6.1.5。

的，因为当活动被其本能支配时，这些活动源自它自己的本性。因此，动物的本能就是它的意志，是它自己的因果律。这些本能决定了它对什么去做什么，为了什么去做什么。当它出于本能而行动时，动物的活动就是它自己的。它根据自己的法则而行动，因此是自律的。

甚至可以说，动物的本能对它来说是一种命令。当你看到动物在一种强有力的本能影响下行动时，情况似乎确实如此。但这当然不是在说，非人类动物因此像人类一样受命令的支配。那么，这里有什么区别呢？要回答这个问题，就必须从行动内部来察看行动的心理学。而对这一部分的论证，我再次求助于康德。

5.6 行动的心理学

5.6.1

在康德的道德心理学中，行动的出发点就是他所谓的动机
105 (Triebfeder)。动机是一种对象的表象，该表象承载着动机。我在这里宽泛地使用“对象”这个词，不仅包括实体，还包括事件的状态和活动。对象可能是被实际感知到的，或被设想为外界的一个可能活动，事物的一种可能存在方式。当意识到某个对象的特征使对象对你具有吸引力时，你就感受到一个动机。也许这个对象满足了你的一个需求；或者也许因为你的类本质或你自己的特殊本性，这个对象能为你所欣赏。它使你感兴趣，唤起了你的能力运用，激发

了你天生的好奇心，或者提供了某种情感的慰藉或满足。你身上的什么特质使你认为这个对象在一种特定的方式上吸引人或受欢迎，这并不重要。对象与你内在的某种东西或你所处的状况相适应。动机也可以是消极的。你可能会将一个对象表象为痛苦的、威胁的、恶心的，或者以其他方式不受欢迎的。

动机因果性地作用于动物，但并不直接引起动物的活动。如果一个动机直接引起了动物的活动，那么决定这个活动的将是动物内部的某种东西，而不是作为一个整体的动物，然后正如我们所看到的那样，这将不会是一个行动。对食物的欲求，毕竟会让你垂涎三尺。如果它也能使你走到冰箱前，那么垂涎三尺和走到冰箱前同样都是行动。如果要把一个活动看成一个行动，那么这个活动必须是由动物自己引起的，而不是由它的表象或知觉引起。在康德看来，动机与原则共同发挥作用，原则决定了（或者应该说描绘了）行动者对这些动机的反应，而行动者的世界的观念引导了这些反应。原则代表了亚里士多德所说的行动者对行动的“作为”，即使行动成为出于自愿所需要的东西。每个行动都必须既包含一个动机，又包含一个原则：也就是说，呈现在动物意识中的某种东西，然后它据此而行动。

就人类或一个人而言，很容易说出是什么使行动不同于单纯的反应，因为人类是根据理由而行动的。一个人的原则决定了他把什么作为一个理由。就个人决定他自己的意向性活动来说，他把对食物的欲求作为提供给自己的走到冰箱前面的理由；而这与对食物的欲求直接导致他走到冰箱前面是不同的。我们说他的原则是饿了就吃点儿东西，至少没有理由不这样做，这可以用来表示他自己的因果性或自我决定这一事实。

5.6.2

106 根据我刚才提出的观点，行动者的原则意味着亚里士多德所说的她对行动的“作为”：它告诉我们她在面对呈现给她的动机时去**做**什么，而不是仅仅描述这些动机对她想法的影响。这不只是一种关于实践理性原则的观点，还是一种关于一般原则的观点。每当面对自我决定的情况时，我们都要求助于原则。例如，逻辑原则和证明规则描述了一个思考者如何**处理**收集来的证据：通过推理达成一种信念是一个积极过程，通过这个过程大脑**决定自己**得出一个结论。实际上，支配**自觉的**自我决定的理性原则，可以以最普遍的方式被视为**指令**（2.1.4）。遵循指令才使你的信念合乎逻辑：你以演绎推理规则要求的方式把两个前提**放**在一起，这样**促使你自己**相信它（4.3.2）。如果你确实得出了结论，那么就可以把演绎推理规则作为你的原则而归于你：它描述了当面对这些前提时你做什么。同样地，实践理性原则描述了你如何处理某些给予你的特定的东西，如动机，或者信念和欲望。例如，当工具性地行动时，你以假言命令所要求的方式把这些是手段的信念和实现目的的决心**放**在一起，由此**促使你自己**去行动。关键在于，原则不只是人们可以写在纸上的规章制度：它们对一个积极的或自我决定的存在者的思维节约（mental economy）来说，是至关重要的东西。这就是行动**必须**包含原则的原因，而不是因为对规章制度的某种迷信或清教徒式的爱。

5.6.3

在非理性动物身上，所讨论的这些原则就是动物的本能。该模式中本能和理性原则的作用是获取对行动来说至关重要的自我决定的要素。如我之前所说，动物的本能是它的因果性法则，决定了它的意志。这些本能决定了动物面对特定刺激时所做的事情。一个动物的本能决定了它饥饿时猎食，害怕时逃跑，受到威胁时搏斗，等等。本能行动是自律的，因为动物的活动不是被外来原因支配，而是被它自己的本性原则支配。

从这个说明中可以看到，动机和原则以自然成对的形式存在。
动物具有某种本能这个事实解释了为什么它受相关动机的支配。在 107
这个意义上，动物的本能在解释其行动时起着双重作用。它们都解释了为什么动物首先受某些动机的支配，以及一旦这些动机出现，它会做何反应。有人可能会说，激发的动机（motive）是在某种原则或本能下运作的一种动机（incentive），或者是从这种原则或本能的角度来看的一种动机。例如，对于其原则就是帮助那些需要帮助的人来说，别人正在遭受痛苦这一事实表现为一种要去帮助的动机，或一个行动的理由。对于具有猫的本能的动物来说，一只小型急跑的啮齿动物就是一个追赶的理由。我这样说是想表达这个事实，即在某种程度上，把动机的作用和原则的作用分开，或至少在非人类动物的经验中把它们分开，这是人为的。在人类的情况下，它则会有所不同。从现象学上看，出于本能而行动的经验显然不像把一个理性原则应用到实例中的经验。但其实，依据一个理性原则行动不需要涉及任何逐步的推理过程，因为当一个原则被深刻地内在化时，我们可以简单地把这种情况确认为受原则支配，这是一种单一的经验。原则和本能参与构建我们所感知的环境。然而，在对行动的分析中，必须把这两个方面分开，以便区分要求自我决定的被激发的状态（being motivated）和不需要自我决定的仅仅被引起的状态（being caused）。

5.6.4

动物行动时，被其形式和本能决定，在它对世界的观念或表象的引导下使世界产生一种变化。但是，动物的形式赋予了它同一性，使它是其所是。所以，说一个动物的形式决定了它引起某种结果，也就是说这个动物决定了自己成为这个结果的原因。行动是自我决定的，在此意义上说，它是自律的。而且如我之前所说，只有行动是自律的，它的效力问题才会出现。如果一件事引起另一件事，那么就不再有成功或失败。但如果一个动物决定自己成为某事的原因，可是却没有使那件事发生，那么它就失败了。自律和效力是所有行动者而不只是人类行动者的特性。

5.6.5

但是，我们被命令支配，而非人类的动物则不是。那么，是什么造成了这种差别呢？我认为现在应该清楚了。在某种意义上，动
108 物构成了自己的意志。它把自己构成为它所是的那种动物，而它的意志本质上就是作为它所是的这种动物自身。通过做它所做之事，

它使自己成为做其所做的这种行动者。但是，动物不能选择自己的因果性原则，它不能选择其本能的具体内容。另外，我们人类的确能选择自己的因果性原则，选择自己的准则和原则的具体内容。定言命令和假言命令就是这样做的规则，即构造准则的规则。正因为不像其他动物，我们必须选择自己的因果性法则，所以我们服从于命令。

这表明，实际上有两种意义上的自律或自我决定。在一种意义上，自律或自我决定就是由你自己的因果性原则所支配，这些原则决定着你的意志。在另一种更深层的意义上，自律或自我决定就是去**选择**确定你意志的原则。这就是康德称为“自发性”（spontaneity）的那种自我决定。每一个行动者，甚至动物行动者，在第一种意义上都是自律的和自我决定的，否则把其活动归因于他［或它］将毫无意义。在第二种并且更深层的意义上，只有负责任的行动者，即人类行动者，才是自律的。

这就是差别**所在**，但我还没有说明**为什么**会存在这种差别。这将是下一章的任务。

6. 逐出伊甸园：转向人性

6.1 本能、情感、智能和理性

6.1.1

109 当行动者，甚至是非人类行动者行动的时候，他［或它］可能成功也可能失败。在这个意义上，行动的理念本身是规范性的：它受制于效力标准。在前一章，我们讨论了行动受制于效力标准，只是因为它们至少体现出一种原始的自律（5.1.4，5.5.5）。纯粹的因果关系并不受成功和失败标准的制约，但是如果一个行动者决定自己去促使某件事情发生，不过却没有做到，那么这个行动者就失败了。因此，只有可以被视为是自我决定产物的活动才受制于效力标准。从某种意义上说，行动是由行动着的动物自身决定的活动，因为它们是由动物的形式所决定的。当动物的形式决定它的活动时，它的活动是被它自己的本性所决定或指引的，在这个意义上动物是自律的。一般地说，效力和自律是行动者的基本属性。既然康德的命令，即假言命令和定言命令，告诉我们要有效力和自律，那么它们实际上就是告诉我们要成为行动者，由此表现为行动的构成性标准。

但是，显然这并不意味着非人类的动物受制于这些命令。在5.6节，我解释了这其中的区别所在。动物的行动与人的行动都涉及动机和原则这两个因素的相互作用。动机是一个对象的表象，该表象承载着动机。它表示对象在某个特定方面是可欲的或者是令人厌恶的，如作为可食用的、与之交配的、要躲避的、需要逃离的、加以探究的、被击败的或者其他诸如此类的东西。原则决定或者描述了动物在面对动机时，做了些什么或试图去做什么：抓住它、吃掉它、诱捕它、到它的下风处，或者其他什么。动机和原则是自然成对地存在着的，因为生物的原则决定了她［或它］受制于哪一种 110
动机，也决定了她［或它］围绕动机做些什么。如果是一个人，她的原则是帮助那些需要帮助的人，那么别人的需要就是她去帮助别人的动机。如果是一只猫，它的原则是追逐奔跑的小动物，那么一只老鼠或者虫子的动作就成为它追逐的动机。

最后这个例子旨在表明，非人类动物的原则就是它的本能。它的本能源于它的形式，在这个意义上本能就是它自己的法则；它的本能决定了它为了什么去做什么，在这个意义上，本能就是它的因果律。它顺风而行以躲避狮子的注意，捕捉疾跑的啮齿类动物，挖洞营造自己的巢穴，或者如此等等。因为它的本能是它自己的因果律，所以这些本能实际上就是动物的意志，被本能所决定的活动就是它的行动。

但是从更深层次的意义上讲，人类是行动者。因为，我们不仅在根据自己的因果性原则行事这一意义上决定自己，而且还在更深层的意义上决定自己，即我们选择自己的因果性原则。我们要决定为了什么而做什么。人类和其他动物之间的这种差异是如何产生的，以及它对人类生活的进一步的影响，就是本章的主题。

6.1.2

我们把本能仅仅归因于有意识的存在物，因为它们的作用就是去构建一个动物的意识、它对世界的观念，这将使它得以生存和繁衍。非人类的动物生活在一个属于它自己的世界里，一个为了它而存在的世界里。我这么说并不是指动物的世界有利于它的利益，情况常常不是这样的。但是动物所感知的世界是围绕它的利益组织起来的：这个世界包括动物的食物、敌人、潜在的配偶，如果它是群居动物的话，还包括它的伙伴、家庭、种群、部落，或者你所拥有的一切。说动物受制于动机，就是说它的知觉已经承载了各种对象对它的实际意义。它面对的世界是它直接感知到的事物，没有计算和有意识的解释，比如这些可能是要回避的、被追逐的、要探究的、被食用的、要躲避的、待照料的、与之交配的等各种事物。如果仔细想想，你会发现它必须是这样的。意识最先在无智能的动物中进化。如果意识所做的就是用中性色彩的信息去充满这些动物小小的脑海，那么它就是毫无用处的，因为这些信息需要在使用之前 111
就被智能或理性加工。所以，世界对于一个动物来说已经被非常实际地解释为一个工具和障碍、朋友和敌人、要避免和被寻求的世界。换句话说，感知世界的自然方式就是目的论的方式。

6.1.3

但这并不是说，非人类的动物从不运用智能在世界上找到自己的方向。在这里，有必要澄清一下我使用“本能”一词的方式。相比于它通常的使用方式来说，我是在一种更狭隘同时也更宽泛的方式上使用这个词。首先，我用它表示表象（动机）与某种原始规范性反应之间已经建立起来的联系，一种作为与表象相适应的或者最好是被表象所要求的自动的反应感。有时候人们所说的“本能”，不是指那些感受为被要求的反应和动作，而是指完全自动的、简单引起的反应和动作，比如垂涎欲滴。对于一个饥饿的动物来说，食物的味道是吃的动机，而不是垂涎欲滴的动机——它只是垂涎欲滴的原因。尽管如此，必须承认这样的反应和行动之间的界限在本质上是模糊的，从这个角度看，特别是应用于低等动物的时候，行动这个概念是不确定的（5.5.4）。比如说，从闻到了食物的味道而垂涎欲滴，到当一个物体靠近你的眼睛时眨眼，到当有东西扔向你的时候闪避，到当看到一个肉食动物扑向你时逃跑，我们可以形成一个连续统一体。当沿着这个连续统一体移动时，我们从完全的无意识状态移动到一个存在意识空间去感受作为被要求的或者适当反应的情况。当提到本能行动时，我想到的更多是这后一种情况。从这个意义上讲，我对本能这个术语的使用比它通常的范围要狭窄一些。

6.1.4

在转向“本能”一词的用法比通常更宽泛之前，我想提出一个对刚才所说持有的异议。我将动物对动机的本能反应描述为“原始的规范性”，声称动物感受到为这一情境所“要求”的反应。

有些人不赞同非人类的动物也可以这样体验事物。但是没有人（或者说几乎没有人）会反对这样一种观点，即高等动物至少有情
112 感体验，而且至少在很多情形中，情感确实呈现给我们某些适当的反应。在《规范性的来源》中，我提出了痛苦和快乐是对理由的知觉，这是对这一观点的自然推论，即情感也是如此：对理由的知觉。[①] 如亚里士多德所说：“每种感情……都伴随着快乐与痛苦”（NE 2.3 1104b14）。因为人们总是会自然而然地说出一些类似于“没有理由害怕”“没有理由这么生气”之类的话，并且谈论“非理性的”或“理性的”情感，所以许多哲学家都认同，情感是可以有诸多理由的。但是，我们的情感是“有理由的”与行动是“有理由的”在意义上是不同的：我们不能保证基于我们的理由会产生相应的情感或者决定会产生情感；情感是反应，而行动则包含着更多的东西（5.5.2－3）。但是，说它们是反应并不是说它们只是被引起

---

① SN 4.3.4－6，pp. 147－150.

的反应。在 5.5.2 中，我认为情感有时可以被判定为道德上的善或者恶，因为情感受制于适当性和可理解性的标准，而一个纯粹的反应——比如说起疹子——则不是这样。所以，我想说的是，实际上我们并没有情感的理由，尽管自然的谈话方式似乎不是这样。相反，我们的情感，或者更广泛地说情感体验，是对实践理由亦即行动理由的知觉。恐惧是对逃跑的理由的知觉，怜悯是对减轻别人痛苦的理由的知觉，等等。在这样说的时候，我想强调知觉的一个特征，哲学家们并不总是注意到这个特征，那就是：它并非仅仅是一种认知方式，也并非只是一种认知状态，而是面对其对象的一种存在方式。因为我认为这就解释了为什么我们会如此重视情感，甚至是负面的情感，并且会觉得除非感受到它们，否则我们就不是真正地活着。拥有一种情感就是站在一个规范性的事实*面前*：感到恐惧就是站在威胁的危险性面前，感到悲伤就是站在死亡的永久丧失面前。这就是其他动物通过它们的本能，通过它们知觉世界的规范性加载方式所做的：它们知觉自己的理由，并采取相应的行动。

有些读者可能会认为这种学说需要一种我所反对的规范实在论。[1] 理由难道不是必须"存在"才能被感知吗？不，这才是整个事情的关键。我并不是说动物生存和繁衍的理由独立于动物本身而存在，动物因为感知到理由而生存。[2] 相反，拥有一系列本能和情 113

---

① 参见 SN 1.4.1 - 1.4.9，pp. 28 - 47，"Realism and Constructivism in Twentieth-Century Moral Philosophy"（CA essay 10）；6.3 以后。

② 的确，虽然这个说起来会很长，但我认为只是因为其他动物属于人类道德立法的范围，它们才可以被说成有理由的。参见我的论文《生命伙伴：康德主义伦理学与我们对动物的责任》。

感反应，围绕着你的需要与利益来组织这个感知到的世界，实际上就是按自己的形象把世界概念化为一个在我上述描述的意义上属于你的地方。虽然动物能知觉到这些理由，但是它们的存在是因为动物自己的本性。尽管动物的本能反应在这种原始的意义上是“规范性的”，但是动物对规范性一无所知；它不必知道，因为规范性已经被构建到它感知这个世界的方式中。

6.1.5

现在让我回到本能。我使用这个术语的范围比有时用的更狭窄，因为我只是用它来描述一种非人类动物的行动原则。但是，另一方面我使用“本能”这个词的范围比一些人更宽泛。有些人会将“本能的反应”和“习得的反应”进行对比。我使用的“本能”一词不涉及这样的对比。这就是我要讨论智能问题的原因。

智能动物的特征是具有从经验中学习的能力。除了本能（或者创造者）最初提供给它的那些能力外，它能够全面拓展实践意义的表象（甚或仅仅只是暗示，因为机器也可能有智能）。因此，智能是建立新的联系的能力，是增加你的自动恰当反应存量的能力。如此理解的智能并不与本能对立，而是扩大了本能的范围，并延展了其所呈现的世界观。当小狗遭遇到豪猪和蜂巢以后，豪猪和蜂巢就被加入“要回避的事物”的种类中，接着，则被自动感知为如此。和你住在一起的人成为群体的一员，在厨房号叫成为得到食物的方式。你并不是天生就会这样做，但是你可以知道它是有效的。休谟对于人类和其他动物自动地做出新的因果推论过程的描述，是对智能运作非常好的描述（T 1.3.6）。休谟正确地否定了理性需要出现在这个层次的描述中，尽管他否认理性需要在以后这样做是错误的。

在高等动物身上发现的工具性思维是智能的进一步延展。所谓 114
工具性思维，指的是通过观察事物的特性，而不是通过偶然的经验，发现某物可以作为工具或者成为障碍。智能动物了解对象的实践意义——尽管这并不总是显而易见的，这个对象是食物、捕食者，或者是痛苦的来源。具有*工具性*智能的动物能够发现对象*属性*的实践意义：重物可以用来砸碎椰子，或者锐利的物体可以用来刺穿椰壳。对于智能动物来说，由本能所呈现的工具和障碍的世界是复杂的和变化的，这有助于动物灵活地应对环境的变化和成功地行动。但是，它所感知的世界仍然是通过它的本能反应围绕它自己的利益而目的论地构建的世界。

6.1.6

这对我们来说也是如此。我们感知和想象世界的*自然*方式是目的论的。在日常生活中，感知凸显是由我们的利益和承诺决定的，哪怕这些利益和承诺开始以人类特有的方式发生改变。即使我们变得*非常*智能，这依然是真实的。这里回顾一下 2.3.2 中的讨论：作为一个基本的事实，我们将世界分割成若干个对象，每一个对象都与一串因果力相联系，我们就是用这样的方法将整个世界感知为一个为我的世界。为什么我们说石头打破了窗户，而不是说 T1 时刻的世界状态产生了 T2 时刻的世界状态，这一状态中包含了一个破了的窗户？这是因为我们可以用一块石头打破窗户。我们的世界是一个手段与目的的世界，因为它是一个智能活动的世界，一个为我的世界。科学的世界观，把世界看作一个中性的法则和力量的体系，要求知觉与自然存在于它自身中的丰富的规范性意义分离开来。这些中性的法则和力量对我们命运和利益的影响在很大程度上是偶然的。

一些哲学家似乎认为，我们从一些粗糙但仍是纯理论的世界观出发，用智能和理性去理解事物的实践意义。这是倒退：事实是，知觉与实践意义的分离使得科学的世界观成为可能，这种分离是一个非凡的概念成就（2.3.3）。这个成就的取得成为可能与必要，不是因为智能，而是因为智能与另一种力量即理性——那种使得我们成为自身的东西——的相互作用。

6.1.7

115 那么，什么是理性呢？时常有人说人类是唯一具有自我意识的动物。动物意识到这个世界，但是却意识不到自身。我认为这个问题要复杂得多，因为自我意识和其他属性一样，有着程度之分和不同的形式。一只站在目标猎物下风处的老虎，不仅意识到它的猎物，还能确定它自己相对于猎物的物理空间位置。这其实就是自我意识的初等形式。一个群居动物在更具统治力的动物出现时，会做出臣服的姿态，这是它对自己在社会空间中的定位。这也是自我意识的一种形式。与这些能力平行的是，在精神空间定位自己的能力，关于自己的思想和情感，尤其是知道它们作为自己的思想和情感的自我定位能力。这就是我们通常所认为的自我意识，对我们的精神状态本身的反思性意识。其他的动物是否具有这种在主观的和精神的空间中进行自我定位的能力呢？有些受过语言训练的动物可以表达出“我想要”的意思，两个著名的受过语言训练的动物——大猩猩 Koko 和非洲灰鹦鹉 Alex，都可以做到这一点，因此，也许它们有能力思考自己的精神状态。[①] 不过一些科学家也指出某些欺骗的案例，表明一些动物能够意识到其他个体的想法，由此推测它们也能够意识到自己的想法。我认为关于这些问题的证据是不确定的。

但是不管其他动物如何，毫无疑问的是，人类是以一种特殊的方式具有自我意识的。我们不仅意识到欲求或者恐惧某些事物，而且还意识到倾向于在这些欲求或恐惧的基础上以某些方式行事。我们意识到行动的潜在理由，行动所依据的原则是潜在理由。正如我在其他地方所说的，这带来了一个其他动物所没有的问题。因为一旦意识到倾向于在某种动机的基础上以某种方式行动，我们就会发现自己面临着一个决断，即我们是否应该这么做。人们可以问自己：“为了目的 E，我倾向于去做行为 A。但是我应该这么做吗？”在理论领域也会面临同样的问题。一个有智能的但非理性的动物，如果在之前已经学会了在两件事情之间建立某种因果的联系或者关联，那么，它在感知到其中某一件事的时候，就可能会转而相信或

① 参见 *The Alex Studies*，pp. 197－208。艾琳·佩珀堡（Irene Pepperberg）讲述了如何教鹦鹉 Alex 使用“想要”，以及她自己对鹦鹉学习“想要”时到底学到了什么得出的非常谨慎的结论。

116 期待着另一件事。但是，它并没有思考关联原则本身，并问自己是否应该允许其来支配自己的思想。然而，作为一个理性动物，我们意识到人们倾向于把一件事作为另一件事的根据，因此可以追问自己是否应该要这么做。意识到信念和行动理由的运作机制，使我们能够控制这些理由本身的影响。

这种自我意识形式发展的第一个结果就是从本能的束缚中解放出来。本能是许多动机的来源——实际上可以说通过不同的路径，本能是所有动机的来源，在这个意义上，本能仍然在我们自身内运作。但是本能不再*决定*该如何对那些动机做出反应，不再决定在面对动机的时候该做什么。它们会对反应*提出建议*，但是我们可能会也可能不会按它们建议的反应来行动。自我意识在动机与反应之间开辟了一个空间，我称之为反思距离的空间。正是在这个反思距离的空间内，动机是否给了我们理由这个问题出现了。为了回答这个问题，需要一个原则以确定把什么算作理由。理性的原则代替了本能——它们会告诉我们什么是合适的反应，什么让什么值得做，什么情况要求做什么。因此，正是在这个反思距离的空间内，自我意识创造的内部世界里，理性诞生了。

6.1.8

因此，理性和智能不是一回事。正如我之前所说，智能是一种通过思考和学习建立新的联系的力量。它以实际有用的方式精细构造了动物的世界表象，使得动物更加灵活和更容易适应变化。工具性智能可以使动物做出某种选择，比如在两个不同的藏身地点或者工具中做出选择。伴随智能的先见之明可以使非人类的动物能够基于对结果的预期在截然不同的行动途径中做出选择。但是，在这种情况下，究竟是什么使得两个选项之一值得选择，这依然是由本能决定的：本能决定了**要避开**捕食者或者**要敲碎**坚果。智能仍然是向外看世界。我们只有在变得自觉、向内看的时候，才会面临规范性的问题，必须决定为了什么而值得做什么。正是理性，而不仅仅是智能，将我们置于规范性领域。

6.2 灵魂的组成部分

6.2.1

康德在他的论文《人类历史揣测的开端》中，解释了理性发展 117
的最初结果之一，即欲求的可能对象大量增加，这是人类的特征。智能可以发现新的手段，但是当进入理性领域时，我们开始发现新的目的。

在这篇论文中，康德以《创世记》作为基础，别出心裁地叙述了自由选择力量的历史发展。在历史上，自由选择的第一个对象是亚当与夏娃故事中的苹果，康德解释了这个选择是如何产生的。他说，最初，原始的人类动物就像其他动物一样，一定是由本能引导去寻找天然食物。不需要假设那时有一些现在已经消失了特殊的本能。相反，嗅觉带有挑选天然食物的能力，如康德所说，“我们现在也还察觉到这类能力”（CBHH 8：111）。但是，随后理性通过运用康德所说的比较这一力量使事情开始发生变化。康德解释道：

> **理性**很快就开始躁动起来，并且试图通过把所享用的东西与另一个不与本能相结合的感官……向她出示的与通常所享用之物相类似的东西做比较，而把她对食物的知识扩展到本能的界限之外（第 3 章第 6 节）……背弃自然冲动的机缘可以只是一桩小事……因此，尽管这只是一颗果实，其外貌由于类似于她先前品尝过的可口果实而引诱她去尝试；如果为此还有一种动物的榜样，这样一种享用适合其本性……这就已经能够给理性提供最初的机缘，去刁难自然之声（第 3 章第 1 节），并且不顾自然的反对，而第一次去尝试做出一次自由选择……(CBHH 8：111－112)

我在这里对代词的翻译有些随意，因为按照康德的描述，显然是**夏娃第一个**做出了自由理性的选择。这是怎么发生的呢？夏娃自然地被比如说梨子的味道所吸引。它们闻起来好像是食物，当饿了的时候，她的本能指引着她去吃梨。然后她就变得有了自我意识，于是她注意到自己内部动机的作用。某一天，当饥饿的时候，她发现自己想起了梨。“我想吃些梨”，她自言自语地说（在本章后面，我将详细地解释这一步是如何发生的，她是怎样想到“我想吃些梨”的）。在她面前有一棵树，上面缀满了多汁的青苹果。“这些苹果看
118 起来像梨”，她自言自语，做了第一个比较。这时，她的玩伴，一条蛇，正在用力咀嚼着苹果。“在某些方面，他像我，他在吃苹果”，她做了第二个比较。然后，事情发生了，她对自己说：“你知

道，我可以吃一个苹果来充饥。”① 这是第一次自由行动的第一个准则，我们的故事，人类的故事，便这样开始了。康德就此评论说：

> 不论这种损失是如何微不足道，人毕竟对此睁开了眼睛（第3章第7节）。她在自己身上发现一种能力，即为自己选择一种生活方式，不像别的动物那样受制于唯一的一种生活方式。在这种觉察到的优势可能为她唤起的瞬间欣悦之后，毕竟是必然立刻继之以恐惧和忧虑：她尚未按照事物的隐秘性质和长远作用认识任何事物，她应当如何用自己这种新发现的能力行事呢？她仿佛站在一个深渊的边缘；因为之前由本能指引她欲求的各个对象，现在为她展开了一种无限性，她还根本不知道如何去选择这些对象；而现在既然已经品尝过这种自由状态，她就不可能重新返回受本能支配的奴役状态。（CBHH 8：112）

在这篇论文中，康德进一步追溯了理性力量发展的步骤。理性不仅引导人类在她周围发现的事物中寻求新的欲求对象，而且还引导人类去发展全新种类的欲求对象。例如，康德在弗洛伊德之前就已提出，美感和浪漫爱情是我们的性本能受到压抑的产物（CBHH 8：112－113），通过理性的力量对动机说“不”而使得压抑成为可能。这样，人类独特的欲求和兴趣便产生了。

---

① 对这个操作的理论模拟，得益于理性和智能的结合，它是形成假设并对其进行检验的能力。

6.2.2

但是，人类从本能的支配下解放出来，也就是人类被逐出了伊甸园，被迫离开一个由他们的本能目的论地安排好的并由动机所呈现的世界，在这个世界中人几乎总是知道该做什么。正是这种本质上的无家可归导致了“理性恨”（misology），康德在《道德形而上学的奠基》开篇部分对此有著名的描述，他所说的对理性的厌恶和对本能的怀念，在那些试图通过理性找到幸福的有教养的人们身上，感受最为强烈（G 4：395）。因为现在人们必须联合运用智能和理性重建一幅世界图景，使他们能够在其中找到自己的路，并决
119 定在这个世界上去哪里和做什么。换言之，人类必须诉诸**科学**来重建一个可用的世界观，诉诸**伦理学**来决定如何生活。

6.2.3

当然，自我意识给人类动物的生活带来了另一个更直接的不同。跟随柏拉图的说法，我将其称为灵魂的组成部分。我来予以解释。

一方面，正如我已经强调的，即使没有自我意识，灵魂依然有组成部分。非人类动物感受到动机，本能告诉它们如何应对这些动机，正如人类有偏好，而理性告诉我们如何对待这些偏好。但是另一方面，非人类动物的灵魂没有不同的组成部分，因为对非人类动物来说什么算是动机，取决于本能，而且它们的本能会立刻告诉它们如何应对这个动机：正如我在 5.6.3 中所说，在动物的灵魂中，

动机的作用和本能的作用并不是现象学上的不同。因此，非人类动物的整个精神系统是封闭的和紧密结合的。这就意味着在某种意义上，自我意识产生了灵魂的各个部分。

6.2.4

我们已经看到了它做到这一点所使用的首要的和最明显的方式。自我意识是理性的来源。当人们意识到动机在自身内部运作时，这个动机不是作为一种强迫力或者必然，而是一种提议，人们需要对此做出决定。要摆脱本能的控制，就必须制定原则，告诉自己如何处理所感受到的动机。感受到决定或选择，即这些原则的运作，跟感受到动机本身的运作是分离的。

这种分离的一个结果是，使得行动与纯粹的反应之间的区别在人类身上比在其他动物那里更加清晰和明显，尽管承认这一点很重要，即这种区别即使在人类这里也并不总是清晰和明显的。人类的行动包含一个独特的选择时刻，该事实更加强了这个区别。前面我说过，从闻到了食物的味道而垂涎欲滴，到当一个物体靠近你的眼睛时眨眼，到当有东西扔向你时闪避，到当看到一个食肉动物扑向你时逃跑，我们可以看到一个连续统一体（6.1.3）。就人类而言，区分更加明显。我们一般不能选择是否流口水，因此这通常被看成纯粹的反应。我们一般可以选择是否要逃跑。感受到提议或动机与决定接受它作为一个理由之间存在着反思的距离，这一反思的距离 120
使得反应与行动之间的差异更鲜明，使得后者更清晰。但是我们谈论的是天性，所以仍有一些不清楚的情况。比如说，闪避，仍然介于二者之间，它经常像一个反应那样不需要决定就发生了，然而它是一个能被抵制的反应，假如你有某种强有力的理由抵制它的话。如果我说："你必须绝对不动，否则孩子们就会死。"但是你闪避了，那么它就会是一个行动。

6.2.5

自我意识产生了对理性原则的需要，比起它们的本能前辈，这些理性原则更加坚定地从相关的动机中分离出来。但是自我意识也变换了方程的另一边——它把动机转变成康德所说的偏好（inclination）。要知道这是如何运作的，就必须更仔细地分析动机与偏好之间的关系。

正如我在 5.6.1 中所说，严格地讲，动机是被表征对象的特征，从某个角度看，这些特征使得该对象具有吸引力或者令人厌恶。当我们说一个人对某物有种偏好时，是指他在回应使该物具有吸引力的动机。例如，如果跳舞是令人愉快的，那么这就意味着跳舞有一个自然的动机，如果一个人意识到这个动机正吸引着他去跳舞，那么我们就说他有一种跳舞的偏好。

关于这种情况，现在有两点需要注意。第一点是一般的告诫。在这种情况下，我们不应该说快乐而非跳舞是偏好的真正对象。跳舞是偏好的对象；说它是令人快乐的，只是说有一种自然的跳舞动机。实际上说快乐是动机甚至也并不完全正确：动机没有名字，考虑到人类的心理和生理特征，它只是吸引我们去跳舞的关于跳舞的任何东西。说跳舞是令人快乐的并不是确切地说动机是什么："快乐”只是一个虚构的词，它指征着有一个。[1] 考虑到作为肉身性和动物性存在的本性，我们需要以一定的受控制的方式来活动自己的肌肉，然后体验到这个运动是受欢迎的。我们性能力的觉醒可能也是这样得到的，这也是受欢迎的。有时，你能够解释动机，但归根结底它并不是可以说得清楚的东西。说一个对象是令人愉快的，只是在指出一个事实，即这个对象对于我们的天性是一种动机，一个积极的吸引力，一种适切性。

话虽如此，为简便起见，我们还是把这个动机称为“快乐”。 121
然而，说到这个人的动机是快乐，并不是说他喜欢快乐而不喜欢跳舞，而是说他喜欢跳舞的那种快乐，那种动作的纯粹的快乐。或者甚至可以说，正是快乐使得他喜欢跳舞，因为动机因果性地作用于我们这个事实，与行动概念没有任何矛盾。关于行动概念，我们所需要的既不是动机，也不是由动机引起的、没有原则的干预直接导致行动的偏好。

第二点更加复杂，就是偏好本身在某种意义上是自我意识的产物。正如我之前承诺的，现在我要告诉你，夏娃是如何对自己说“我想吃些梨”的。当谈论非人类动物的行动时，我们可能会将一种偏好归于它——例如可能会说，这只猫想要一些食物。但是这种归因实际上完全是第三人称的，因为它只是描述猫回应动机即饥饿这一事实的方式，或者，因为动机是被表征对象的特征，所以更准确地说，回应的是食物能够使这只猫充饥这个事实。我们不必说动

① 对于有关痛苦的类似的假设，参见 SN 4.3.1 - 11，pp. 145 - 155。

机引发了一种偏好，于是这只猫按照这种偏好行动，好像偏好是某些额外的和单独的心理状态。这只猫不会抱有对猫粮的欲求：说它想吃东西只是说它感受到吃的动机。实际上，在某种程度上，最好不要讨论猫的偏好，因为当提到猫的理由或者我们自己的理由时，提的不是偏好，而是动机。我们说猫“因为饿了”而寻找食物，你“因为跳舞是快乐的”而跳舞——不是“因为你想跳舞”而跳舞。说猫有偏好只是对猫正在回应动机这个事实加以命名的一种方式。①

但是在某种意义上，自我意识把这种归因操作转移到内部，使偏好转变为心理因素。因为，当意识到一个动机正作用于自己时，我们对自己状态的自我意识的确将其具体化为一种心理因素。而当说自己“有一种偏好”时，我们必须决定是否要满足它。因此，自我意识既是偏好的来源，也是理性的来源。自我意识产生了灵魂的各个部分。

6.3 向内还是向外?

6.3.1

122 这是一个解释我对当前讨论所持立场的好地方。我刚才说过，当告诉别人行动的理由的时候，我们提及的是动机，是对象吸引人

---

① 在早先的论文中，我有时把欲求和偏好本身描述为动机［如“The Normativity of Instrumental Reason”(CA essay 1)，p. 46；“The Myth of Egoism” (CA essay 2)，p. 87］。严格地说，我现在认为那是错误的。

的或令人厌恶的特征，而不是偏好，不是人们对那个特征的反应。例如，你说你跳舞是“因为舞蹈带来的纯粹的快乐”，而不是说你跳舞是“因为你想跳舞”。但是，如果正是偏好使你决定是否行动，那么这是否意味着正是偏好提供了理由？难道理由归根到底就是“因为你想”吗？

一些哲学家认为，我们提到动机而不是偏好这一事实，支持了价值的实在论解释。[1] 根据这些哲学家的观点，欲求和偏好只不过是对对象所具有的好的特性的反应，当谈论理由时，人们需要谈论的只是对象的好的特征，而不是欲求和偏好本身。当谈论为什么追求各种各样的对象时，我们提到的是这些对象令人喜爱的特征，而不是自己的心理状态，因此——这些哲学家得出结论——一定是由于这些对象所具有的吸引人的特征，这些对象才具有价值。

作为一个康德主义者，我在两个方面不同意这种实在论的解释。将欲求或偏好看作对对象的好的特征的反应，这种描述太过理智，使得我们自己的欲求和偏好本质上是认知的，与我们同类生物的动机太不一样。康德认为，当解释为什么重视这些对象的时候，人们所提到的欲求对象的特征不会赋予那些对象价值，如果这些特征与人的心理和生理不相关的话。每一个欲求或偏好的基础，无论我们可以多么巧舌如簧地捍卫它，实际都是一种基本的对我们的适切性，它关乎本性而非理性。价值是关系性的，它与我们的本性相关。这一点往往被下面的事实弄模糊了，即当用尽其他方式去说明

---

① 例如，参见 Scanlon，*What We Owe to Each Other*，pp. 37－55；Raz，*Engaging Reason*，chapter 3。

是什么吸引人们趋向对象时，我们只能说它是“令人快乐的”，因为“快乐”看起来是一个对象的一种好的特性的名称。但是，正如我之前所说，其实并不是这样的，“快乐”只是一个虚构的词，它表明这种基本的对我们的适切性的某种积极形式已经到位。

123 接下来是第二个分歧。作为一个康德主义者，我认为正是人们自己的选择最终赋予了对象价值，即使他们的选择是对这些对象的某些特征做出的反应。在选择对象时，在赋予那些以受欢迎的方式符合人的本性的事物价值时，行动者正是在肯定她自己的价值。她把对**自己重要**的事情视为**绝对**重要，所以值得她选择。但是，即使行动者自己相信这种康德的理论，也不能说她一定认为自己选择对象只是因为想要或者喜欢它们。她仍然可以对自己和其他人说，她喜欢它们什么，以及为什么喜欢。所以，我认为，尽管在某种意义上选择事物是“因为我们想要它们”，尽管在某种意义上偏好提供了理由，但这并不意味着当有人问你为什么选择某物时，“我想要它”是正确答案。事实上，当人们想把自己的理由传达给别人的时候，他们谈论的是动机而不是偏好，对于这个事实，康德的价值理论提供了另一种解释。在我这里使用的术语的意义上，从自我意识的具象化的眼光来审视，偏好只是一种自然动机在你身上发生的作用。在一般意义上，我们所有的非道德价值观念都取决于偏好。因此，当你向另一个人解释你的价值观念时，提到你把对对象的偏好作为价值的基础，这是完全没有意义的。他知道这一点；或者，如果他不知道，他所不知道的也只是价值理论中的一个论点，而这并不是他想知道的。他想知道的是为什么你认为**这个**有价值，你觉得它吸引你的是什么，而不是人类价值的结构包含什么。换句话说，他想知道的是你有**哪种**偏好，是什么吸引着你趋向这个对象。你可以通过对动机的尽可能的描述来详细说明。①

那么，是哪一个提供了理由，动机还是偏好？我认为这个问题没有直截了当的答案。此时此刻，也就是说，在做出选择之前，你与动机之间有一个反思的距离，因此不要想当然地认为它提供了理由。跳舞的快乐在召唤着你，但在这时你不认为这种快乐提供了跳舞的理由：你必须决定在这种情况下是否接受它作为一个理由。因此，现在用理性的质疑目光考察动机，你把动机对自己的影响仅仅视为一种规范性的且未确定的心理状态，也就是说，把它只是视为一种偏好。如果你真的决定按照动机的命令去行动，这就认可动机提供了理由，然后，提到动机的性质时，把它作为对象的一个特 124 征，而不是作为你自己心理状态的来源，就变得更加自然。这意味着在做决定之前，你似乎在被追问偏好是否提供了理由，然而，做出决定之后，似乎正是动机最终提供了理由。

6.3.2

当谈论理由时，我们是在谈论对象的吸引力特征，而不是人们的心理状态，实在论者拿这个事实去支持他们的价值观。但是一些反实在论的哲学家，比如西蒙·布莱克本（Simon Blackburn），用同样的事实去表明，康德对慎思的描述包含着“根本错误”，即认为慎思

---

① 另见我的论文“Acting for a Reason”（CA essay 7）。

是向内看自我，而不是向外看世界。根据布莱克本的观点，选择满足偏好这一内在行为只是对选择对象这一外在行为的不必要的心理复制。如果认为这样的复制是必要的，就犯了一个类似于感觉材料理论家所犯的错误，他们认为知觉是对我们觉察到的对象的心理复制。①

我刚才所说的关于动机与偏好之间关系的论述回应了这一点。理由产生于反思距离的空间之内；在这个意义上，向内审视对理由的生成至关重要。但是记住这一点也很重要，那就是慎思的问题既不是某一对象或者事态是不是好的，也不是要不要去满足某种偏好，而是是否去采取某个行动：为了某个目的去做某个行为。至于那个决定是向内看还是向外看，这个问题没有什么意义。行动既不是向内的，也不是向外的；它们就像话语一样，是公共世界中可理解的对象，其本质就是要弥合内在与外在之间的鸿沟。它们是身体的思考行为，是肉体的心理状态：没有必要去想象在行动背后存在着导致它们发生的内在东西。

存在着布莱克本所描述的一种错误。这是一些哲学家所犯的错误，他们否认亚里士多德的那句格言，即实践三段论的结论是行动（MA 7 701a10 - 12）。相反，这些哲学家认为慎思导致了意向、心理目标的形成，这种意向、心理目标转而引发了行动，而行动本身只是一个外在的活动。这等于否定了内在与外在之间的鸿沟是可以
125 弥合的，而这正是感觉材料理论的问题所在：它增加了额外的实体和无尽的复制，徒劳地尝试去弥合被认为是不能逾越的鸿沟。如此

① Simon Blackburn, *Ruling Passions*, pp. 250 - 256.

设想的意向是行动的不必要的心理复制。

为什么哲学家们认为需要这些心理目标，需要这些意向？诱惑的一个来源就在于这一事实：为了谨慎，我们经常会预先考虑将要做什么。例如，现在我决定明年夏天去罗马。由于不能立刻按照决定去行动，所以我会形成一个意向，把它存储到某个地方，直到我准备好使用它。

但是，这并不是我所做的。其实一旦做了决定，行动就开始了，我就着手采取措施。因为现在我的一举一动都必须以所做出的决定为指导。必须学习意大利语，必须买一个旅行箱，或者即使所有这些事情都完成了，也必须小心谨慎不去做那些可能妨碍或阻止我去罗马的事情，比如花光了所有的钱以至于无法买机票，或者答应一个朋友要和他去南极过夏天，等等。当决定明年夏天去罗马的时候，我决定的是，这个目的使得所有这一切，我为实现它而采取的所有相关行动，都是值得去做的。所以，在决定与行动之间没有任何鸿沟。实践三段论的结论是行动；亚里士多德是正确的。[①]

6.4 将自己整合为一

6.4.1

自我意识在对动机的感受和之前的本能反应之间开创了一个空

① 我要感谢在这一点上与卢卡·费雷罗（Luca Ferrero）的讨论。

间，这个空间将动机转化为偏好，将支配性的本能转化为自由理性。因此，自我意识成为其他动物所没有体验过的精神复杂性的来源，它将精神统一性从一种自然状态转化为必须要去实现的某种东西，转化为任务和活动。一旦有了自我意识，灵魂就会分为若干部分，那么在我们行动之前它必须要统一起来。与此同时，由于同样的原因，实践慎思成为必要，因为自由理性不需要遵循偏好。现在我们必须决定要做什么。这些境况——需要致力于灵魂的统一和需要实践慎思——是被一起带来的。这意味着慎思的作用不仅仅是决定你将如何行动，同时也使你统一起来。或者更恰当地说，这不是
126 两件不同的事情，因为你的活动除非可归因于你——作为一个整体或统一的存在——而不是仅仅归因于你内部的某个东西，否则它就不是行动。慎思的任务就是，确定你——作为一个整体或统一的存在——将要做什么。

6.4.2

慎思的现象学，尤其是在困难的情形中，证明了这一点。假设我们正面临一种情境，你必须在两个选项、两种行动方案之间进行选择，因为二者你都感受到某种动机。如我之前所说，在进行选择的时候，似乎存在着某种超出或高于你的动机的东西，那就是你，正是你选择按照哪个动机去行动。这正是基于自我意识必然得出的结论。你必须决定是否按照动机行动，实际上这意味着你必须决定你的意志是否认同它（4.4.3）。但是，动机本身在意识中好像并不表现为**不是**你的而仅仅是你可能捡起的某个东西，就像你可能从地

上捡起一块石头一样。动机起于你的本性，它在意识中表现为某种想成为你的东西。正如 1.4.6 中所认为的，动机，至少它们中的很多都来自我们对自身实践同一性的观念，来自赋予我们的生活和行动价值的各种角色与关系。把我们自己整合在一起也就是把这些同一性整合成一个单一的实践同一性，必要的时候，我们从中进行选择，决定哪一个优先，可以的时候，就把它们协调起来。① 但是，那些来自不同同一性形式的动机，都是行为的动机，而在任何特定场合，我们却只能做一件事情。因此，在所描述的这种困难的情况下，我们所感受到的是自己被两头拉扯。在这种情况下人们会说：我感觉被撕裂了。在这种情况下，我认为这是千真万确的——你、你的意志、你的行动性，处于被撕裂的危险之中。前面我提到过，苏格拉底说“自制”、“自主”或者“克己”这样的习语，就像是德性在语言中留下的“轨迹或线索”（R 430e）。当人们应该停止犹豫并结束慎思时，我们对他们说的话也是如此：下定决心吧，甚至更好是，把自己整合为一。实践慎思的工作是统一、重构：支配慎思的原则即实践理性原则的作用是自我的统一。于是，我们再次得出第 4 章的结论：实践理性的作用是将我们统一为可以成为自己行动创作者的行动者。

6.4.3

在第 8 章和第 9 章，我会回到灵魂的组成部分，以及我们统一 127

---

① 我在这里要感谢与塔玛·夏皮罗的讨论。

或者未能统一它们的方式。这里我想提及另外一个重要的区别，所有这些使该区别成为人类行动的独特特征。正如我们已经看到的，从本能的统治下解放出来，意味着由我们自己来决定什么为什么辩护，什么是什么的理由，为了什么值得做什么。我们不需要，实际上也不应该把这看作先于行动做出的决定：它往往是体现在行动中的决定。行动涉及动机和原则，原则描述了行动者对行动的贡献。在我们的例子中，这个贡献采取的形式是决定是否按照动机的命令去行动。而这个决定可以被称为你的原则。如果你为了逃避捕食者选择逃跑，为了保护子孙后代选择坚守阵地，或者为了跳舞的纯粹快乐选择跳舞，那么这些就是你的原则，就是你关于为了什么而值得做什么的观念。在这样一种更深层的意义上，也就是我们选择自己的原则这一意义上，人类的行动是自律的。

我可以这样表述第 5 章的结论：当动物有意识地决定自己成为世界上某种变化的原因时，它就会行动。这不是说动物意识到它的因果性，即它形成意向或采用准则，而是说它通过它的意识运用了其因果性，它的活动被它的表象所引导。当一个人自觉地决定自己成为世界上某种变化的原因时，她就会行动。不同于其他动物，我们能够意识到自己的因果性，因此如何运用它取决于我们自己。我们选择自己的因果性的法则或原则。这意味着回到亚里士多德的说法，在某种意义上，我们选择自己的形式。

6.4.4

在 2.4.1 中，我提到亚里士多德在《论灵魂》一书中断言，生命有三种形式，对应于他所说的灵魂的三个部分。在最底层的是基本的自我维持的生命，是营养和繁殖的营生的生命，这是所有植物和动物共有的。正如我们已经看到的，由行动的力量赋予了动物的生命在更深层的意义上区别于植物。亚里士多德描述的第三种生命形式是人类特有的，即理性活动的生命，选择的生命。

灵魂的每一个部分，以及与之对应的每一种生命形式，都附着在其下一级的部分和形式之上。通过影响“较低级”的功能的实现方式以及通过增加一种新的活动，灵魂的每个新的部分的加入都改变了事物存在的意义，于是有了一种新的生命形式。动物在植物所 128
不具有的一种意义上**生活着**，因为它有能力使行动性成为可能：动物是有意识的；在**做**事情的意义上它是积极的；它追求所欲求的，逃避所害怕的；有时还建房安家，养家糊口；如果是一个“较高等的”动物，它甚至可能还知道如何去爱、如何去玩。但是，这些不仅仅是增加在动物的营养和繁殖生命之上的能力，可以说，它们也改变了动物完成营养和繁殖任务的方式。动物运用其行动的能力以获得食物和抚养后代。但是，动物也可能做植物根本不会做的事情，比如爱和玩耍。这些事情使得动物的“生命”不同于植物的“生命”。

在某种意义上，人类也相应地拥有非人类动物所没有的“生命”。因为非人类动物的生命是为其本能所规定的；同一物种的任意两个成员基本上过着同样的生活，除非有某些生物学上固有的差异，比如年龄和性别的不同，或者比如蜜蜂之间类别的差异。也许同一非人类动物物种中的两个成员实际上有完全不同的个性，但是这些对它们的生存方式没有多大影响。一个人在与此不同的意义上拥有生命，因为人具有而且能够去选择我们有时所说的一种“生活方式”，或者采用罗尔斯的说法，一种“善观念”。[①] 这样，她的生活方式不是被某种文化规范所完全定型的，她决定着很多事情，比如如何谋生，如何度过下午时光，谁可以作为朋友相处，总之，她决定将如何生活以及为什么而生活。她决定为了什么而做什么是值得的。我们再次得到了一个双重结果。选择改变了我们开展与其他动物共有的那些活动的方式，比如建造房屋、抚养孩子、狩猎或采集食物、游戏以及性行为。人类创造性地处理这些活动，并发展出进行这些活动的各种方式，然后我们从中做出选择。但是人类也做一些其他动物根本不会做的事情，比如讲笑话、绘画以及从事科学研究和哲学思考。选择开启了生命的一种全新的意义，在这种新的意义上，一个人可以说“拥有生命”。因此，人格确确实实是一种生命形式。（顺便提一下，以免你没有意识到，我刚才所说的是对亚里士多德《尼各马可伦理学》1.7 节中的功能论证的一种呈现。[②]）既然作为人，就像作为生物或动物一样，是一种生命形式，
129 那么作为人就是从事一种特定形式的自我构成活动。我们的选择行动将自己构成为人。

6.4.5

因此，这种新的生命形式带来了一种新的同一性，就是我一直

① Rawls，*Political Liberalism*，p. 19.

② 参见我的论文“Aristotle's Function Argument”（CA essay 4），pp. 142 - 143。

称之为的“实践同一性”。因为亚里士多德所说的灵魂的每一个“部分”都增添了一种新的意义，在此意义上，生物可以说有了一种同一性。植物虽然活着，但基本上只是一种实体。但是动物具有植物所没有的一种同一性。它的意识使它具有想法；它也是一个行动者，做着一些事情；它不仅仅是一种实体，还是一个主体，某个自己。如果它还是相当聪明的话，你可以和它交流，与它游戏，对它生气，或者喜爱它。当它和你一起待在房间里时，你不会感到孤独。即使它不是很聪明，你也可以体恤它，关心它，或者敌视它，把它当作敌人。换言之，它是斯特劳森（Strawson）所说的反应性态度或者休谟所说的间接激情的恰当对象，因为它是某一个。①

因为人在更深层的意义上活着，所以他具有一种更深层的意义上的同一性。他的同一性是由他的选择构成的。这种同一性以一种比动物的同一性更深入的方式属于人自己，因为他有意识地参与了它的建构。与非人类动物的同一性比较，它本质上更加是个体性的，因为人是自由的。建构、创造、塑造、重塑、维护、改进，以所有这些方式构成这种同一性，就是实践慎思的日常工作。正因为具有这种特殊的同一性特征，所以反应性态度的进一步延伸对我们来说是合适的。正是因为具有这种同一性，人们才为他们的所做和所是彼此负责。当我说人们选择自己的形式——自己的因果性法则的时候，所讨论的正是这种类型或水平上的同一性。

---

① 关于斯特劳森，参见《自由与怨恨及其他论文》（*Freedom and Resentment and Other Essays*）中的《自由与怨恨》（“Freedom and Resentment”）；关于休谟，参见《人性论》第 2 卷的第 1 章和第 2 章。

6.4.6

亚里士多德认为只有上帝或者诸神具有个体形式，但是我刚才说过，从他的观点可以得出每个人都具有个体形式的结论。让我来把它讲清楚。作为人类动物，你的同一性，你的人类形式，是大自
130 然赋予你的，你与人类共同享有它。但是人类的形式恰恰就是必须要创造自己的形式的那种动物形式。因为自然给了每人一个任务：自我意识将人的灵魂分成几个部分，他必须重构他的行动性，把自己整合为一，以便行动。这种重构自己的需要带来了运用你的自由的必要性，以及创造性地运用自由的可能性。换言之，每个人都必须使自己成为一个特定的人。所以，有人说“我想要让自己有所成就”，他只是在描述人的处境。正因为他使自己成为所是的那个特定的人，所以我们才要求他为其所是负责（1.4.3）。

6.4.7

是的，我就是这么说的。有时你会听到哲学家们说责任的观念是不连贯的，因为我们不能对我们所做的负责，除非我们对我们所是负责，然而我们不能对我们所是负责，除非我们创造了自己。我认为除非我们创造了自己，否则不应该被要求负责，这一点是正确的，但是如果说这使得责任的观念不连贯，那就错了。那些认为责任是不连贯的哲学家是这样考虑的：我们的行动源于天性，因此除非对我们的天性负责，否则我们不能对自己行动的特性负责，而我们不能对自己的天性负责，除非我们生产出自己。然而，这是没有

道理的。但是，为了承担责任我们必须创造自己，这并不意味着我们必须实实在在地使自己产生。更恰当地说，我们要承担责任，是因为我们具有的同一性形式是由自己的选择行动构成的。我们要对行动负责，不是因为它们是我们的产物，而是因为它们就是我们，因为我们就是我们的所作所为。

6.4.8

我并不打算在这个论题上驻足不前，虽然它很有趣，但是我想避免对刚才所说的内容有可能产生的误解。你可能认为我只是坚持这样一个观点，即每个人都对他的一举一动完全负责，因为毕竟动作是他做出的。但是我的意思绝对不是，永远不能原谅某人的某些特定行动，也不是当对一个在特殊不利条件下形成自己同一性的人进行判断时，一般不会犹豫不决。在这一点上，我并不是在谈论指责别人、惩罚他们或是把他们关进监狱。那些行动的背后潜藏着一些更深层次也更简单的东西，使彼此之间真正意义上负责的一个基本条件，没有它，人际关系将根本不可能被理解。[1] 正因为行动表 131
达着自己已经选择的原则，已经采用为自己的因果性法则的原则，所以对我们来说以这种方式使彼此之间负责是有道理的：要求说出彼此的理由，然后当听到理由是什么的时候，就如我们所说的那样，把它们当成私人的。之前我已说过，行动是可理解的对象；行动和话语一样不再仅仅是我们的产物。认为我们一般会停止让人们

① 参见我的论文“Creating the Kingdom of Ends：Reciprocity and Responsibility in Personal Relations”（CKE essay 7）。

对他们的行为负责，同认为我们一般会停止让人们对他们所说的话负责一样，都是毫无道理的。①

6.4.9

所以，我们选择自己的因果性的原则，而且在这样做的过程中构成了作为个体人类行动者的同一性。当然，这并不意味着我们选择了假言命令和定言命令本身。康德的命令是指导人们如何制定自己的准则的原则；效力和自律为准则的形式确立了标准。正因为对我们来说以这种方式建构意志是一项任务，所以效力和自律的标准采取了命令的形式。这既说明了康德命令对人类意志而言为什么是规范性的，也说明了如何是规范性的。我在 2.1.3 中说过，一个建筑师不可能完全忽视内在于房屋理念的规范性标准，而仍然被认可为是在建造一座房屋，因为建造一座房屋就意味着必须遵循这些标准。同样，一个慎思要做什么的行动者不可能完全忽视康德的命令而仍被认可为是在对要做什么进行慎思，因为慎思意味着为那些命令所引导。慎思要做什么的人，是在慎思如何运用他自身的因果性，以及他自己的因果性的法则是什么。就他运用因果性而言，假言命令指导着他，而就它要成为他自己的因果性而言，定言命令指导着他。

当然，行动者可能不会很在意康德的命令所确立的标准，就如同劣质的建筑商可能不会很在意由房屋的理念所确立的标准。但是

---

① 关于责任，我将在 8.5.1 中进行更多的论述。

这并不表明人们可以简单地拒绝由这些命令表达的规范性标准。它 132
只表明一个人可以糟糕地慎思。这种导致坏行动的实践慎思与引发好行动的实践慎思没有什么不同。**它是相同的活动**，**只是做得糟糕**。

6.4.10

然而，当行动者行为不当时，到底会发生什么呢？在回答这个问题之前，我们需要更仔细地考察慎思在灵魂中所维持的那种统一性。这将是下一章的任务。

7. 构成模式

7.1 灵魂的两种模式

7.1.1

133 在 6.2 节，我讨论了自我意识产生了灵魂的各个部分。它要求我们用理性的原则代替本能，并把我们的动机转化为偏好。同时，它使我们有必要慎思自己要做什么。既然行动必须可归因于作为一个整体的人，那么导致行动的实践慎思之任务就是一种再统一。

7.1.2

但关于这是如何发生的，却有着不同的看法。休谟《人性论》中最著名的章节之一是这样开始的：

> 在哲学中，甚至在日常生活中，最常见的事情就是谈论理性和激情的对抗，就是重视理性，并且说，人类只有在遵循理性的命令的范围内，才是善良的。人们说，每一个理性动物都必须根据理性来调整自己的行为；如果有任何其他动机或原则要求指导一个理性动物的行为，他应该加以反对，直到把它完全制服，或者至少要使它符合那个较高的原则。（T 2.3.3，413）

正如休谟对这些主张的理解，理性和激情是灵魂中的两种力量，每一种都是行动动机的来源，德性存在于遵循理性命令的人身上。为什么人要这样做？休谟哲学告诉我们：

> 理性的永恒性、不变性和它的神圣的来源，已经被人渲染得淋漓尽致；激情的盲目性、变幻性和欺骗性，也同样地受到了极度的强调。（T 2.3.3，413）

休谟提出要向我们展示“所有这些哲学的谬误”，但是在其论证中，他并没有完全否认我将称之为的灵魂的“对抗模式”（Combat Model）。他只是认为理性毕竟不是一种力量，因此不存在什么对抗。

根据对抗模式，理性与激情的差别和一种激情与另一种激情的 134

差别几乎一样：它们是两种力量，每一种力量都促使灵魂采取某种行动。当某一方取胜时，慎思的统一便会发生。对抗模式实际上有两个版本，但是它们都不能使我们理解行动的理念。根据第一个版本，一个人的行动只是比赛的结果，更确切地说，是这个人内部的力量对抗的结果。但是正如我们之前看到的，行动不可能是这些力量作用于行动者内部或之上的结果。如果活动可以按照行动理念所要求的方式归因于行动者，那么行动者必须是某种高于那些作用于她内部或者她身上的力量的东西，某种可以被简单地称为支配她自己去行动的东西。

现在看起来，解决这个问题的一个明显的方法，似乎是把这个人或行动者带回到这种情景中，并且说她在理性与激情之间进行选择。休谟的描述表明了这一点，他说，人"重视"理性。但是对抗模式的这第二个版本比第一个更令人费解。因为如果理性与激情都是作用于这个人内部的力量，二者都不等同于她本身，那么这个人的本质是什么？在这二者之间她会选择哪一个？如果这个人既不认同理性，也不认同激情，那么她根据什么原则，如何可能在它们之间做出选择？休谟在这里描述的那些哲学家似乎是在想象，人通过评估理性与激情的优劣而在二者之间进行选择：理性是神圣的、可靠的，而激情是盲目的和误导性的。但可以肯定的是，这样就预先假定了人已经认同理性，因为理性是我们借以评估价值的一部分。那么，人如何能选择激情而不是理性呢？对抗模式并不能使我们对被认为在理性与激情之间做出选择的行动者有任何印象。这一点儿也不奇怪，因为对抗模式的第一个版本中没有行动者，而第二个版本则预先假定了一个行动者，这个行动者可以没有本质而且必须总是已经存在。

7.1.3

对于灵魂中理性与激情之间的相互作用，传统给我们提供了另一种模式，这种模式更言之有理，因为它赋予了它们功能与结构上的差异。我称之为构成模式（Constitutional Model），因为它最清晰的表现形式是在柏拉图的《理想国》中，在那里人的灵魂被比作城邦的构成。不同于对抗模式的第一个版本，构成模式认为行动者是高于她的 135
部分之上的某个东西。但是行动者并不像对抗模式的第二个版本中那样，被认为是选择认同其中一个部分的独立存在的实体，相反，行动者是高于她的部分之上的某种东西，就像一个城邦的构成是高于居住在那里的公民和官员的某种东西。如果行动者遵循理性的命令，那么这并不是因为她认同理性，而是因为她认同她的构成，而构成说理性应该统治。跟随着柏拉图，在这一章我要论证使用这种模式我们可以解释行动，因为我们可以解释行动者如何实现统一，这种统一使得人有可能把她的活动归因于作为活动创作者的她。

7.2 城邦和灵魂

7.2.1

让我先说明一下构成模式是如何摆上桌面的。在《理想国》第1

卷中，苏格拉底和他的朋友们讨论了正义是什么这个问题。这个讨论被色拉叙马霍斯打断了，他断言最好的生活是不正义的生活，是以强者为原则的生活，强者将正义的法律强加在弱者身上，但他们自己却对这些法律不予理会。色拉叙马霍斯说，你越是极端不正义，你将生活得越好，因为扒手和小偷犯有小的不正义，并因此受到了惩罚，与此同时，奴役着整个城邦居民并窃取人们财富的暴君，却过着辉煌的、让人羡慕的生活。苏格拉底被这些主张弄得分心，放弃了关于正义是什么的讨论，开始讨论正义或不正义的生活是不是最好的。

7.2.2

苏格拉底接着构建了三个论证来证明正义的生活是最好的。对我们来说重要的那个论证是这样的：苏格拉底问色拉叙马霍斯，一伙劫匪和盗贼想要共同做违背正义的事，如果彼此相处毫无正义，能否达到目的。色拉叙马霍斯同意说做不到。正如苏格拉底所说，正义使一个群体有共同的目标感，而不正义导致仇恨和内战，使这个群体“不能一致行动”。然后，色拉叙马霍斯被说服同意正义和非正义不管发生在哪里效果都是一样的，在一个群体中的效果和在个人的灵魂中的效果也是一样的。因此，不正义使个人“不能行
136 动，因为他自相冲突，拿不出主见”。这种情况越是极端结果就越糟糕，因为如苏格拉底告诉我们的：“绝对不正义的真正坏人，也就绝对做不出任何事情来”（R 351b－352c）。①

① 另外两个论证是：用来证明正义是德性和知识的一种形式的“领先”论证（R 349a－350d），用来证明正义的人是最快乐的功能论证（R 352d－354a）。

7.2.3

现在，这个论证没有明显的错误，当然除了它公然忽视了这样一个事实：我们好像看到周围不正义的人到处做着并完成着一些事情。那么，苏格拉底会说些什么呢？这个论证让他的听众感到困惑和不满意。因此，柏拉图的兄弟，格劳孔（Glaucon）和阿得曼托斯（Adeimantus），要求苏格拉底回到原来被他抛弃的问题，即正义到底是什么，它在灵魂中的作用是什么。正是这个要求使得柏拉图开始尝试在一个更大的、更可见的对象上，即理想城邦以及他著名的城邦与灵魂的比较中来认识正义。

7.2.4

让我回顾一下这个比较的主要内容。柏拉图认为城邦中包含三个阶层，第一个阶层是统治者，为城邦制定法律和政策，并处理与其他城邦的关系。第二个阶层是辅助者，由士兵和警察组成，他们是城邦法律的执行者，并依照统治者的命令保卫城邦不受外敌侵犯。统治者正是从这些辅助者中产生的，这两个群体一起被称为护卫者。最后是农民、工匠、商人等，他们提供城邦所需。

理想城邦的德性与这些阶层的一定属性以及这些阶层之间的关系一致。城邦的智慧在于它的统治者的智慧（R 428b－429a）。我们最初对这一点认识很少，除了知道不同于色拉叙马霍斯所说的统治者，理想城邦的统治者着眼于城邦整体的利益而统治，而不是只顾他们自己的利益（R 342e，412d－e）。城邦的勇敢在于其辅助者

的勇敢，这种勇敢体现在他们具有一种能力，即保持着统治者在教育中告诫他们的关于可怕事物的信念——面对诱惑、快乐、痛苦和
137 恐惧本身时保持这种信念（R 429a－430d）。辅助者是能够保持住他们的信念的，比如，没有什么比失去城邦的自由更令人恐惧的，即使是在他们自身的危险面前。城邦的节制——它的适度和自制——在于城邦中所有阶层在谁应当统治、谁应当被统治这个问题上所表现出来的一致性和协调（R 430d－432b）。城邦的正义在于这个事实：城邦中的每一个阶层做自己分内的事，并且没有人试图干涉别人分内的事（R 433a－434d）。

7.2.5

柏拉图接下来试图发现人类灵魂中同样的三个部分。就像对抗模式一样，构成模式开始于对内心冲突的体验。苏格拉底提出一个原则："同一事物的同一部分关系着同一事物，不能同时有相反的动作或受相反的动作"（R 436b－c）。所以，如果发现同一时刻在灵魂中存在对同一对象的对立态度或者反应，那么我们就必须假定灵魂是有不同部分的。相应地，提醒注意理性与欲望之间的差异，正是拒绝满足我们自己欲望的经验，即便是当我们正在体验这些欲望的时候。例如，苏格拉底告诉我们，一个口渴之人的灵魂，它想要的仅仅是饮水而已，它就极为想要这个并力求得到它（R 439b）。如果灵魂这个时候从渴望喝水被拽回来，它一定有一个不同的部分。这是人们常见的一个经验，如苏格拉底所说，有的人感到口渴但不想要饮水。比如，当他们认为饮水对他们不利时，就会发生这

种情况。于是，苏格拉底总结道：

> 岂不是在那些人的灵魂里有两个不同的东西，一个叫他们饮水另一个阻止他们，而且阻止的那个东西比叫他们饮水的那个东西力量大吗？……这种行为的阻止者，如果出来阻止的话，它是根据理智考虑出来阻止的……不是吗？（R 439c－d）

所以，理性和欲望必然是灵魂中两个不同的部分。

7.2.6

正如苏格拉底所指出的，有一个诱人的方式试图阻止将灵魂划分为若干部分。我们可以试着断言渴的灵魂拒绝不好的饮料，它实际上只是想要好的饮料，因此不合格的饮料根本不是它的欲望的对象。这样，灵魂一心一意的现象得到了还原，我们不需要得出灵魂有几个部分的结论。但苏格拉底已经为反对这种行为奠定了基础，
他提出了一个论证，反对所谓“本质上特定的欲望”的存在（R 138
436c－439a）。如果一个欲望是特定的——所以如果一个人想要的是热的饮料、冷的饮料或好的饮料——那么正在发生的是某种复杂的事情，或是一些计算或是一些复合，这并不只是欲望本身的一部分。[①] 苏格拉底说，单纯的渴本身并不是想要冷的饮料或者热的饮

① 说“复合”，我的意思是苏格拉底描述的这种现象：“假设渴同时伴有热，那么欲望便会要求冷的饮料”（R 437d－e）。这也许是渴的灵魂拒绝饮的一个原因，但是正如苏格拉底继续解释的那样，欲望也有可能被误认。例如，可能有一种我们称为渴望得到热的饮料的特定欲望，这是一种误认，因为它根本不是一种渴，而只是对一种内在温暖感的欲求。

料，仅仅是饮而已，如果它是特定的，比如说如果一个人想要冷的饮料，这必定是“另外”的结果，例如当你不仅渴还很热的时候。因此，苏格拉底提出，我们不应该让他的论点被某些人扰乱，这些人认为明显矛盾的人实际上只是想要好的饮料，因为人们总是想要好的东西。且不说这一说法有悖于冲突的经验，它还是一种欺骗，因为它有效地试图隐藏存在于欲望本身中的“理性计算”的运作，即对好的东西的追求。

7.2.7

苏格拉底说他提出这个论点，“以免今后讨论过程中有分歧”(R 436c)，但是这个预防措施没有被采用，因为苏格拉底在这里告诫我们要提防的这种说法在理性理论中是司空见惯的，这种理性理论在经济学和社会科学中很流行，实际上我们之前就遇到过(3.3.3)。根据理性的经济学理论，每个人都试图使自己的利益最大化，这是合乎理性的。许多相信这种理性理论的经济学家**认为**，他们也相信这一理论：实践理性的唯一形式是工具理性。然而，正如我之前所说，这些思想的结合表面上看是不连贯的，因为为达到目的而采取手段的原则当然没有说出任何关于我们的目的应该是什么，所以不能说明我们应该追求自身的最大利益，也不能说明它比更直接的或局部的满足感更好。理性的经济学理论必须包含某种超越工具理性的理性原则，这种原则将我们利益的最大化作为**目的**。那么，理性原则的辩护者们是如何设法避免承认这一点的呢？他们只是**假设**每个人都想要**好的**东西，因此人们真正渴求的是用这个标

准衡量为“好的”东西——那些与他们的最大利益一致的东西。且 139
不说这一说法有悖于冲突的经验，它还是一种欺骗，因为它有效地试图隐藏存在于欲望本身中的理性计算的运作。

7.2.8

然而，实际上苏格拉底对冲突的强调有一点儿轻微的误导，因为即使没有冲突，也可以看出灵魂的两个部分。假设相反，饮料没有任何问题，这个口渴的人喝了饮料。在这种情况下，苏格拉底说：

> 有所要求的那个人的灵魂正在求取他所要的东西，希望有某个东西的人在吸引这个东西到自己身边来……以至于他的心因渴望实现自己的要求，向他的欲望点头赞同，仿佛有一个人在向他提出这个问题那样。(R 437c)

这段文字的复杂性不是一个意外或错误。为解渴而饮的灵魂这样做并不是仅仅因为它有饮的欲望，而是因为它“对［欲望］点头赞同，仿佛在回答一个问题”。对某个东西产生欲望和对这个欲望点头并不是一回事。灵魂的行动并不是出于欲望，而是出于某种认可欲望并对它说“是”的东西。即使没有冲突的时候，我们也会看到灵魂有两个部分。用康德的话说就是：在人类灵魂中，感受到选择按照一种动机去行动，即感受到采取一种原则，与感受到动机本身是不同的（6.2.4）。这就是苏格拉底在这里谈论的情况。

7.2.9

现代读者不太知道，苏格拉底也认为灵魂有第三个部分，即区别于理性和欲望的**激情**，尽管它是理性的天然盟友。它与欲望的不同在于这一事实，即作为激情的表现形式的愤怒和愤慨，通常是反对欲望本身的。这一点可以用勒翁提俄斯（Leontius）的故事来说明，他厌恶自己想要看几具尸体的欲望，并且严厉地斥责自己的眼睛，因为它们藏匿着邪恶的欲望（R 439e - 440a）。根据苏格拉底的观点，这个故事也说明激情是理性的盟友。他说：

> 我们不是还看到过许多这类的事例吗：当一个人的欲望在力量上超过了他的理性，他会骂自己，对自身内的这种力量生气。
> 140 这时，在这种像两个政治派别间的对抗中，人的激情是理性的盟友。激情参加到欲望一边去——虽然理性不同意它这样——反对理性，这种事情我认为是一种你大概从来不会承认曾经在你自己身上看到出现过的，我也认为是一种不曾在别的任何人身上看到出现过的。(R 440a-b)

正如苏格拉底在第 8 卷中更清楚地阐明的，激情是一种荣誉感（R 548c），是对自我尊严和价值的保护——柏拉图在这里的说法是荣誉感是理性的天然盟友。虽然激情总是站在理性的一边作战，但是它和理性还是有区别的，因为它存在于没有理性的年幼的孩子和动物身上；而且，它可能需要理性的约束。苏格拉底引用了荷马的一句话来证明最后这个论点：**捶胸叩心责备自己**。苏格拉底评论说：“在这行诗里荷马分明认为，判断好坏的理性是一个东西，它在责备那个无理性的主管愤怒的器官，后者被当作另一个东西”（R 441b-c）。

7.2.10

然而，苏格拉底没有对悄悄溜入这里的一个重要假设做出任何评论，这个假设就是当理性说话的时候人就会说话。因为“他”在那句荷马的诗中既指人也指他的理性。那么，人是不是等同于他的理性呢？这是不是意味着他被等同于他的理性，而未能认同他的欲望和激情，只是将它们看作他必须控制的在其内部运作的力量？这与对抗模式到底有怎样的不同？但与城邦的类比表明，这是不正确的。因为城邦的统治者理应为整体的利益而进行统治，因而他们的被选择，部分地是通过确定哪些辅助者最能完全地认同城邦作为一个整体。正如苏格拉底所解释的：

> 一个人总是最爱那些他认为和自己有一致利益，和自己得失祸福与共的东西……那么，我们必须从所有护卫者里选择那些在我们观察中显得最愿意毕生鞠躬尽瘁，为国家利益效劳，而绝不愿做任何不利于国家的事情的人。（R 412d-e）

统治者把城邦视作一个整体；类似地，理性把人视作一个整体。如果理性把人视作一个整体，那么这个人在认同理性的同时，就不能使他自己远离他的欲望和激情。那么，为什么在那句荷马语录中的“他”会立刻与理性和人联系在一起，而与此同时激情则位于一个被处置的位置？构成模式再次提供了答案。城邦和它的统治者是不一样的，但是它的统治者的确代表着这个城邦。他们能这 141

样做是因为构成给了他们这个角色。于是答案就是，一个人除了间接的情形之外，并不等同于他的理性。而毋宁说，他等同于他的构成，后者将他的声音归因于理性。正因为如此，而不是因为对理性的认同，我们才会说一个鲁莽的人，他的激情不仅战胜了他的理性，而且战胜了他自己。

7.2.11

基于这些论证，苏格拉底得出结论：灵魂和城邦一样包含相同的三个部分。理性对应于统治者，它的作用在于为完整的个人的利益而谋划，起指导作用。激情对应于辅助者，它的功能是执行理性的命令。欲望对应于其余的公民，其职责是为完整的个人提供他所需要的任何东西。

如果灵魂有几个部分，那么就会出现这样一个问题：是什么把它们统一在一起，成为一个同一的灵魂的？部分答案是灵魂中的各部分必须被统一，它们就像城邦中的民众一样，需要被统一才能行动。具体地说，灵魂的三个部分可以被视为对应于慎思行动的三个部分。慎思行动开始于我们具有一定的欲望和欲求这一事实。我们意识到这些欲望和欲求，它们诱使我们采取相应的行动或者寻求相应的目的。然而，因为有自我意识，我们不会不假思索地按照自己的欲望和欲求去行动，而是决定是否要满足它们。然后最终执行这个决定，实际地做我们决定要去做的事情。当然我们并不总是去做已经决定要做的事情，而是有时会被诱惑、快乐、痛苦和恐惧所分心，偏离为自己设定的路线。因此，可以确定慎思行动的三个部分对应于柏拉图的灵魂的三个部分：

> 欲望做出提议。
>
> 理性决定是否按照它采取行动。
>
> 激情执行理性的决定。

这种思路支持了柏拉图关于城邦与灵魂的类比。因为城邦也从事着慎思行动：它不只是一个居住的地方，更确切地说，它是一个执行行动并因而具有生命和历史的行动者。我们可以在政治决策中看到相同的三个部分。城邦中的人民做出提议：他们说需要一些东西。他们需要学校，或者更好的医疗保障，或者更多的警察保护。然后统治者决定是否要按照这些提议行动。他们对人民要么说 142
“行”要么说“不行”。然后辅助者执行统治者的决定。只有当这种情况发生，这些程序都被遵循时，行动才会被归因于城邦。例如，如果某个斯巴达人攻击一个雅典人，我们不能推断说*斯巴达*正在向雅典开战，除非这个攻击是某个士兵在斯巴达统治者的命令下做出的，也就是说，除非它从斯巴达的宪法程序发出。根据这个类比，我们只能将行动归因于一个人，而不是他身上的某些东西，如果这个行动是他的理性按照他的偏好提议行事的结果，或者用康德的话说，如果这个行动是一个根据原则被采纳的动机的结果。

7.2.12

事实上，一个真正的政治宪法的主要目的就是准确地展示城邦慎思行动的模式，展示据以做出并执行城邦的集体决策的程序。宪法规定了一系列的角色和行政部门，它们共同构成慎思行动的一个程序，规定谁来实施每一个步骤以及应该如何去完成。它列出了做出提议的正当途径（例如通过请愿，或者提交议案，等等），列出了决定是否按照这些提议行动的正当途径（立法职能），以及执行最终决定的正当方法（行政职能）。宪法中还写着，谁应该去执行它已规定的程序中的各个步骤。宪法就是用这种方法使一群公民作为一个统一的集体行动主体行使职责成为可能，而没有宪法的公民将只是不同个体的**简单堆积**。

7.3 柏拉图的美德观

7.3.1

柏拉图所说美德的具体性质——智慧、勇敢、节制和正义，支持了这一说法。正如我已经提到的，在这一点上，《理想国》第4卷中，柏拉图关于智慧的属性没有说过任何实质性的东西。他只是告诉我们它存在于城邦的统治者之中或者灵魂的理性和谋划部分，它关注整体的善。这里讨论的焦点将是其他三种美德：勇敢、节制和正义本身。①

7.3.2

143 苏格拉底认为，城邦的勇敢可在辅助者身上找到，它在于：

① 我不会讨论柏拉图式的智慧，但是柏拉图关于智慧的观点在9.1.4的引文（R 443d-444a）中已给出；它是“指导”正义行动的知识，这种正义行动统一了灵魂。

> 保持住法律通过教育所建立起来的关于可怕事物——什么样的事情应当害怕——的信念。我所谓“无论在什么情形之下”的意思，是说勇敢的人无论处于苦恼还是快乐中，或处于欲望还是害怕中，都永远保持这种信念而不抛弃它。(R 429c-d)

既然勇敢存在于执行统治者命令的辅助者之中，那么苏格拉底似乎就有这样的想法。假设统治者找到辅助者说：

> 我们已经知道斯巴达人正在计划入侵我们的国家。你们必须不惜任何代价把他们阻止在城墙之外。正如你们一直被教导的，没有什么比被外国势力夺走我们的自由更可怕的了。被斯巴达人接管是一件糟糕的事情，比你们自己死亡或受伤更可怕。

如果辅助者已经彻底永久地接受了这些信念，那么他们将会为了把斯巴达人挡在门外战斗到死。事实上，很明显对他们来说为这个目标即便死亡也是值得的，因此他们将怀着信念和决心去战斗。在那种情况下，这个城邦将是勇敢的。

关于这个解释，要注意有几个有趣的事情。首先，苏格拉底的定义并不是说士兵们不害怕伤痛或死亡。重要的是他们*更*害怕城池失守于斯巴达人。对他们来说，想到使命失败是如此恐怖的一件事情，以至于为避免失败即便死亡也在所不惜。因此，这个定义并没有要求他们不害怕。它要求以正确的顺序害怕应当害怕的东西，这样他们就能始终保持关于*何者值得*的城邦的信念。换句话说，勇敢是一种支撑*行动*，而不仅仅是行为的美德，就我在 1.2 中描述的意义上而言。

在这个定义中害怕所扮演的特殊角色也是值得关注的，它与我们可能料想的有很大不同。我们可能预期苏格拉底说，害怕是一种让我们失去关于要做什么的信念的力量，而勇敢是防止这种情况发生的美德。但那并不是他所说的：他所说的是快乐、痛苦、欲望和畏惧都会使我们失去关于应当害怕什么的信念。在概括这些导致信念丧失的不同原因时，苏格拉底好像扩展了勇敢的定义，以至于它看起来与一般而言的意志力几乎没什么不同。几乎所有倾向于破坏我们执行自己决定的能力的力量都包含在这里。然而，说到保持的
144 信念关系到的不是要做什么，而是更具体地应当害怕什么，苏格拉底将我们带回到这样一个事实：他特别专注于激情的属性。在使得对某些东西的害怕成为一个信念方面，我认为柏拉图试图获得这样一种思想，即激情既有认知的一面也有情感的一面。勇敢有一种情感的维度：激情厌恶丧失城邦自由，将其视为可怕的事情。换句话说，勇敢的人不仅仅认为失去城邦是一件可怕的事情——他这样知觉它（6.1.4）。勇敢的构成是复杂的：城邦或作为一个整体的人在畏惧和诱惑面前能够保持其要做什么的信念，因为激情部分在那些力量面前保持着关于应当害怕什么的信念。这样，勇敢或荣誉感，就是慎思行动的护卫者。

7.3.3

在康德对灵魂的分类中，似乎没有任何对应于激情的东西，而奇怪的是，他在《道德形而上学的奠基》中，把荣誉描述为一种偏好的对象（G 4：398）。然而，就像柏拉图一样，康德有时强调荣

誉感扮演的角色是理性的天然盟友。在《关于一种世界公民观点的普遍历史的理念》中，康德把对荣誉的爱称为“类似”道德。他说那些为之动容的人还没有“道德化”，它所盛行的阶段“只是构成文明化”而并非真正的善（IUH 8：26）。然而，这个阶段是人类在变得更好的道路上必须要经过的，正如一个柏拉图式的统治者必须首先作为辅助者接受教育。《道德形而上学》关于惩罚的讨论中，康德提出，因为荣誉的动机而犯了谋杀罪的人，比如一个卷入决斗中的年轻军官，也许不应该被判处死刑。他强调，立法本身对如下事实负有责任，即这些人仍然是道德上落后的，以至于荣誉的动机还没有与“符合其意图”的规章相契合（MM 6：337）。在这段话中他好像再次将荣誉看成比理性更原始和不成熟的，但是这里没有迹象表明可以完全抛弃它。在康德的人类学中对勇敢和荣誉的讨论是惊人地柏拉图式的，并且伴随一个有趣的难题。勇敢被定义为“带着思考去承担危险的心灵镇定”（ANTH 7：256）。对柏拉图列出的那些会使我们丧失关于应当害怕什么的信念的力量——痛苦、快乐、欲望和害怕——康德特别关注地增加了耻辱。他说：

> 作为激情的（因而在一方面是属于感性的）勇敢也可以通
> 过理性来唤起，这样就是真正的勇敢（德性的强大）。不让自 145
> 己被对可敬的事情的挖苦和用机智来使之尖锐因此也更加危险
> 的嘲弄所吓退，而是坚定地遵循自己的道路，这是一种道德的
> 勇气，是一些在战场上或者在决斗中证明自己是一个亡命徒的
> 人所不具备的。也就是说，属于坚毅的，是义务所命令的某种
> 东西，即甚至敢于冒受别人嘲笑的危险，这甚至是一种更高程

> 度的勇气，因为爱荣誉是德性的常任伴侣，而通常足够镇定地对付暴力的人，如果有人用嘲笑来拒绝他对荣誉的这种要求，毕竟很少觉得自己是经得起嘲弄的。（ANTH 7：257）

面对耻辱比面对暴力需要更高程度的勇气，因为对一个人的决心——或用苏格拉底的话说，保持你关于可怕事物的信念的能力——的威胁，并不源于害怕和欲望，而是源于荣誉感本身。

7.3.4

这实际上引起了一个问题。柏拉图认为，在面对诱惑、快乐、痛苦和害怕时，激情控制欲望；如果像康德的观点所暗示的，在面对耻辱时，激情必须控制它自身，那么激情必须有不同的部分吗？因为柏拉图的原则，“同一事物不能同时有相反的动作或受相反的动作”，似乎同样适用于激情，因此需要有一个划分。随后，正如我们将看到的，柏拉图谈到正义的人，“他将自己心灵的这三个部分合在一起加以协调……”（R 443d；强调为我所加）。令人惊讶的是，在灵魂究竟有多少部分这个问题上费尽周折后，结果发现可能还有更多。事实上自我意识对于灵魂组成部分的数量，喜欢多少就可以分出多少。这与论证灵魂有几个部分没什么关系。

7.3.5

苏格拉底接着讨论了节制——适度或自制。正是在这里，如我之前提到的（1.1.3），他评论说，人们用“自制”或“克己”这样的习语同这个美德联系在一起，表面上看起来很荒谬，因为同一个人既是控制者又是被控制者。更具体地，他说这些习语就像美德“在语言中留下的”“轨迹或线索”（R 430e），向我们展示了灵魂同时有一个统治的部分和一个被统治的部分。

康德在《道德形而上学》中有一个类似的但稍微复杂的论证，讨论了对自己的义务的问题。他首先认为，对自己的义务的观念看 146
起来是自相矛盾的。他说：

> 如果**赋予义务的**我与**承担义务的**我是在同一种意义上来对待的，那么，对自己的义务就是一个自相矛盾的概念。因为，在义务概念中包含着一种被动的强调（我被**赋予责任**）的概念。但是，在“这是一个对我自己的义务”这一命题中，我把自己设想为**赋予责任**的，从而处于一种主动的强制中（我，同一个主体，是赋予责任者）。（MM 6：417）

我们完全可以按照柏拉图的说法来阐述他的论点。如果“同一事物不能同时有相反的动作或受相反的动作”，那么我不可能同时并且在自己的同一部分既积极地自我约束又被动地受到约束。然而，康德接着说，**必定**存在着对自己的义务，因为如果义务源于自律，那么最终所有的义务都是自己赋予的。对相反结论的有力论证使得我们自相矛盾，这就像所有的自相矛盾一样，必须由本体和现象——自我的主动方面和被动方面之间的区分——来解决（MM 6：418）。所以，自我有着不同的方面或组成部分。在这个讨论的过程中，康德也在语言中发现了一个轨迹或线索。“例如，如果这涉及维护我的荣誉或者自我保护的问题，人们就这样说：‘我自己理当做这事’”（MM 6：418 n.）。

7.3.6

在一个有节制的城邦里，“为数众多的下等人的欲望被少数优秀人物的欲望和智慧统治着”（R 431c-d）。在相应的人身上，欲望部分是被智慧和理性的欲求控制着的。正如我之前说的，我们还不知道智慧包含什么，但理性的欲求是或至少包含整体的善。然而，苏格拉底在这里讨论的控制不是强有力的约束或抑制，因为他说这个美德在于，城邦的统治者和被统治者，在谁应当统治这个问题上具有一致的信念（R 431d-e；442c-d）。一般来说，商人和辅助者接受统治者的统治，并且认同他们的法令。统治者也认同商人和辅助者的欲望与激情，因为如同柏拉图后来解释的，最好的城邦是“全体公民对于养生送死尽量做到万家同欢万家同悲”（R 462b）。它是“最像一个人的城邦”：

> 比如像我们中间某个人的手指受伤了，整个身心作为一个人的有机体，在统一指挥下，对一部分所感受的痛苦，浑身都感觉到了，这就是我们说这个人在手指部分有痛苦了。（R 462c-d）

147 同样地，在一个适度的或者有节制的人身上，灵魂的所有部分都“同意”理性应该统治，而其他部分应该被统治。

苏格拉底在这里描述的这种克己或自制，不是改过自新的可怜的罪人的那种，他的欲求必须以责任的名义而被压抑（1.1.3）。然而，二者都没有任何暗示表明欲求本身能够如此完美有序，完全自发地以善为目的，以至于它们根本不需要被控制。再一次回忆一下反对本质上特定的欲望的论断——欲望就其本质而言不是为了善，而是为了各种各样的特定对象。① 一般地说，在有节制的或适度的人身上，如果理性不接受欲望的建议，那么欲望就会优雅地让步。然而，如果欲望不时地反叛，那么辅助者就会全副武装起来：宪政本质上仍然是强制性的，因为所有的政府一定是如此。灵魂中荣誉感的存在对欲望来说是一个站在一旁的提醒者：这些欲望终究必须服从。因此，强制在柏拉图式的灵魂中的确存在，但它并没有采取积极的、强有力的镇压的形式。这无非就是政府的工作——强制性宪政的恒定和日常的事实。

7.3.7

因此，欲望的职责是建议和服从，理性的职责是统治，激情的职责是确保理性的决定得到执行。灵魂的各个部分——至少当灵魂井然有序时——不是权力争夺者，而是各司其职，共同使集体行动，亦即行动，成为可能。这也解释了苏格拉底对正义的令人困惑的定义。他说，正义就是“只做自己的事而不兼做别人的事”（R 433a-b）。当苏格拉底第一次将这一原则引入讨论时（R 369e-370d），他正在谈论劳动分工，这个原则听起来就像是关于分工的。② 但是，如果

---

① 这一点在 18 世纪的哲学家约瑟夫·巴特勒提出的很多论证中都发挥了至关重要的作用，他在《在罗尔斯礼拜堂的十五次布道》中非常明显地使用了构成模式。巴特勒在第一次至第三次布道中用它来证明，自爱和良知都对特殊的激情享有一种自然的权威（它们指引特殊的激情向善），在第十一次至第十二次布道（达沃尔版的第四次至第五次）对利己主义的一个有效反驳中也使用了这种模式。

② 苏格拉底后来不仅公开承认了这种不可思议，而且实际上暗示劳动分工的原则是“有益的”，因为正确的分工是“正义的影子”（R 443c）。

把宪法看作规定慎思行动的程序，以及构成这些程序的角色和职务，那么我们就能明白苏格拉底指的是什么了。在集体行动的宪法程序中，篡夺其他人的职务，正是我们所说的不正义，或者至少是
148 不正义的事情之一。例如，如果宪法说总统不经国会同意不能发动战争，但是他却这么做了，那么他就篡夺了国会在这一决定中的角色，这就是不正义的。如果宪法说每一个公民都可以在选举中投出一票，然而通过某些欺诈的方式你不止一次地投票，从而在选举中削弱了别人的声音，这就是不正义的。所谓不正义，在其最熟悉的一种意义上，就是指在规定集体行动的慎思的程序中篡夺别人的角色，也就是兼做了其他人的工作。

7.4 正义：实质性的、程序性的和柏拉图式的

7.4.1

我说“在一种意义上”，因为这正是人们有时所说的程序性的正义观念，而不是实质性的正义观念。这个区分表现了正义概念中的一种重要张力，以及对其规范性来源长期混乱的原因。一方面，正义观念本质上包含遵循特定程序的思想。在国家中，如我一直所说，有宪法为集体的慎思行动规定的程序：制定法律、发动战争、审理案件、征收赋税、提供服务，以及一个国家所做的各种各样的事情。根据程序性的正义观念，当且仅当国家的行动是实际并正确遵循这些程序的结果，这个行动才是正义的。这是一项由正式组成

的立法机关在形式上通过的**法律**；如果（例如）最高法院说这项法律是符合宪法的话，那么它就是**符合宪法的**；如果陪审团认为一个人是无罪的，那么他就是**无罪的**，那么他就是无罪的；如果一个人符合法定资格并且已经被正式投票选出，那么他就是**总统**；如此等等。这些都是规范性判断——**法律**、**符合宪法**、**无罪**和**总统**这些条款都意味着存在某些行动的理由，它们的规范性**来自**已经确立这些条款的程序的执行过程。

然而，另一方面，在某些情况下，我们对这些程序应该产生什么结果有一些想法。这些想法充当了我们更实质性的判断的标准——在一些情况下，判断什么是正义的，在其他情况下，只是判断什么是正确的或最好的。这些实质性判断可能会和执行程序产生的实际结果发生冲突。也许法律是违宪的，虽然它已被立法机关通过或者甚至得到最高法院的支持；也许被告是有罪的，然而陪审团却将他无罪释放了；也许当选的候选人不是适合这个职位的最佳人选，或者甚至不是参加竞选的人中最好的那一个，或者可能由于选民投票率的意外，他并不真正代表大多数人的意愿。正如最后这个 149
例子所表明的，程序正义与实质正义亦即正确的或者最好的之间的差别，是粗略的，与正在考虑的具体情况有关。谁应该当选呢？是最能代表公意的人，是实际参加竞选的人当中最接近这一点的人，是被大多数公民作为首选的人，是被大多数注册选民作为首选的人，是被在选举日出席的大多数注册选民实际选出来的人……当我们将这个列表延伸下去，对这个问题的回答变得越来越程序化；相对来说，上面的回答是更加实质性的。我们可以试图设计程序以确保实质性的正确或最好的结果。但是，这里有一点很重要，根据程序性的正义观念，这些程序的规范性却不是来自它们产生结果的良善、正确，**甚至是实质正义**。情况正好相反：正是程序本身，更精确地说程序的实际执行，赋予这些结果规范性。当选的人会担任职务，不管他离真正代表公意有多远。陪审团的赦免有效，虽然我们后来认为被告是有罪的。

现在，如果结果的规范性来自程序的执行，人们可能会问：程序本身的规范性来自哪里？为什么必须要遵循它们？这里碰上了我一开始提到的混乱的原因，因为人们总是情不自禁地认为程序本身的规范性一定源自其结果的实质性的良善。这不可能是正确的，正如我刚刚说过，因为如果程序的规范性来自其结果的实质性质，那么当得知它们的结果将会很糟糕时，我们就会打算将那些程序搁置在一边。正如我刚刚也说过的，我们不这样做。在宪法程序到位的地方，实质性的正确、良善甚至正义对这些程序结果的规范性地位来说，既不必要也不充分：所需要的只是实际遵循这些程序。

也许你现在可能想说，程序的规范性来自其结果的**通常**性质，来自它们大多数时候是正确的这一事实。毕竟，即使我们确实坚持程序的结果，尽管在这个或者那个情形中它们是不好的，但是如果程序结果**经常**是不好的，我们肯定会改变这些程序。但是这不可能是全部答案，不仅因为它并不总是真的——想想陪审团制度，还因为，正如行为功利主义者多年来一直告诉我们的那样，当你知道一个程序在这一次将得到坏的结果时，只是因为它通常可以带来好的
150 结果就遵从它，这是不理性的。因此，也许相反，应该说，程序的

规范性来自其结果的通常性质与这个事实的结合，即我们必须有一些这样的程序，且必须支持它们的结果。但是为什么必须有一些这样的程序？因为没有它们，集体行动就是不可能的。现在已经回到了柏拉图的观点。为了一起行动——制定法律和政策并应用和执行它们，在某种程度上这代表着，不是我们中的一些人对其他人施行暴政，而是我们所有人作为一个整体共同行动——我们必须有一部宪法为集体的慎思行动规定程序，而且我们必须支持它的结果。

7.4.2

我似乎在暗示我们有两种不同的正义观念，实质性的和程序性的，但是事实并非如此，我现在将努力澄清这一点。正如我已经提出的，程序性的正义观念来自构成一个国家及其行政机构的慎思过程对程序的需要。那么，实质性的正义观念来自哪里呢？这里有不同的情况。从一个稍微不同的视角最容易解释这一点。

在《正义论》中，罗尔斯区分了三种程序正义。首先是完善的程序正义（perfect procedural justice），我们知道期望的结果，并可以设计一个程序来实现它。罗尔斯讲了一群人分蛋糕的例子——假设每个人都想要一块尽可能大的蛋糕，而且大家期望的结果是平均分配，程序是让切蛋糕的人在其他人都选择以后拿最后一块。假设被选出来的人没有笨到不能均匀地切蛋糕的地步，这个规则就会起作用。不完善的程序正义（imperfect procedural justice）是我们知道期望的结果，但不能设计出一个保证结果的程序：罗尔斯举的是一个刑事审判的例子。假设期望的结果是犯罪者被定罪，无辜者被释放，我们无法设计出一个完美无缺的程序，但是会尽最大的努力。纯粹的程序正义（pure procedural justice）存在于这样一种情况：对结果的期望完全取决于程序的执行；这里没有独立的标准。罗尔斯的例子是赌博。在游戏开始之前我们不能说谁应该赢；假设桌子没有被操纵，也没有人作弊，那么这个游戏的任何结果都是一样的好。[1]

这显然非常合理；然而，正如我们已经看到的那样，我已经声
151 称，在政治背景下所有这些情况都必须被看成第三种情况，即纯粹的程序正义。换言之，在所有案例中，包括令人心碎的刑事审判的案例，即使有一个独立清晰的**期望**结果且我们知道它是什么，我们必须支持的**规范性**结果也是遵循程序得到的结果。这是为什么呢？正义的功能是使国家能够作为一个统一的行动者发挥作用，这里再一次提醒我们，行动者选择的对象，道德价值的载体，是我在 1.2.5 中说的“行动”，而非单纯的“行为”。这意味着谈论知道哪些结果会是正义的有一点儿误导，因为严格地说，正义本身是行动的属性，而非结果的性质。因此，说正义要求的是**罪犯应该得到惩罚**，这并不完全正确；不如说，正义要求的是**国家应该因罪犯的罪行来惩罚他**。这就是为什么私刑**不**被视为次好的选择。当然，这并不是说国家作为一个国家，不应该设计最好的程序来确定有罪和无罪：工具性原则是支配行动的法则的一个方面，国家像任何其他行动者一样受其约束。

但是实质性**正义**观念的情形有一点儿不同。正如我在前面提到的，在很多情况下，程序正义和实质正义之间的区别似乎是粗略

① Rawls，*A Theory of Justice*，section 14.

的，而且基本上是相比较而言的。当将“被大多数注册选民作为首选的候选人”与“实际当选的候选人”做比较时，前者似乎更有实质性，后者则更有程序性。但是，当将“被大多数注册选民作为首选的候选人”与“被大多数公民作为首选的候选人”做比较时，那么前者显得比后者更具有程序性。而当我们把所有这些和“最能代表人民意志的候选人”做比较时，它们看起来都是程序性的，而且确实像是非常不完善的程序。这似乎表明，实质性的正义观念可以说是在层次结构的顶端，所有的程序都只是实现或体现它的不完美的尝试。但是我认为完全相反。因为我们对民意并没有一个真正独立的观念，或者更确切地说，在我们已有的意义上，它是一个程序性的观念，尽管有些模糊：民意是我们知道我们必须得知的一种东西，通过以某种方式咨询每个公民，确保他或她的观点在最终的决定中得到公正的体现。因此，我们所说的“更实质性的正义观念”是指“运用一个更理想的程序产生的任何结果”，我们所说的“最实质性的正义观念”是指“运用最理想的程序产生的任何结果”。根据柏拉图的说法，最理想的程序，正如我们将要看到的，是使城
邦真正成为一体的程序，它将其机构完全统一起来。但这不是最理 152
想的程序作为一种结果所达到的一个独立的目标，只是拥有最理想的程序**意味着**什么。因此，当靠近层次结构顶端时，这两个观念就会简单地结合在一起，或者如果我们给予其中一个特权，那一定是程序性观念。①

---

① 我感谢大卫·迪克提示我澄清这一点。

7.4.3

根据柏拉图的观点，构成的规范性力量在于这样一个事实，它使城邦作为一个统一的行动者发挥作用成为可能。因为据柏拉图所说，一个没有正义的城邦首先缺乏统一——它不是一个城邦，而是许多个（R 422d－423c；另见 R 462a－e）。当正义毁灭时，城邦就会陷入内战，统治者、士兵和人民都为取得控制权而争斗。将城邦统一为单一行动者的慎思程序瓦解，城邦因此也无法运作了。其中个体的公民和阶层仍然可以执行各种行动，但城邦无法作为一个统一体而行动。

这同样适用于个人的正义和不正义。苏格拉底说：

> 正义的人不许可自己灵魂里的各个部分相互干涉，起别的部分的作用。他安排好真正自己的事情，自己主宰自己。他自身内秩序井然，对自己友善，将自己心灵的三个部分，犹如一个音阶中的三个音符——高音、低音、中音，加以和谐一致起来。他把这些部分以及其间可能还有的其他部分结合在一起，从杂多成为一个完整的、节制的、和谐的人。直到那时，他才行动。(R 443d-e；强调为我所加)

但是，如果正义使一个人作为一个统一的行动者发挥作用成为可能，那么不正义则使其不可能。欲望、激情和理性之间的内战爆发，每一个都试图篡夺他者的角色和职务。使灵魂成为一个统一行动者的慎思程序瓦解，人因此也就不能行动了。于是，第 1 卷中的苏格拉底论点被证明是正确的（7.2.2）。欲望和冲动可能在一个不正义的人身上产生影响，如同个体公民可能在不正义的国家里产生影响。但是，不正义的人“绝对做不出任何事情来”（R 352c），因为不正义的人根本无法行动。柏拉图式的正义是一种行动的构成性原则。

7.5 康德和构成模式

7.5.1

关于康德的诸多盛行的误解之一就是他支持灵魂的对抗模式。 153
要发现康德使用构成模式，我们只须考虑他在《道德形而上学的奠基》第 3 章中的论证，他用这个论证来证明定言命令是理性意志的法则（G 4：446—448）。康德认为，只要你是理性存在者，你就一定是按照自由理念去行动。自由意志是不被任何外在原因所决定的——不被任何非自身选择的法则所决定。如果你具有自由意志，那么正如康德所说，你就不是他律的。但是康德声称，自由意志的行动必须被某个法则所决定。我们已经在 4.4 节看到对这个问题的论证，反对特殊主义的意愿的论证表明意志必须始终根据某个普遍法则来决定它自身。因此，如果你有自由意志，你就不可能是他律的，然而你必须有一个法则，那么你一定是自律的——你必须按照你为自己设定的法则去行动。康德说，这意味着只要你是理性的，定言命令就是你的意志的法则。

要知道为什么，我们只须考虑一个有自由意志的人如何必定是慎思的。现在，你具有自由意志，是完全自治的，外部世界没有给你任何法则。然后出现一个动机，比方说，作为快乐的某个对象的表象。意识到这个动机在你身上产生的作用，你对这个目标有了偏好。而这个偏好采取了提议的形式。偏好说：目的 E 将是令人非常快乐的。那么，目的 E 如何？难道那看上去不像是一个值得追求的目的吗？严格地说，意志选择的是行动，因此在提议完成之前，我们需要使其成为行动的提议。工具性的推理确定你可以通过采取行为 A 来达到目的 E。因此，提议是：为了达到这个令人非常快乐的目的 E，你应该采取行为 A。

现在，如果你的意志是他律的，那么快乐对你来说就是一个法则，这是所有你需要知道的，而且为了达到令人快乐的目的 E，你将立刻采取行为 A。但是，因为你是自律的，快乐对你来说不是一个法则：除了你为自己制定的法则，没有什么对你来说是法则。因此，你会问自己一个不同的问题。提议是：为了达到快乐的目的 E，你应该采取行为 A。因为除了你为自己制定的法则，没有什么对你来说是法则，你问自己是否能够将这作为你的法则。你的问题是：你是否意愿为了达到目的 E 而采取行为 A 这个准则作为一个
154 普遍法则？换句话说，你的问题是：你的准则是否通过了定言命令的检验？定言命令因此是理性意志的法则。

偏好呈现提议；理性决定是否按照提议行动，而决定则采取立法的形式。这显然是构成模式。

7.5.2

现在回忆一下从柏拉图那里得到的结论。理性的命令就是人的

命令，但这不是因为人只被等同于他的理性，而把他的欲望视为外来的他物，而是因为人被视为他的构成，而他的构成说理性应该统治。康德可能持有这样的观点吗？你可能会认为没有，因为在《道德形而上学的奠基》中，康德有一句名言，而且相当悲观："偏好本身作为需要的泉源，远没有什么绝对价值……完全摆脱它们，反倒必须是每一个理性存在者的普遍愿望"（G 4：428）。康德似乎不同意柏拉图所认可的这个观点，即一个人在手指部分有痛苦，相反地而是认为只是这个手指有痛苦。

但是从《纯然理性界限内的宗教》中更深思熟虑的观点来看，康德收回了这些话，甚至显然责怪自己说了那些："就其本身而言"，他在那里说，自然的偏好"是善的，也就是说，是不能拒斥的。企图根除偏好，不仅是徒劳的，而且也是有害的和应予谴责的"（REL 6：58）。

7.5.3

无论如何，康德完全承认我刚才提到的这个结论：人并不直接被等同于他的理性，而是被等同于他的构成。根据康德在他的政治哲学中关于国家本质的论述，他是承认这一点的。这会有点儿离题，但是我想解释为什么是这样。

根据康德的观点，国家的目的是强制执行人权。权利就其本质而言，允许强制执行，事实上它们是唯一这么做的东西，因为我们的自由体现在我们的权利中，而且对强制的唯一合法使用是捍卫自由——强制可以被用来反对强制本身。但是，为了使这一方式合

法，强制的使用必须是相互的，而不是单方面的。我迫使你为我的权利让步，隐含了这样的条件，即你迫使我为你的权利让步将是正
155 当有理的。强制性的行动必须依照法律，这种法律适用于参与其中的当事人双方。换句话说，为了使强制的使用是合法的，所有人必须共同迫使每个人尊重彼此的自由。所以，一般地说，政治国家必须体现其人民对权利的相互执行的共同意志。为了做到这一点，康德认为，国家必须是一个共和国，其特点是宪法和分权，而且立法是由公民代表参与进行的。

要理解为什么，我们必须看看康德对政治权力性质的复杂论述。康德断言“立法权只能归于人民的联合意志”（MM 6：313）。从我们说过的情况来看，这已经足够清楚了——法律是强制性的，所以必须建立在对权利的相互执行的共同意志之上。当一个国家形成时，这种立法权被赋予康德所称的国主或统治者，他们可能是由所有人、部分人或一个人构成的，从而使主权的形式分别是民主制的、贵族制的或独裁制的（MM 6：338－339；PP 8：352）。

现在国主或统治者在某种意义上有了统治权，但它还并不确切或并不必然就是政府。更确切地说，国主是人民立法权的代言人。但是国主或统治者负责建立政府。这可能使第一步——主权形式的确定——看起来像一个多余的步骤，但它不是，重要的是要明白为什么它不是。康德没有像洛克那样假设人民的公共意志是通过多数表决自动表达的。[1] 多数表决只是将人民统一于一个集体立法机

---

① John Locke，*The Second Treatise of Government*，section 96.

构——一个集体主体——的一种方式，它不是一种特权方式。严格地说，只有所有人的一致选择才能决定主权形式，人民可以像选择民主制一样全体一致地选择独裁。

当然，任何真正的群体都不可能自发地就如何做出决定达成一个全体一致的意见决定，但这并不表明，主权形式的确定是一个多余的步骤。它只表明通常没有合法的方式来**迈出**这一步。让我来举例说明这一点。假设有一百个人，他们中的每一个人都希望与其他人联合，构成一个集体主体，一个国家。接下来他们必须做的是决定如何做出集体决策。如果他们中的每一个人，各自都想使用多数表决的方式，那么他们的主权就具有民主的形式，这是完全合法 156
的。但是以完全同样的方式，如果他们中的每一个人，各自都想拥有由所罗门专权的独裁制，那么他们的主权就具有独裁的形式，这是完全合法的。只要具有合法性，民主制和独裁制完全有基础。民主制在各种方式中可能更好，但是它宣称的**合法性**并不具有优越性。事实上，刚才所说的把问题大大简化了，因为忽视了未来的子孙后代这一事实，他们的同意也是合法性所需要的。那对这个论证来说就更好了，因为我试图表明，这里有一个问题。但是，即使把未来子孙后代带来的问题搁置一边，也不会产生一个全体一致的选择——我的意思是，他们不会全都同意同一种主权形式。所以，现在假设他们没有一致的意见。假设他们中九十八个人想要民主制，但是有两个人想要独裁制，由所罗门专权。（可能他们中有个人叫所罗门，但是这对我们的论证并不重要。）现在我们陷入了一个僵局。因为民主宣称的合法性不具有优先性，我们显然不能说因为这九十八个人占了大多数就可以合法地获胜。问题的关键在于多数派是否应该统治。因此，如果大多数的确获胜了，那么这不是合法的，而只是多数人的暴政。如果那两个人获胜了，并且设法让所罗门掌权，当然这也是暴政。很有可能，如果关于主权的形式有任何不同意见，那么就**没有**办法确定它应该是什么。当然，即使有一个原始协议，新一代的人也将会诞生，而他们可能不同意。

既然这一步不能迈出，那就让我们略过它，现在假设主权形式以某种方式已经确定，未必是合法的，并且有一位统治者，在他的统治之下，这些人能够作为集体主体发挥作用。正如我说过的，严格地说，国主或统治者的职责是建立政府。假设国主“本身”，正如康德所说，简单地进行统治——它直接执行政府的所有三项职能。在这种情况下，这个政府是**专制的**。即使这个主权的**实际**形式是民主的，多数人对少数人的直接统治也是专制的，因为正如我们刚刚看到的，民主形式并没有特权，而且我们也不能仅仅假设每个人都同意民主。然而，假设相反，用康德生僻的术语说，国主“在人格上可以被代表”（MM 6：341）。也就是说，国主采用宪法设立各类地方行政官的行政部门，这些行政官分别执行政府的三项职能，而所有的统治都是通过该宪法进行的。在这种情况下，这个政府就是**共和政体**（MM 6：341）。康德说，一个共和国的宪政是“唯一合法的宪政”（MM 6：340），因为它是“唯一常驻的国家宪
157 政，在它里面**法律**是专断的，不依附于任何特殊的人格”，因此只有在这种状态中，“才能**永久地**给予每个人他自己的东西［法权］”（MM 6：341）。康德说，在一个共和国的宪政中，每个人都受法律

的约束，所以没有人的权利取决于任何人的意志——即使是多数人的意志。他是这样说的：

> 任何真正的共和国都是并且只能是人民的一个代议制系统，为的是以人民的名义，通过所有的国家公民联合起来，借助其议员（代表）来照管国家公民的法权。但是，一旦一个国家首脑（无论是国王、贵族阶层，还是全体人民、民主制的联合体）在人格上也可以被代表，那么，联合起来的人民就不是仅仅代表着统治者，而就是统治者本身。（MM 6：341）

关键在于，一旦确立了这种宪法形式，联合在一起的人民就不必再把主权赋予任何“人”，即使是大多数人。相反，人民直接通过他们的宪法形式来管理自己。这意味着，一旦这种形式的政府到位，没有合法的方式建立主权形式就不重要了。我们不必在应该把主权授予谁这个问题上达成一致，因为主权不必授予任何人。（而且，即使我们对主权的形式确实初步达成了一致意见，也只有共和制宪法能够“持久”，仍然是合法的，因为只有它解决了新一代的问题。）当然，从表面上看，必须有人掌管政府的各项职能，但是那些这样做的人现在被视为是根据宪法为人民工作的“代表”，而不是被授予主权的权威的个人。我们不是根据一个集权的当局，而是根据宪法形式本身统一在一起的。

只有依照这样一种宪法，一个国家的人民才能真正统治自己。康德甚至声称，政府的独裁形式仅仅是经验显象，纯粹的共和政体才是政府的形式（MM 6：340，371）。①

因此，如果康德确实将构成模式用于灵魂，而且这个类比成立的话，那么他就是在致力于反对理性的专制。真正的统一需要一部宪法，它使一个整体统治自身成为可能，一部分人统治另一部分人所达到的仅仅表面的或经验的统一，只是一种可怜的世俗的替代品。这种适用于国家的情形同样适用于人。因此，对于康德来说，
158 正如对于柏拉图一样，理性必须为了整体的善而进行统治，如果我们认同理性的声音，那仅仅是因为我们认同我们的构成，它说理性应该居于统治地位。

7.5.4

我提出过，构成模式可以被用来解释行动的性质。这是因为它可以被用来解释我们是如何把活动归因于行动者，作为行动者自己的活动的。与此同时，它向我们展示了为什么某些形式性的原则——定言命令和柏拉图的正义原则——是行动的构成性原则：因为它们给灵魂带来了使行动得以可能的构成性统一。如果是这样的话，那么行动者要行动，就必须按照正义原则和定言命令来行动。但在这种情况下，当一个行动者行为不良时会发生什么呢？那将是我在下一章讨论的主题。

---

① 康德在后面的章节中说，一个合法政体的理念，一个共和政体，是一种“理念”，在技术意义上他自己在《纯粹理性批判》（A312－320/B368－377；A567－569/B595－597）中将其与柏拉图的形式联系在一起。

8. 有缺陷的行动

8.1 坏行动的问题

8.1.1

当某人行为不良时会发生什么呢？根据对抗模式，答案一定是这个人被激情征服了。但是根据对抗模式，也可这样说，当一个人行为良好时，她是被理性征服了。因为如果理性和激情只是一个人内部的两种力量，二者都没有在这个人本身中进行统治的特殊权利，那么这两种力量似乎都有基础征服行动者。 159

根据构成模式，正如我们已经看到的，当一个人根据她的构成去行动时她就会表现出良好的行为。如果理性压倒激情，这个人就应该根据理性去行动。这不是因为她认同理性而不认同激情，而是因为她认同她的构成，而构成说理性应该统治。那么，当一个人行为不良时会发生什么呢？这里我们首先遇到了看起来像构成模式中的一个困难。

8.1.2

当然，根据我在第 7 章提供的柏拉图的论说，不正义的人根本无法行动，因为不正义的人并没有被构成性规则所统一（7.4.3）。当城邦处于内战状态时，它并没有去行动，尽管其内部的各派力量可能会做各种各样的事情。这一类比表明，当灵魂处于内战状态时，它内部的各种力量正在为控制而斗争，在外部世界看起来像人的行动，实际上不过是作用在他内部的力量的行动，或者更精确地说是表现。因此，乍一看好像没什么可以完全算得上是一种坏行动。当然在康德伦理学中对这个困难有一个准确的类比。因为在《道德形而上学的奠基》中有一个众所周知的问题，事实上我们已经考虑过的问题（5.3.1），这就是康德认为只有自律的行动，亦即由定言命令支配的行动，才是真正自由的行动，而坏的或他律的“行动”是我们内部的欲望和偏好作用产生的行为（G 4：453 -
160 455）。但是，如果是这样的话，那么我们将很难对坏的或他律的行动负责任，甚至很难应该将其视为行动。所以，乍一看，对康德来说似乎没什么可以完全算得上是一种坏的行动。

8.1.3

重要的是要看到，这两个论述中的问题结构是完全一样的。每个论述都首先确定了行动的一种基本的形而上学的特性——康德论述中的自律和柏拉图论述中的构成性统一，然后将这种形而上学的特性等同于一种规范性的特性．康德论述中的你的准则的可普遍化和柏拉图论述中的正义。[①] 在两个论述中，对形而上学的特性的确认都是试图抓住行动的本质特征，即区分行动与纯粹的事件的东西，行动应归因于做出行动的人这一事实。柏拉图和康德在寻找的形而上学特征使得这一点是正确的，即行动不是仅仅发生在这个人的身体上或心灵中的事情，而是他作为一个人所做的事情。是什么使一个行动成为我的，以一种特殊的方式成为我的，而不是仅仅发生在我身上的事情？它来自我的构成，而不是来自作用于我内部的某种力量；它表达了我给自己制定的法则，而不是从外部强加给我的法则。

因此，我们明白了这个问题。行动具有某种形而上学的属性——康德论述中的自律和柏拉图论述中的构成性统一，这是行动的本质。但是，为了具备这种形而上学的属性，它必须具有一定的规范性属性——康德论证中的可普遍化和柏拉图论证中的正义。这就解释了为什么行动必须符合规范性标准：如果不符合，它就不是行动。但是，似乎这解释得又有些过头了，因为它好像在暗示只有好

① 我还没有证明这个论断，即这些形式的特性与它们的道德对应物是同一的。那将是下一章的工作。

的行动才是真正的行动，而坏的行动就什么也不是了。

8.1.4

但是仔细想想，我们将会看到，这正是应该预期到的结果。因为根据康德和柏拉图的观点，在2.1节中介绍的意义上，我们已经发现，道德标准是行动的构成性原则，它们是行动按照其所是必须
161 符合的标准。柏拉图的正义行动和康德的依据可普遍化的准则的行动，它们**作为**行动是好的行动，正如能遮风挡雨的房子是好的房子。那么，与正义和定言命令背道而驰的坏的行动就是**有缺陷**的行动，它们**作为**行动是坏的（2.1.6）。

行动有缺陷是什么意思？房子的功能是充当遮蔽风雨的住所；而屋顶漏雨的房子却未能遮蔽风雨，因此它是有缺陷的房子。句子的功能是表达一个想法；没有动词的句子却未能表达想法，因此它是有缺陷的句子。行动的功能是统一它的行动主体，从而使行动主体成为他自己活动的自律的和有效力的创作者；不正义或非法的行动未能统一其主体，因此未能使他成为他所做事情的自律的和有效力的创作者。

为了澄清这个说法，回忆一下我早先提出的一个观点是有帮助的（5.1.1；5.1.4）。效力不是你可以具有的独立于自律的一种属性。因为效力是行动者的一种属性，行动者必须凭自己的力量采取行动。所以，不管由于你的活动发生了多少事情，除非你是这些活动的创作者，否则**你**就不是有效力的；除非这些活动是你自己的自主选择，否则你就不是它们的创作者。因此，当柏拉图说“绝对不

正义的真正坏人，也就绝对做不出任何事情来”（R 351b－352c）时，他没有否认这个明显的事实，即很多事情的发生是由于不正义的人的活动，他否认的是那些活动（完全）是他们自己的选择。如果柏拉图在这一点上是正确的，那么康德的关于坏（badness）是一种他律的观点终究有一定的真理的成分。坏人是被从外部决定的，因为他是作用于他体内和穿过他的各种力量的一个通道，在这个意义上，他是内在地被奴役的。

8.2 被错误的法律所统治

8.2.1

然而，行动怎么可能有缺陷却仍是行动呢？这里构成模式为我们提供了解答的资源。因为正如我们之前看到的，城邦的行动可能在形式上或程序上是制度性的，但却并非实质正义的（7.4）。实际上，如下情况令人相当熟悉：一项法律被国会适时立法甚至得到最高法院的支持，尽管它可能实质上是不正义的。所以，在一个完全正义的城邦和一场内战的完全分崩离析之间，似乎仍有余地。城邦可能被统
治，然而是被错误的法律统治。灵魂也可能如此。根据柏拉图和康德 102
的观点，这解释了坏的行动、有缺陷的行动是何以可能的。

8.2.2

在康德的著作中，这一点在《纯然理性界限内的宗教》的第一

部分表现得最明显。从那里我们可以知道，一个坏人终究不是受其欲望和偏好摆布或驱使去行动的人。相反，坏人是受康德所说的自爱原则（principle of self-love）支配的人。按照自爱原则行动的人选择按偏好的提示行事（REL 6：32－39）：他不假思索就将自己的偏好作为行动的理由。为什么自爱原则是错误的法则？错误的法则必定不能构成人的行动性，因而不能使人具有自主性和效力。所以，考虑到这一点，我想解释一下为什么康德认为基于自爱原则的行动作为行动是有缺陷的，而不是仅仅根据某种外在的标准的坏行动。

想象有一个叫哈里特的人，她在任何你喜欢的正式意义上，都是一个自律的人。她有人的心灵，有自我意识，有被正常赋予的反思能力。她不是奴隶也不是契约奴仆，我们要将她——不同于我所仿照的她的原型——放在一个秩序井然的现代宪政民主制中，拥有自由公民的全部权利和法律保障的所有人权。在我们能想到的每一种正式的法律和心理的意义上，哈里特做什么都取决于她自己。然而，每当她必须做出她人生中的重大决定和选择的时候，哈里特都试图猜想爱玛认为她应该做什么，然后那就是她要做的事情。①

这是自律的行动，但它是有缺陷的自律的行动。哈里特是独立的，然而她又并不独立，因为她允许自己被爱玛支配。哈里特是他律的，不是在她的行动归因于爱玛而非自己的选择这一意义上，而是在她允许自己的选择被外在于她的法则——爱玛的意志——所支

① 这个哈里特的模型是简·奥斯汀（Jane Austen）的小说《爱玛》（*Emma*）中易听人劝告的哈里特·史密斯（Harriet Smith）。

配的意义上。原初的哈里特这样做是因为她害怕独立思考，这一点甚至对我这里的例子也是有帮助的。因为如我在别处所说的，这就是康德设想的自爱原则的作用。[①] 康德没有把从自爱出发行动的人看作积极地反思他有理由去做什么，并得出他应该去做他想做的这 163
一结论的人。相反，康德将他看作一个仅仅按照其偏好的指引行事而缺乏足够反思的人。他是他律的，从天性中得到他的法则，这不是说天性导致了他的行动，而是说他允许自己不假思索就被它的提议所支配——正如哈里特允许她自己被爱玛的建议所支配一样。

8.2.3

柏拉图的类似学说阐释得详尽很多，这一点柏拉图值得受赞扬。因为康德在这里所说的似乎不完整且令人困惑。我们可能会认为，康德起码应该在放荡的自爱原则（基于即刻的欲望行事的原则）与明智的自爱原则（比如，追求长期欲望的最大满足）之间做出区分。这两种描述的版本都可以在柏拉图那里找到，此外还有其他的。在《理想国》的第 8 卷和第 9 卷，柏拉图实际上区分了灵魂可能被统治的五种不同方式，并将其与城邦可能具有的五种不同的政体做比较：好的方式他称为王政或贵族政制；还有四种坏的政体，依次越来越坏，即荣誉政制、寡头政制、民主政制和最坏的僭主政制。在每种情况下，灵魂的某个部分而非理性接管了理性的工作，确立了一个实际上为了它自己的利益而非为了整体利益的原

---

① 参见我的论文“From Duty and for the Sake of the Noble：Kant and Aristotle on Morally Good Action”（CA essay 6），pp. 181 - 184。

则。而这个描述充分表达了康德的叙述中似乎缺乏的一些东西。如之前所说，我所理解的行动有着各种不同的程度：一个行动可以在或大或小的程度上统一和构成它的行动主体（1.4.8）。我们将会看到，柏拉图的描述刻画了这些程度。

在 8.3 节，我要逐一审视柏拉图所说的坏的政体或者构成，解释我认为他的想法是什么，以及为什么它们被认为是有缺陷的，而不只是表面上不好的。既然构成的目的是统一灵魂，那么有缺陷的构成必然导致不统一，在这种程度上，必然会削弱行动性。好的构成——贵族式的灵魂，与之相反，将是一个真正统一的行动者的构成，她的活动完全是她自己的。这种构成将是我在第 9 章讨论的主题。

8.2.4

但是，首先我要指出，政体有五种类型并不比灵魂有三个部分更加重要（7.3.4）。正如柏拉图所说，“美德是一种，邪恶却无数，
164 但其中值得注意的有那么四种”（R 445c)。重要的是这并不重要。实际上，坏的灵魂只是单纯的堆积，不同种类的堆积就其本质而言，没有非常明确的认同标准——对它们的计算只是一件简单不费时的事情。

8.2.5

在概述柏拉图认为值得一提的四种邪恶之前，我先申明一点。这里考虑的问题是当一个人行动不良的时候会发生什么，而不是有

缺陷的行动是怎么可能产生的。我们正在讨论的观点，至少在某种程度上，是一个非常令人困惑的问题，即使我们曾经已经确定存在一些坏的行动。如果定言命令是自由意志的自然法则，那么为什么一个本体的和纯粹的，即不受它自身以外的任何法则影响的自由意志，要按照它自己的法则之外的其他法则行事呢？为什么它会允许自己被偏好支配呢？如果正义恰好是统一的灵魂的形式，那么为什么会存在不正义的灵魂？两位哲学家都表现出了这种困惑。在《纯然理性界限内的宗教》中，康德援引了关于人类堕落的圣经教义来表达对恶的选择的不可理解（REL 6：39－44；亦可见 CBHH 8：115）。① 在《理想国》第 8 卷和第 9 卷中，对于正义城邦及其中人们的灵魂是如何以及为什么必定会从不同阶段的非正义不可避免地衰败至最终的暴政和疯狂，柏拉图做了详尽而令人困惑的解释。② 柏拉图对四种坏的政体的描述是嵌入在这个讨论中的，他按照衰败的顺序来考虑它们，从缺乏正义而变坏的荣誉政制的灵魂出发，然后一步一步走向暴政的灵魂。虽然我也会按那个顺序来讨论它们，但我在这里的目的只是想说明它们是什么，以便表明什么是有缺陷

---

① 我在文中说，邪恶“在某种程度上”是非常令人困惑的，因为从另一种方式来看根本不难理解邪恶。稍微粗略地说，当我们采取主体的第一人称视角，想象她睁大眼睛做出选择，我们无法理解她怎么可能会选择成为任何一个不够统一、不够自由和不够有效力的行动者。另外，从第三人称的视角来看她的行为，比如说，将其作为社会科学解释的对象，我们也许可以很清楚地明白她为什么那样做。参见我的论文“Morality as Freedom”（CKE essay 6），pp. 171－174。

② 柏拉图在《理想国》546a-e 中对于为什么这种衰败的第一步是不可避免的，提供了一个故意让人困惑的理由：对人们将不可避免地重现在不好的时间生育劣质的儿童这一假定的事实，苏格拉底提出了复杂的数学阐释。我们只能对柏拉图的动机感到惊讶。

的行动。我不是要解释柏拉图关于坏的行动是如何产生的观点，也不是要说明自己对这个问题的任何看法。

8.3　四种或五种坏的政体

8.3.1

165 最接近“贵族式”灵魂——好人的灵魂——的是荣誉政制的人，就像他以之命名的城邦，是被其灵魂中的激情部分，被荣誉感和对胜利的热爱所统治的。回想一下激情的作用，根据柏拉图的说法，激情的作用就是保持住由灵魂的理性部分确定的关于可怕事物的信念，例如，再没有比失去城邦的自由更可怕的事情了。现在有这样一个人：他说他在为城邦的自由而战，但是，如果他照这样继续战斗下去，那么将不会有任何城邦是自由的。建筑全都化为废墟，商店全被洗劫一空，受伤的民众很多以至于医护人员无法悉数照料。于是，我们开始怀疑他并不是真的关心城邦的自由，而毋宁说，某种行动的想法，即为城邦的自由而战，具有一种审美的特征，一种道德的魔力，如果你愿意这样说的话。他的注意力集中在这里，对这个城邦实际上发生了什么毫不关心。在这个人内部，激情、荣誉感篡夺了理性的角色。当然，大多数时候，被荣誉感控制的人做得更好，因为他喜欢外在表现，喜欢良善的美，就好像它本身就是良善一样。事实上他无法对二者做出区分，这就是他的问题：激情的作用是保持住信念，而不是对它进行反思。激情是动机的一个源泉，它通过使信念成为人对世界的表象来保持这个信念；放弃战斗是可耻的，因此在他看来是错误的，这就是他不会这么做的原因。

我想说的是，荣誉政制的人的问题是他不能处理这些意外事件，这些意外事件需要运用我在别处采用的约翰·罗尔斯所说的“非理想理论”（non-ideal theory）。① 换言之，大体上说，他做得很好，除了在这些时刻，即实际情况要求的是让步、妥协和弹性的规则，或者甚至——例如在一个非暴力反抗的情况下——在某种形式的意义上是错误的行动的时候。② 因此，在这种情况下，虽然在为城邦的自由而战，但他却摧毁了这个城邦；在这种情况下，尽管或许只有在这里，他的意志出现了一种不连贯，毁掉了他的效力和行动性。

正如我们之前看到的，康德提出，被荣誉所支配是人类发展到 166
道德本身的阶段之前的一个阶段（7.3.3）。相反，康德关于我们不可避免的进步的说法正是柏拉图关于我们不可避免的衰退的说法。

8.3.2

接下来的是寡头政制的人，在柏拉图的描述中他似乎是被明智支配的，从某种意义上说，这种明智介于试图使自己的满足最大化这一当代哲学的意义和谨慎、不奢侈以及关注长远的富足等更为日

---

① 参见 Rawls，*A Theory of Justice*，s. 39；以及我的论文“The Right to Lie：Kant on Dealing with Evil”（CKE essay 5）。

② 对于这类例子，参见我的论文“Taking the Law into Our Own Hands：Kant on the Right to Revolution”（CA essay 8）。

常的意义之间。在描述这种人的时候，柏拉图采用了一个重要的区分："必要的"欲望与不必要的或奢侈的欲望之间的区分，前者的满足是有益的或者是对于生存必不可少的，后者则是有害的和不健康的，不应该沉迷于其中。寡头政制的人注重金钱和必要的欲望，同时抑制自己不必要的欲望。但是，他抑制它们是因为它们是徒劳无益的，而不是因为沉迷于其中是不好的。苏格拉底说："他不是用委婉的劝导，也不是用道理说服，而是用强迫恐吓的方法，要自己为了保住财产而小心谨慎"（R 554d）。整体性在这里开始瓦解，因为根据苏格拉底的说法，这种有力的抑制的结果是"这种人无法摆脱内心矛盾。他不是事实上的一个人，而是某种双重性格的人"（R 554d-e）。他的自我节制的明智专制地统治着其欲望部分，后者翻涌着被压抑的和不良的欲望。如果某种外部的力量，可能只是一个足够的诱惑，增强和活跃了他不必要的欲望，寡头政制的人可能毫不夸张地就失去了自我控制。寡头政制的人通常能够设法团结在一起，因为他有一种模仿美德，苏格拉底在《斐多篇》中取笑了这一点，即拥有这种美德的人之所以能抑制他们的某些快乐和恐惧，是因为他们不能抑制另外一些（*Phaedo* 68d－69c）。苏格拉底想到了这些老生常谈的论点：你应该避免过度沉溺于快乐之中，因为那样你才会在总体上获得更多的快乐。总之，柏拉图似乎认为荣誉和明智是选择的原则，足以像真正的美德一样，使一个灵魂在大多数压力下保持统一，尽管在寡头政制的人身上，断层线越来越明显。

8.3.3

柏拉图说的寡头政制的人和那些看上去像他的现代后裔的人并

不完全一样，后者是当代的理性利己主义者，我们都知道，他们以 167
自己欲望满足的最大化为目标。关于这一点，这样的人值得一提，因为似乎对很多人来说，这种人是好人的主要竞争对手。毕竟，他有一种将他的偏好即最大化组织成一个统一的目标的方法。因此，似乎可以说，他也会有一个统一的意志。

我早先说过，最大化只有根据一种善的实质性理论才有意义(3.3.3)；现在是进一步考察这个实质性理论是什么的时候了。我们要使欲望的满足最大化这个观点是含糊不清的，因为“满足”这个概念是含糊不清的。“满足”可能指一种客观的状态，也可能指一种主观的状态。当你期望的事态事实上实现了的时候，客观的满足就达到了。例如，你希望自己的绘画能悬挂在大都会艺术博物馆里，而且它确实悬挂在那里了。显然，你能够获得在客观的意义上的欲望的满足，而毫不自知：你可能永远不会知道，你梦想的艺术名声已经实现了。与之相比，主观的满足是一种客观的满足得到实现的愉快的意识。例如，你知道自己的绘画已悬挂在博物馆，你对此感觉良好；你愉快地回想这件事。虽然主观的满足是令人愉悦的，但把它与一般意义上的快乐区分开是很重要的。理性的利己主义不应该等同于快乐主义。主观的满足是一种特殊的快乐，是对一个欲望已经得到满足的认识或信念的快乐。这是理性的利己主义者所试图最大化的吗？

在整个生命过程中为达到最大的主观满足感这一目标而慎思的人，在一种可识别的意义上，的确看起来是利己主义的。他的行为为一种对某事物的追求所支配，而该追求将被他自己视为一种善。

但是，如果说他是理性的，就会有一个问题。主观的满足是对客观的满足的满意的感知，因此在概念上取决于客观的满足。所以，有人可能会认为，它的重要性同样也必须取决于客观的满足的重要性。如果认为重要的是你应该获得主观的满足，而不是认为你应该获得客观的满足，那么你的想法就会颠倒过来。通过想象一个它们分开的例子，你就能明白这个问题。约翰·罗尔斯过去经常在他的课堂上讲下面这个故事：

> 一个人将要远赴战场参加战斗，他可能会死于其中。在他
> 离开的前一天晚上，魔鬼来了，给他提供了一个选择。要么他
> 不在家时，他的家人将兴旺发达，但他会得到他们是痛苦和悲
> 惨的消息；要么他不在家时，他的家人将会苦不堪言，但他会
> 168 得到他们是兴旺和幸福的消息。他必须现在做出选择，当然他
> 会忘记他与魔鬼的谈话，忘记曾经做出的选择。

问题是显而易见的。这个人爱他的家人，希望他们能兴旺和幸福，这清楚地指示着第一个选择，即他的家人兴旺发达但他认为他们没有。但是第二个选择似乎更有利于实现主观的满足这个目标，这样他可以享受认为他们兴旺发达的满足感，尽管实际上他们并不是这样。所以，这里我们根据*理性*可能会决定选择一种令人愉悦的欺骗，而非这个人假设真正关心的事态。他必定关心它，否则他不能获得主观的满足。对主观的满足的追求优先于客观的满足可能会导致疯狂，从疯狂的字面意义上讲就是：你可能会失去对*现实*的把握。

所以，也许我们应该说，理性利己主义者是试图最大化其客观

的满足的人。但是接下来我们遇到一个新问题。最大化客观的满足的想法没有明显的意义。即使假定我们有一些明确的方法来一一列举并因此计算我们的欲望，也没有人会认为最大化客观的满足就是理性的，如果这意味着最大化被满足欲望的原始数量的话。因为每个人都认为我们的各种欲望在自己生活中的重要性和中心地位有很大的不同，最大化满足一定与我们会优先考虑的对自己更重要的事情有关。所以，在知道如何使自己的欲望或者更一般地说自己的计划之客观满足最大化之前，我们需要一些对欲望或计划分配某种形式的权重的方法。正如之前看到的，获得这些权重的唯一方法是假定某种关于善的实质性理论，这样才能把最大的“权重”分配给那些对我们的善做出最大贡献的计划（3.3.5）。但在这种情况下，最大化满足的想法其实并没有起什么作用，当然，除非上述实质性的善就是主观的满足。正如我们已经看到的，那就是疯狂之所在。①

8.3.4

下一个是民主政制的人，用当代的行话来说，他有一点儿任性。苏格拉底是这样说民主政制的人的：

> 他将建立起各种快乐间的平等，在完全控制下轮到哪种快乐，就让那种快乐得到满足，然后依次轮流，机会均等，各种快乐都得到满足。(R 561b)

① 详细论述，参见我的论文“The Myth of Egoism”(CA essay 2)，本节的一部分出自这篇论文，尤其是第 96～98 页。

169 民主政制是政府的一种退化，因为这样的人只是在最低限度或形式的意义上才被统治，就像通过抽签进行选择和根本不选择只是在一种最低限度或形式的意义上有所不同一样。这就犹如有人把具有一种特殊主义的意志作为其原则。民主政制的人，他的生活的一致性完全取决于他的欲望的偶然的一致性。要明白这个问题，只要考虑下面这个故事：

> 杰里米，一个大学生，一天晚上为了准备考试坐到他的书桌前学习。发现自己有点儿太焦躁不安以至于无法集中精力，他决定先出去散步呼吸一下新鲜空气。经过附近一家书店，一本书的诱人的标题吸引他走进去看这本书。然而，在拿到这本书之前，他遇到了朋友尼尔，尼尔邀请他到隔壁酒吧和其他一些年轻人一起喝杯啤酒。杰里米决定只喝一杯，就和尼尔走进了酒吧。但是在等啤酒的时候，他发现酒吧里嘈杂的声音令人头痛，于是决定不喝啤酒而直接回家。然而，他现在太痛苦了以至于不能学习。所以，杰里米没有为他的考试而学习，几乎没散步，没有买书，也没有喝啤酒。①

当然，民主政制的生活并不一定像这样；这只是一种偶然，杰里米的每个冲动都使他产生一个行动，而这种行动完全削弱了对前面最后一个行动的满足。但这就是问题，因为如果这种情况没有发生也只是一种偶然。民主政制的人没有办法塑造其意志来防止这种情况的发生，所以他是完全受偶然因素支配的。就像杰里米，他可

---

① 我第一次使用这个例子是在我的论文“The Normativity of Instrumental Reason”（CA essay 1）中，第 59 页注释 52。

能几乎完全**无法有效地行动**。

苏格拉底在《理想国》第 1 卷的结尾部分就民主政治的问题这样责怪**自己**：

> 我很像那些馋鬼一样，面前的菜还没有好好品味，又抢着去尝新端上来的菜了。我们离开了原来讨论的目标，对于什么是正义，还没有得出结论，我们就又去考虑它是邪恶与愚昧呢，还是智慧与道德的问题了；接着“不正义比正义更有利”的问题又突然发生。我情不自禁又探索了一番。现在到头来，对讨论的结果我还是一无所获……（R 354b）

8.3.5

根据柏拉图的观点，正是从这种生活所造成的混乱中，最后一种类型即暴政的灵魂出现了。在对表征正义的统一和纯粹所进行的一种令人恐惧的模仿中，这种灵魂再次统一，但不是通过理性寻求 170
整体的善。柏拉图告诉我们，僭主式的灵魂是被某种可怕的性欲控制着的，它使整个灵魂服从于它自己的目的，使这个人成为一个受激情支配的绝对的奴隶（R 571a－575a）。

8.4 邪恶的概念

8.4.1

关于僭主这一点，这是一个奇怪的时刻：一个奇怪的入口，进入关于我们如何想象邪恶这个持续的争论。根据一种观点，坏的或邪恶的人是可悲的和无力的——贫民窟里的醉汉，吸毒者，因射杀一个警察而付出自己余生的愚蠢的莽夫，一个不能保住工作的永远的失败者。坏人是没有规范，没有完整性，甚至没有计划，可以被瞬间的欲望或建议引导向任何方向的人。坏人是不能维系友谊的人，因为他们会为了几美元给自己买快乐而出卖朋友。坏人是不能追求任何更宏伟或更丰富的精神理想的人，因为他们总是欲望当道，后者总是使他们偏离既定的行动方向。

我们在认为坏的行动是**有缺陷的**时候，会自然而然地想到这些情况。因为当考虑这些情况的时候，我们会将恶劣或邪恶看作一种欠缺、缺陷、心理上的失败。坏人是不受控制的和脆弱的，无法把握一个理想或一种关系的发展方向。相反，好人拥有规范、完整性，能够自我控制。当好人有更大的目标要求时，她能够否定自己的欲望；当为朋友或同胞的意愿做出让步是合理的时候，她能够优雅地这样做。邪恶是软弱，而良善是有效力量的自信。邪恶是一种匮乏，一种欠缺，我们称之为邪恶的否定概念。

不过还有其他的看法，不是吗？比如，色拉叙马霍斯的看法。根据这个观点，坏的或者邪恶的人是强有力的、残酷无情的、不受约束的。邪恶的人为了得到自己想要的东西，总是准备去做**任何必要的事情**，并且决心不让任何东西挡住他的去路。他足够聪明地去规避法律，既有能力也愿意瞒骗、智取或者如果必要的话移除挡在他与他欲望的满足之间的任何人和任何东西。古希腊人想象的僭主是我们时代富有魅力的黑手党头目。邪恶的人非但不是**不能**维系关

系或计划，反而比其他任何人都更有能力把握它们的发展方向。因 171
为他随时准备去做**任何必要的事情**，无论代价多大。在这里出现了对道德的怀疑。与邪恶的或者残酷无情的人相比，正义的人和好人似乎有点儿像弱者。好人被各种规则和限制的篱笆团团围住，没有得到上帝或社会的许可，一步都不能向前迈出；这个力量似乎一对他说“不”，他就会立刻停止。道德规则与限制制约和束缚他；它们对他能做的事情强加限制，它们让他在为数不多的几次想做什么就做什么的时候遭受内疚的煎熬。好人和正义的人是温顺的、顺从的，会被那些更强有力和更残酷无情的人利用，变成一只待宰的羔羊。邪恶是力量，而善良是软弱。邪恶是一种积极的力量，我们称之为邪恶的肯定概念。

8.4.2

可能有人会说——我认为未必就是错的——《理想国》这部著作是要表明，邪恶的否定概念是正确的。但这并不是那么简单，因为正如我之前所说的，自治的纯粹的匮乏是民主制状态。柏拉图的故事并没有到此结束。暴政的灵魂一直被支配和统一着，虽然它不是自治的。僭主政制的人是一个奴隶，是一个恐惧的和被俘虏的灵魂，被情色的激情束缚着；但是奴役并不是自治的纯粹的匮乏，它是一种积极的状态。对现代的读者来说，很难不去想起瘾君子以及支配他的激情，甚至考虑到柏拉图提及的性欲，很难不去想起一个来自现代情景的恐怖的人，一个连环杀手，注定要永恒地重演一些恐怖的性场景。所以，柏拉图显然认为积极图景中有某些东西，解释了它对我们的掌控。僭主并不是一种力量，但他的欲望是。暴政的欲望，就像僭主他们自己，将政府的缺位看作一个机会、一个可钻的空子，他们可以趁机溜进去接管。

8.4.3

康德在这个问题上的立场是什么？大多数时候，康德好像把邪恶仅仅视为唯利是图或自私自利。正如我们已经看到的，他认为坏的行动主体是按照自爱原则即随心所欲的原则行事的。然而，康德时常——我认为有点儿前后不一——把坏的行动主体描绘成一个精于算计的人，一心想着使他的快乐（C2 5：23）或他的利益（C2 5：35）最大化。他把不道德的行动主体描述为允许他自己是一个例外（G 4：424）。当他考虑邪恶的时候，他的模特好像是说谎者、
172 骗子，为了自己的利益违反规则的人，不是僭主或黑手党头目，也不是连环杀手或瘾君子。

然而，康德确实讨论了不良的、奢侈的欲望和我们潜在的僭主的存在，他还讲了一个与柏拉图所讲的有所不同的关于它们起源的故事。在《人类历史揣测的开端》中，康德把它们的发展与理性的发展以及我们最初从本能中的解放非常紧密地联系起来（6.2.1）。正如我们之前看到的，自我意识导致新的欲望，这些欲望不仅是对那些并非本能的原始对象的事物的欲望。它们还包括与我们的本能相反的欲望。康德说：

> 理性的一种特性就是，它能够借助想象力创造出各种欲望，不仅无需一种指向这种欲望的自然冲动，而且甚至违背自

> 然冲动。这些欲望起初被称为贪婪，但由此逐渐地炮制出一大堆不必要的，甚至违背自然的偏好，可以称之为淫逸。（CB-HH 8：111）

对于康德来说，自由理性和专横的欲望是由我们宇宙母亲在命定的同一天所生的一对双生子。

8.4.4

但是，如果暴政的欲望统一了灵魂，那么它与贵族制政府有什么不同？为什么它不可能做出有效的行动？首先，根据我在 1.2.5 中从技术意义上对行动的定义，僭主政制的人并没有真正选择行动。因为僭主政制的人没有选择为了一个目的去做一个行为这一整个过程作为值得做的事情。有一个目的——正如在连环杀手的例子中，它可能是行为本身——一个他要追求的目的或者要采取的行为，不管是什么，它都支配着他。对他来说，这个目的使得做任何事情都是值得的，这是一个未经反思就已确定的事实。正是这样一个事实，即他愿意去做某些事情而无论后果如何，使得他成为正义之人的一个如此令人不安的拙劣的模仿者。然而，我们感觉他有点儿机械呆板，这种感觉并不意外。在我的想象中，僭主与他的激情的关系就像精神病患者与他的妄想的关系一样：他准备去组织周围的其他一切，甚至不惜以失去他对现实和这个世界的掌控为代价。事实上，僭主政制并不仅仅像精神病；它把精神病作为它的一个组成部分，因为正如我试图强调过的，每个原则都配备一组动机，用它的术语表象这个世界。例如，连环杀手实际上可能把他的受害者看成*自我*的，因为他需要这样看待她。对瘾君子来说，房子当然不是摆满了家具，更不用说别人家的家具了，而是充满了你可以卖掉
173 换钱来买毒品的东西。僭主政制的人可能是聪明的，在亚里士多德的意义上——他可能有相当多的工具智慧。① 但是他没有决定为了什么值得去做什么，因为对他来说，这个问题已经解决了。这意味着他没有真正地去选择准则，并且没有为他自身立法，他不是自律的，因而也不是自由的。

8.4.5

我是怎么知道这些的呢？我的意思是，我能*逻辑*地证明僭主不是在选择行动吗？我能证明他并不是每次分别决定，为了*这个*目的做*这个*行为是一件因其本身值得做的事情，而结果目的总是一样的吗？也许我无法证明这在逻辑上是不可能的。尽管如果僭主的状况取决于他的精神病——比如说，假如他*不得不*把所有女人都看成妓女，或者把所有犹太人都看成反叛者，或者一些类似的情况——但是这看起来像是很好的证据，表明他疯了，而不仅仅是在选择不同于我们其他人选择的东西。还记得那个决定不惜一切代价去追求主观满足的所谓的理性利己主义者吗？（8.3.3）这就像决定要成为一个僭主一样，而结果他终究是疯了。

但是一个精神病患者的世界观可能或多或少是完整的，因此也许这个僭主愿意承认：如果他是一个女人的话，那么他就是一个妓

① 参见我的论文 “Aristotle's Function Argument” (CA essay 4)，pp. 145 - 148。

女，或者如果他是一个犹太人的话，那么他就是一个反叛者，他理应得到自己滥施给他们的同样的命运。在这种情况下，他将意愿一个普遍法则，或者表面上的普遍法则。

当然，他不会同意这一点。他完全愿意承认，任何女人或犹太人都应该得到他准备给其受害者的命运。但是，他不认为这里包含任何他自己可能会是一个女人或犹太人的想法。他看不出自己与他们之间有什么共同之处可以交换位置。① 他不认为自己恰好是一个男人或非犹太人；他认为自己一直到底都是男性的复仇者或雅利安人纯洁性的捍卫者。

那么，为什么他不能选择行动呢？因为他的情况既是镜像，也是特殊主义意志者的对立面（4.4.3）。特殊主义意志者分别认同他的每一个冲动，不能将他自身看成高于冲动的任何东西，因此只能是一堆碎片。施行暴政的灵魂从来不能将自己和他的任何一个冲动分开，所以将自己巩固为只是一种自然的力量、一个物体、一个东西。

8.5 行动的度

8.5.1

僭主使自己变成了一种自然力量或一个东西的这种想法，带给 174

① 参见 SN 4.2.11，p. 144。

我们这样一种担心，即自然引发邪恶的论述。在这一章的开始，我声称康德关于邪恶是他律的说法行不通，因为如果一个行动者的活动是由外部引起的，那么他就不用为自己的行动负责（8.1.2）。但是，我也说过康德关于邪恶是他律的论述中有真理的成分（8.1.4）。因为就一个行动者的立法未能统一她，使她成为其活动的自律和有效力的创作者来说，她还不算是一个行动者；就她还不算是一个行动者来说，她活动的来源一定是在她内部或在她身上发生作用的某些力量。正如我试图表达的，这一切都是度的问题：一个人在多大程度上是统一的，从而成为一个行动者，这是一个程度的问题。荣誉政制者非常统一，他们的问题只出现在一种特殊的情况下；发生内讧的寡头们只要一方牢牢压制住另一方，就仍能设法使他们自己团结一致；甚至仅仅根据碎片化的原则联合起来的民主主义者，也可以在他们欲望的内容上统一起来，如果他们幸运的话（或者也许正是常见的）。但如果僭主们真的是被他们内部的某种力量所支配，他们已经变成了这种力量的一部分，那么他们对自己的境况负有责任吗？而且，更重要的是，就其他人物的行动性较少，更多的是某些外部或内部力量的作用而言，我们可以说他们据此变得负有较少责任了吗？

就僭主而言，我不知道该说些什么，但同时没有人确切地知道对于被我归类为僭主的一些人——例如连环杀手和瘾君子——的责任应当说些什么。但是，对于当其他人接近僭主政制的状态时是否变得负有较少责任这个问题，答案是否定的。没有一个普遍的原则说，你要对你行动的程度负责。根据每一个道德理论，而不仅仅是我在这里辩护的理论，这都是正确的。因为每一个明智的道德理论，就像每一个明智的朋友、爱人、同事、家人以及同胞一样，会使人们正如对他们的行动负责一样，也对其疏忽负责。例如，如果你有一两个月忘了去接孩子们放学回家，我们几乎不会说："好吧，毕竟，这不是他做的事，只不过是他疏忽了而已。"我不会试图在这里详细列举究竟哪些时候我们要为没做某事负责，因为那是一个庞大的话题，但基本的原则是，如果被你忽略的事情在一般意义上是你的职责的话，那么你应该对这个疏忽负责。 175

事实上，在我辩护的这种理论中，责任通常看起来更像是为疏忽负责。我们要责备你的，不是作用于你内部或你身上的其他力量，而是你让这种力量发生了作用，没有扛起担子，没有控制你自己的活动这个事实。我们这么做的原因是，让你自己成为一个行动者，赋予你自己一种同一性，成为一个人，是你的职责（1.4.9）。①

8.5.2

柏拉图的所有中间类型的政体（荣誉政制、寡头政制、民主政制）都有一种贵族政制的成分，因为拥有它们的人给他们自己制定法律；也有一种暴政的成分，因为那些法律的来源不是理性本身。因此，在柏拉图的描述中，正如在康德的描述中一样，坏的行动是受一种选择的原则支配的行动，而这种原则并非理性自身的原则：

---

① 重要的是，我认为只有那些与你做的那项工作利害攸关的人有权让你承担责任，或者也许我可以说，只有在其他人与你做的那项工作达到利害攸关的程度时，他们才有权让你承担责任。关于这一点，参见我的论文"Creating the Kingdom of Ends: Reciprocity and Responsibility in Personal Relations"（CKE essay 7）。

荣誉原则（荣誉政制）、明智原则（寡头政制）、任性原则（民主政制），或者激情原则（僭主政制）。它是行动，因为它是依照一种原则的运用而被选择的，行动者根据这种原则支配他自己，而且在这个原则的支配下，他在某种意义上是本质上统一的。它是坏的，因为它不是理性自身的原则，不为作为整体的灵魂的善而统治，因此它产生的统一——至少在荣誉政制、寡头政制和民主政制的情况下——是偶然的和不稳定的。可以说，行动者的统一是被这样一个事实所支撑的，即揭示他灵魂中的竞争派系和削弱他的效力的那些情况不会碰巧发生。荣誉政制的人在努力维护他的荣誉时，可能会忘记他的目的。寡头政制的人是分裂的，他必须压制他的一半天性以免分崩离析。自私自利的人更喜欢一种表面的心满意足，而不是需要去明白这种满足的现实。民主政制的人在面对最轻微的诱惑或干扰时会放弃他的计划。最后，僭主政制或激情，不仅是一个缺陷，而且从最直接的意义上说，是对自治的一种曲解，是自我对其内部一个东西的屈从。

理性自身的原则，与所有这些原则相反，是真正统一灵魂的原
176 则，并以一种使灵魂能够有效行动的方式统一它。柏拉图和康德都认为，这个真正统一我们并使我们自律的原则，也是道德良善之人的原则。根据柏拉图和康德的观点，在形而上学的意义上完整性（即行动性的统一）和道德意义上的良善是同一个东西和同一种属性。在下一章，我将说明为什么是这样。

9. 完整性与互动

9.1 决定成为坏人

9.1.1

在上一章末尾，我说到在僭主政制、寡头政制和民主政制的情 177
况下，你的统一性和自治能力都依托于外部环境缺乏使你分崩离析的条件。你可能会问：这有什么不好呢？存在于这些特性中的缺陷就像地质断层带，一种不一定会出现的解体的可能性，只要它不显现出来，这些人就依然拥有构成性程序并因而能够行动。所以，为什么不继续是，比如说寡头政制呢？你大多数时候将处于整合状态，能够展开行动，而且除此之外，还能省下所有的钱。如果这就是它的意义所在，那么成为坏人又有什么不好呢？

9.1.2

面对这一问题，还有另一种发问方式，那就是质疑著名的格劳孔难题是否太过极端。格劳孔想让苏格拉底告诉他正义和不正义对灵魂的影响，于是设置了这一难题：一方面，找一个灵魂完全不正义的人，给予他正义的所有外部好处，也就是，这些好处来自那些相信他是正义的人们；另一方面，找一个灵魂完全正义的人，给予他不正义的所有外部坏处，这些坏处来自那些相信他是不正义的人们（R 360d－361b）。尤其是，被认为是不正义的正义者将“受到拷打折磨，戴着镣铐，被烧瞎眼睛……被钉在十字架上”（R 361e）。苏格拉底被期望表明，即使那样，正义依然优于不正义。但是，这样难道不过分吗？

在《理想国》的论述中，这是不过分的。因为《理想国》中的这个问题是被作为实践问题提出的。它不仅是关于正义的生活是否优于不正义的生活的问题，更是关于正义的生活是否更值得选择的
178 问题。如果你选择成为正义的人，并过正义的生活，你将因此选择做正义的事，即使这意味着你将受到拷打折磨，戴着镣铐，被烧瞎眼睛，被钉在十字架上。你不能对正义做一个有条件的承诺，也就是承诺只要不遇困难，就能保持正义。你的正义依赖于你所做承诺的性质，像这样的承诺不是一个正义的承诺。因此，当你决定是否要成为正义的人的时候，你必须预先确定这是值得的，即便事情真

的变成极端糟糕。①

9.1.3

假设有这样一个人，他过着正义的生活，为人正派和正直，总是尽职尽责从不利用不正义的好处，信守诺言，这一切都是可信的。但在某天，他被严加拷问，并在酷刑压力之下做了不正义的事，比如他泄露了军事秘密，或者泄露了一个被非法追捕的逃亡者的行踪。我是不是在说，这表明他从未真正致力于正义，因为他的承诺一定是有条件的？当然不是。这个例子表明，人们能够成为何种人的范围比他们预先选择成为何种人的范围更广。这个人本想在严刑下坚守秘密，但他却失败了，这就是事情的全部——也非常可以理解。你可以成为一个在这种情况下会失败的正义的人这一事实，并不表明你可以预先决定成为一个在这种情况下会失败的正义的人。也就是说，这并不表明你可以对正义做有条件的承诺。因为假如你给自己一个惊喜，即使他们对你严刑拷问，你也确实坚持住了并且保守了秘密，那么这是否意味着你没有遵守你的有条件的承诺呢？

所以，格劳孔的质疑是合理的。但柏拉图不止满足于此。因为他不仅证明了正义的生活是最值得选择的，还证明了正义的生活是你唯一能够选择的。

---

① 关于这一点，参见 Rawls，*A Theory of Justice*，section 86。

9.1.4

想想柏拉图对正义行动或高贵行动的原则的阐释。他是这么说的：

> 正义的人不许可自己灵魂里的各个部分相互干涉，起别的部分的作用。他安排好真正自己的事情，自己主宰自己。他自身内秩序井然，对自己友善，将自己心灵的三个部分，犹如一
> 179 个音阶中的三个音阶——高音、低音、中音，加以和谐一致起来。他把这些部分以及其间可能还有的其他部分结合在一起，从杂多成为一个完整的、节制的、和谐的人。直到那时，他才行动。于是，如果有必要做什么事的话——无论是在挣钱、照料身体方面，还是在某种政治事务或私人事务方面——他就会做起来；并且在做所有这些事情的过程中，他都相信并称呼凡保持和符合这种和谐状态的行动都是正义的行动，指导这种和谐状态的是智慧，而把只起破坏这种状态作用的行动称作不正义的行动，把指导不和谐状态的意见称作愚昧无知。（R 443d-444）

被正义的人称为“正义的”行动是保持他的内在和谐的行动。换句话说，正义的原则引导我们实施这些行动，以建立并维护我们意志的统一性。我们已经看到，根据柏拉图的学说，如果你作为人去行动，作为一个统一的行动者去行动，那么意志的统一性是必要的。所以，理性本身的原则**恰恰是**将你构成为单一统一的行动者的行动原则。这不足为奇，因为我们已经看到，康德的定言命令也是这样

的原则，通过这一原则，我们把自己构成为统一的行动者（4.4）。当你按照这些原则进行慎思时，你整合自己，也就是说，将自己置于你的活动背后，使活动成为一个行动，这一行动被归因于作为整体的你。

事实上，慎思行动因为其本身的性质把统一性强加于灵魂。当你慎思该做什么并付诸行动时，你是在把你的欲望、理性和激情组织成一个统一的系统，从而产生一个行动，该行动可以被归因于作为一个人的你。当选择慎思行动时，无论你在做什么，你都是在把自己统一为一个人。这意味着柏拉图的正义原则，理性本身的原则，正是慎思行动的形式性原则。

就像是格劳孔在问：是什么条件使得正义的人即使在严刑拷问下也能坚守原则？柏拉图可能会这样回答：不要寻找那些有如此效果的深层条件。正义不是那些使我们能够保持行动者统一性的其他条件或者深层条件。它就是这个条件本身，能够保持我们作为行动者的统一性的条件。

为了确认这是形式的，请考虑下面的比较。有人可能会问康德：是什么样的原则，能够使自由的人变得自律，并能够支配自身？康德会回答：不要寻找那些使我们能够支配自身并为我们订立法则的深层原则。定言命令不是使我们能够支配自身的其他原则或者深层原则。它就是那个原则本身，为我们订立法则的原则本身。 180

9.1.5

一方面，对贵族式灵魂的这个说明向我们展示了为什么柏拉图式的正义要求是如此之高。在某些情况下，遵循其他一些构成的人们将自我分裂。对于真正正义的人、贵族式灵魂来说，并不存在这样的情况。任何事情都可能发生在她身上，任何事情都可能发生，但她仍然会遵循自己的原则，这是因为她有普遍的原则，在任何情况下都能始终如一地遵循这些原则。她是完全自治的，因而在她生活的每一种情况下，她的所有行动都是真正完全属于她自己的：绝不仅仅是作用于她身上的内外力量的表现，而始终是她自己选择的表达。她是完全镇定自若的：严刑拷问必然不会使人快乐，但即使被严刑拷问，**她自己**依然在场。

但与此同时［另一方面］，柏拉图的论证表明贵族式的构成是唯一可以选择的构成。因为在慎思行动的时刻，你不能选择成为低于独立的统一的行动者。这就意味着，除了正义原则，你不能选择任何其他原则引导行动。僭主式、寡头式和民主式的灵魂在某些情况下将会分裂，因而决定成为它们中的一个就如同对自身的统一性、自身的人格做出了有条件的承诺。当然这是不可能的。你可以成为僭主式、寡头式或民主式的人，就像你可以是面对严刑拷问而失败的正义的人一样。但你不能预先决定这就是你想要成为的那种人。

当然，这并不意味每个人都过着正义的生活。相反，正如我在前文所言，你不必致力于成为正义的人，成为好人（1.4.9）。你致力于拥有统一、变得完整、成为**某个人**。如果你做得好，那么你就是正义的人。所以，过不正义的生活和过正义的生活并不是什么不同的活动。**它是相同的活动**，自我构成的活动，**只是做得糟糕**。

9.2 平常的事例

9.2.1

但在这里，我们遇到了出现在两个论证中的一个著名难题。康德告诉我们，行动需要自律，而自律则需要可普遍化。柏拉图告诉我们，行动需要构成性的统一，而构成性的统一则需要灵魂中的程序正义。他们的论述都告诉我们，这些属性只能在道德良善的人的灵魂中才能被充分实现。但我们如何从这些被两位哲学家确认为是 181
行动必需的形式属性——可普遍化和程序正义——中推出对实质性道德的承诺呢？

在康德看来，这个难题关系到一个疑问，那就是：一个形式或者程序意义上的，也即行动者选择自己的行动准则这一意义上的自律的行动，是否也必须符合在更实质性意义上道德所必需的定言命令：一种支配所有理性存在者的普遍法则，它产生了我们所有人都能共享的理由（4.5.5）。毕竟，如果说行动者是自律的，那为什么要限制他可以选择哪一项准则作为他的法则呢？

在柏拉图的讨论中，相应的难题出现在《理想国》第 4 卷的一节著名或并不著名的论述中。在前文引用的他对正义的人的描述之前的文本中，苏格拉底提出，他和格劳孔应该诉诸他所谓的“平常的事例”来检验他的理论（R 442 e）。因此，他问格劳孔，他们刚刚描述的那个正义而统一的人是否会鲸吞存款、抢劫庙宇、偷盗、出卖朋友或城邦、亵渎誓言或违反协议、染上通奸、不尊重父母或忽视神灵。面对这些事例，格劳孔都以彬彬有礼的且让读者感到惊讶的语气回答：不，他不会，我们刚刚描述的那个正义的人是绝不会做这些事的（R 442e－443b）。这使我们感到困惑，为什么通常持怀疑态度的格劳孔这次如此肯定？

9.2.2

维持灵魂的统一性和例如说真话、守诺言以及尊重他人的权利这样的行为之间存在着怎样的关系呢？在这里，构成模式再次提出了解决这一问题的方法。当我们称一个政治国家是“正义的”或“非正义的”时候，实际上可能意指两件不同的事情。我们可能指政府对待公民的方式——同样也是公民彼此相处的方式——是正义的或是非正义的。我们也可能指作为整体的国家在对待外部他者时——比如对待外国人，特别是对待其他国家时，是正义的或是非正义的。我把这两种情况分别称为**对内**（inward）正义和**对外**（outward）正义。如果一个国家或城邦是种族主义的，或者有性别歧视，或者缺乏新闻自由，或者具有国教，或者有大量无家可归的公民，而这个国家或城邦并没有做出任何努力帮助他们，诸如此类，那么这个国家或城邦就是**对内**不正义的。如果一个国家或城邦是帝国主义的，或者违背条约，或者存在不公平贸易法，或者秘密插手他国事务，那么它就是**对外**不正义的。

182 通过这个类比，苏格拉底一直在描述什么是一个人的对内正义。尽管当他讨论平常事例的检验时，他问的是他所描述的这个人是否对外正义。有趣的是，苏格拉底提出这是个检验，也就是说，他用它来确认他关于对内正义的描述是正确的。这表明，苏格拉底自己将对内正义和对外正义之间的联系视为理所当然的——他假设一个对内正义的人对外也会是正义的。但为什么这应该如此一目了然？

9.2.3

这里有一个事例可供你开始思考。假设你是一个功利主义者。当他人向你提问时，你的回答不是——或至少一开始不是——被你认为真的东西所引导，而是被你认为人们信奉为最有用的东西所引导。当然，你认为通常情况下对人们来说相信真相是最有用的，所以这并不意味着你到处向人们撒谎。然而，只有当你自己确信相信真相对他人来说是最有用的时候，你才会对他们说真话。所以，在你回答他们的问题时，你必须首先问自己，相信什么对他们来说才是最有用的。例如，也许当他人问你时间的时候，你总会告知有点儿迟了，这样他们就会快点儿，以便让他们准时赴约。而这就是你的对外正义。

然后有一天，你突然意识到，你真的没有理由把自己和他人区别对待。你就是另一个人，当你自己确信相信真相对他人来说是最有用的时候，你才会对他们说真话，所以在你确信真相对你来说才是最有用的之前，你不应该对自己说实话。于是，你不是相信真的事物——至少一开始不是，而是相信对你来说最有用的事物。

但现在你遇到了一个难题。因为在你允许自己相信真的事物之前，你必须确信相信真的事物对你来说是最有用的。但是，要做到这一点，你首先需要让自己确信你关于**它**的想法——我指的是关于相信什么对你是最有用的想法——很简单，就是“真的”。换言之，当你对自己说“好吧，在这种情况下，对我而言相信真相是最有用的”的时候，或者也可能是说“在这种情况下，也许相信假的东西会对我更有帮助”的时候，你必须确信我刚刚提到的那些想法是
183 “真的”。因此，你必须在一开始就努力对自己说真话，除此之外，别无他法。①

这不是偶然的。思考所需要的对你自身的人性的尊重，比功利主义所允许的多一点儿。使你自己符合康德式的对欺骗和强制的禁令要求，是你思考的条件之一，如果没有这个条件，思考就是不可能的。② 你不能把效用当作自己思考的原则。因为效用原则是一种专制暴政，而思考就其本性而言，是自由的。

9.2.4

让我们回到讨论中。对内正义和对外正义必然会相互伴随吗？根据柏拉图的类比规则，我们可以通过探求在实际的政治国家中对

---

① 你也许认为我应该能更简洁地表述我的观点，为了决定相信真相是不是对你最有用的，你不得不具有一些关于什么是真相的观念，然后依据事实本身你相信它。但是，我们一旦有了关于相信什么对自己最好的观念，就会有许多方法欺骗自己去相信它。例如，有些爱迟到的人会故意把他们的钟表拨快一些，以便自己能够准时赴约，尽管这如何起作用仍然是个谜，但它看起来就是这样。所以，我宁愿坚持更复杂些的观点：在设置时钟时，这些人**必须**告诉自己关于事实的真相，即相信钟表上的时间比实际时间快一些对他们是好的。

② 白金原则（the platinum rule）：按照对待自己的方式对待他人。

内正义和对外正义是否能够相互伴随，来寻找这个问题的答案。一个国家在对待其他国家时的诚信与公正，是它在对待自己公民时的诚信与公正之自然的外在表现或者结果吗？当然，我们可以从总体上看出这一向度上的压力和趋势，尽管它们似乎不是决定性的。首先，存在基本不一致性的简单窘境——比如说，在国内大肆宣扬人权，同时却在海外践踏它们——但这里还存在着其他压力。在拥有新闻自由的同时却对世界撒谎，这是件难事。因此，拥有思想自由的同时却对世界撒谎不也是难事吗？对此，我们之后再返回来讨论。此外，还有另一种情况。让我们假设，因为我认为我们能够进行假设，宪政民主（constitutional democracies）是一种对内的正义，而战争通常至少是一种对外的非正义。康德认为，宪政民主不太可能发动战争，因为在宪政民主制下，公民必须对战争做出正式应允，这不太可能发生，因为想发动战争的通常只有统治者，而不是公民（PP 8：351）。正如我们从那时以来所了解的那样，宪政民主制国家的确有时会发动战争，但大家都饶有兴致地观察到，它们不会彼此开战。

9.3 整合分裂的灵魂

9.3.1

这使我返回到柏拉图。一个奇怪的事实是，就其完美理想国对外正义的实践而言，柏拉图几乎没说什么。更奇怪的是，他不得不 184

谈到的那一点点内容，存在于书中最阴险的论述中，毕竟，这本书不缺乏阴险的论述。在我记得的段落中，阿得曼托斯想知道苏格拉底的理想共和国，如果像苏格拉底声称的那样不会是一个富裕的国家，它如何有能力作战。苏格拉底提出，当理想国受到攻击时，它应该与第三个国家结盟共同抵御敌人，并把战胜收益作为激励给予第三国。这已经够糟糕了，但我想到的是在此之后的那段论述，当阿得曼托斯抱怨说，如果所有国家的财富被聚集到一个国家，那么理想国将会处于危险之中。而苏格拉底则这样回答：

> 你如果认为值得把它称呼为一个国家，那就太天真了。(R 422e)

阿得曼托斯接着问苏格拉底是什么意思，苏格拉底说：

> 称呼别的国家时，"国家"这个名词应该用复数形式，因为它们每一个都是许多个而不是一个……无论是什么样的国家，都分成相互敌对的两个部分，一为穷人的，一为富人的，而且这两个部分各自内部还分成许多个更小的对立部分。如果你把它们都当作许多个，并且把其中一些部分的财富、权力或人口许给另一些部分，那你就会永远有许多盟友和不多的敌人。(R 442e - 423a)

苏格拉底在这段论述中建议利用敌国的根本弱点，使得它内部的各个部分相互斗争，通过给穷人提供财富以赢得他们的拥护，甚至可能包括富人的拥护。试想，个人层面的类比不也正是如此吗！引发敌人内心最坏的欲望，这些欲望将暴露他灵魂的非统一性，并挑起心灵的内部战争，这样你就可以使对方无法有效地行动。这就是好人对付敌人的方法吗？康德式的关于即使当他人为恶时也要尊重对方人性的基本承诺，看起来离我们还很远。当然，我们是在非理想理论的领域内进行讨论的，因为我们正在谈论战争，并且甚至康德都认为在战争的情况下，规则会变得不同（PP 8：355－357）。但这仍让人感到一丝寒意。

9.3.2

然而，柏拉图有一个观点。你如何同心灵严重分裂的人进行互 185
动呢？柏拉图说，如果你将他们当成一个国家去接近，你就会犯下严重的错误。要看清楚这一问题，可考虑当代道德哲学中的模式化角色（stock characters），这种角色实际上是非统一的城邦的历时性版本——我指的是德里克·帕菲特式的 19 世纪俄国贵族。[①] 故事是这样的。在 19 世纪，有一个俄国人，他在年轻时是社会主义者，并计划当他以后得到一笔遗产时，就把其中的大部分散发给农民。但他也预感到，他的态度可能会随着年龄的增长而变得愈发保守，那么当遗产最终属于他时，他可能就不再认为这是正确的行为。于是，他现在就签订了一个契约，约定当他得到土地时就把它分发出去，这个契约只能在得到他妻子同意的情况下才能被废除，并且他要求他的妻子承诺届时不会废除契约，即使届时他告诉她自己改变

① Parfit，*Reasons and Persons*，pp. 327－328. 我也讨论过这个案例，参见我的论文“Creating the Kingdom of Ends：Reciprocity and Responsibility in Personal Relations”（CKE essay 7）。

了主意，意味着她能够不再遵守承诺。帕菲特明确表示这种情况与尤利西斯（Ulysses）为抵制女妖之歌的自缚行为是不同的。这个年轻的俄国青年没有预计到他会变得失去理性，他的判断会被蒙蔽，或者拥有财产这种直接的诱惑将会破坏他的自制力。他简单地认为，当他年老时他将会有不同于现在的价值观。帕菲特将他描写成这样一个人，告诉他的妻子年轻的他才是真实的自我，理想对他来说是必不可少的，如果他失去了这些理想，她就应该认为他实际上已经死了。作为一个死人，他不可能使她从她的承诺中解脱出来，如果他的中年化身声称为了留住财产要解除她的承诺，她应该把他当作别人，一个冒名顶替者来延续自己的青年时期——虽然帕菲特几乎没有这么说——因而这个他无法解除她的承诺。如果她做出了这个承诺，而且她丈夫预言的事情发生了——当财产归他所有时，他想把财产都留给自己，便想使她解除承诺——于是，帕菲特说："看起来好像她对两个不同的人都负有义务。"①

面对两个不同的人，她至少看起来*肯定*会对其中一人犯错。帕菲特设想她守住对青年丈夫的承诺，认为他才是她应该忠于的人，才是她爱着的人。但是，摆在眼前的事实是日常的道德现实：她是
186 已婚的女人，但现在她必须将自己作为丈夫的敌人，指责他是一个冒名顶替的骗子，并否认他参与处置财产的发言权——她必须这么做，尽管她的丈夫不是如帕菲特在例子中指出的那样变得失去理性并无法自制。一个妻子拥有何种权利才可能这么做呢？不要为这一

① Parfit，*Reasons and Persons*，p. 327.

事实所蒙蔽，即从实质上讲，你可能会站在这个年轻人的立场上，并希望农民可以得到这些财产，因为这里存在着危如累卵的程序性问题。

9.3.3

我所想到的程序性问题源于婚姻的本质。那么，什么是婚姻？这听起来像一个题外话，但你稍后就会看到我为什么会提出这个问题。康德认为婚姻是问题的解决办法。在《伦理学讲演录》和《道德形而上学》这两本著作中，康德提出在两性关系上存在着一些甚至可能是有辱人格的道德难题（LE 27：384－386；MM 6：278）。困扰他的不是传统观念，即在性关系中一个人只是利用另一个人作为使自己快乐的手段。康德不是这样想的，根据他的理论，在任何情况下，这种观念所引发的争议会因其中一方的自愿同意而得到缓解：一个人如果得到了你的自愿同意，那么他就不是利用你仅仅作为一个手段。康德担心的是，性欲是以人为对象的。他说："享乐的对象是他们自身，而不是他们的工作和服务"（LE 27：384）。把某人当作性对象，并不像把他当作工具和手段，而更像是把他当作一个审美对象、一个可以享受的东西。只有在这种情况下产生的态度，才不仅是欣赏，而更是欲望（MM 6：426）。因此，从性欲的视角来看，另一个人被看作吸引人的，因而必然想占有他（她）。屈服于这个欲望，在你真正屈服于这个欲望的程度上，就是你允许自己被占有——在某种程度上，成为别人的财产。问题是，你如何能够用与尊重自己的人性一致的方式做到这一点。根据康德的学说，答案在于一种占有的完全互惠关系，在这种关系中你们彼此完全地属于对方。康德说：

> 如果一个人从肉体到灵魂，无论好坏，在各个方面都完全服从于另一个人，那么另一个人就对其拥有完全的权利；但是，如果这个人没有同等地服从于对方并给予对方同样的权利与特权，那么这种关系就是单向度的。但是，如果我完全服从于他人并获得对方作为回报，那我将再次赢得自我；我把自己作为他人的财产而放弃自己，作为回报，我也把对方当成自己的财产，并通过获得使我成为他的财产的那个人而再次赢得自
> 187 我。通过这样的方式，双方形成了一个**统一的意志**。（LE 27：388；强调为我所加）

你们对康德的观点有什么看法，这相对我的目的而言实际上并不重要，只要你们愿意相信，当康德提供这个解决办法时，他是对的：婚姻创造了一个统一的意志。双方缔结婚约并许诺彼此分享生命与财产；因此，他们将共同做出许多决定——有关于定居何处的决定，有关房屋、汽车、孩子以及金钱的决定——包括处理继承得来的财产的决定。事实上，康德认为财产的共同所有权是婚姻的必要条件之一，他确信如果没有平等的所有权，那么互相占有所必需的绝对的权力平等是不可能被维持的（MM 6：278－279）。所以，俄国贵族的妻子现在不可能作为独立的人在两个忠诚之间自由选择。她已将自己的意志与她丈夫的意志统一起来，并承诺与他一起做出决定。但当她的丈夫无法做出自主决定时，她又怎么能做到呢？

9.3.4

无论如何，请对隐含在这位青年贵族最初请求中的假设加以思考。青年贵族要求他的妻子做出承诺，许下诺言，并在未来坚守允诺。她要通过守住自己，从而守住丈夫放弃财产。但如果她能做到这一点，为什么她的丈夫就不能呢？尼采写到：为了有“权利做出承诺”，一个人必须“能够实现自己关于未来的预言”，这包括拥有“真正的**意志记忆**”（GM 57－58）。因为，正如尼采所指出的：

> 在最初的“我要”、“我将要做”和意志的真实发泄、意志的**行为**之间无疑可以夹进一个充满新鲜事物、陌生环境甚至意志行为的世界，而无须扯断意志的长链。（GM 58）

尼采认为，这种意志的实现，这一特别的人类的成就，需要对我们不专心的、健忘的动物本性加以巨大的克服，几个世纪以来的人类文化进化、政治发展、惩罚以及随之而来的苦难——特别是所遭受的苦难——孕育了：

> **自主的个体**……是一个具有自己独立的长期意志的人，一个**可以许诺**的人，她有一种骄傲的、在每一条肌肉中震颤着的意识，她终于赢得了这意识、这生动活泼的意识，这关于力量和自由的真实意识，总之，这是一种人的成就感。（GM 59）

这里我又一次任意转换了代词（上段引文，尼采原文中的代词是 188
他。——译者注），因为这位俄国贵族的妻子显然是这样一个自主的人，或至少这位俄国贵族青年信赖她是这样的人，但很显然，**他**

的体内则没有这种震颤着的自豪意识。他信守承诺的唯一方式就是让他的妻子为他坚守承诺。那么，她该如何看待他的婚姻誓言呢？尼采建议像她这样的人“要随时准备用脚踢那些随意许诺的虚弱的轻浮鬼”（GM 60）。我对此并不明了，但在这里，我想我们可以同意柏拉图的观点：如果她把她的丈夫作为一个人来对待，她就犯一个严重的错误。

9.3.5

我们正在找寻这样的结论：一个对内正义的人也会是对外正义的。然而，我们却徘徊到了另一个相关话题。缺失对内正义的人很难正义地对待他人。这是非理想理论中最为深层的问题之一。在人际互动中，人们的对内正义是对外正义的一个必要条件。

9.4　康德的互动理论

9.4.1

到底什么是互动？康德有关婚姻的论述只是人际互动一般理论的一个实例。友谊，在康德看来，也是解决一个问题的办法。这个问题就是：你如何能够在投身于他人幸福的同时又不迷失自我？犹如婚姻中的情况那样，解决办法涉及导致两个朋友意志统一的互惠交换。康德在《伦理学讲座》中将友谊描述为“爱的最大互惠”（LE 27：423）。他在这里表明，朋友双方交换了追求自身幸福的私人活动，每个人都承担着顾及对方的而非自身的幸福的责任。康德说：“从慷慨原则出发，我照料着他的幸福，同时他也照料着我的幸福；我未曾弃我的幸福于不顾，而是把它交予对方坚守，而作为回报，他也把自己的幸福交予我来坚守”（LE 27：424）。这就要求爱的最大互惠，因为正如康德所言，“如果我要如同爱己一般地爱他，我就必须确信，他也会像爱己一般地爱我，在这样的情况下，他把我对他的付出又复还于我，于是我又重新返回我自己”（LE 27：424）。所以，这个结构就像婚姻结构。我承诺要追求我朋友的幸福，而她的幸福亦反过来包含着我的幸福；她承诺要追求我的幸福，而我的幸福现在也包含着她的幸福。因此，如同婚姻关系，这种交换产生了新的事物，产生了一个共享目标，那便是**我们的**幸福， 189
即我们现在共同追求、共同决定并作为我们统一的意志对象的幸福。

9.4.2

康德关于婚姻和友谊的理论建立在卢梭社会契约论的基础之上，这个契约理论是康德基本上所接受的。[①] 婚姻和友谊，就像一个国家，依赖于共同意志的形成。因为婚姻和友谊用它们的方式象征着一个小型社会，所以认为它们有自己的构成这一想法是非常自然的。我们对这个想法也不必太过认真。当婚姻的名誉耗损到让人无法选择原谅和忘却时，她便会像僭主制和专制暴政一样让人感到哀伤。以自我为中心的友谊，就像利己主义一样，使你偏好虚幻而非真实，正如你

① 我将这一观点归功于亚瑟·库弗利克。

享受着被你并不尊重的人奉承。青少年的友谊，就像青少年本身一样，往往易受民主之害，为目前地位最高的人所支配，如此等等。

9.4.3

但是康德认为，不是仅仅这些持续关系，而是日常交往本身，涉及统一的意志的形成。因为这一思想也体现在康德对政治权利理论中两个紧密相关问题的处理上。康德在产权模式下设想了所有的权利，这意味着他认为当我们向他人做出承诺时，我们所做的实际上是给予他人一种对我们自己的行为的产权。因此，做出承诺就是将你做某个行为的选择权转让给另一个人。你的行动，或至少是你是否执行这个行动的选择，现在属于另外一个人，并且他可以主张它。所以，如果我答应你明天共进午餐，我的意志的特定行为——我是否和你共进午餐的决定——现在就是属于你的而不是属于我的。这就是为什么是你，并且只有你，能解除我的承诺——因为这个选择现在实际上是属于你的（MM 6：273－274）。

但这里有个问题，正如康德所指，这是如何发生的。问题在这里。假设我对你做出承诺。在你接受之前，我能随时把它收回——直到你接受了它，我才会承诺。但如果在做出提议时我还没有承诺，那么我还没有答应，你也就没有什么可接受的。如果这个承诺是经验的（empirical），这一问题将会变得无法解决，因为在我的
190 给予和你的接收之间，必然存在一个时间差（temporal gap），不管差值有多小，它都会阻止承诺的发生。当我们把问题转化为一种普通财产而不是意志行动的转让时，同样的难题不仅存在，而且更加

鲜明。我如何把我的财产转让给你？这不可能是我首先抛弃我的财产，然后你再将其捡起，因为如果我要丢弃它，那么任何人都能在此期间合法地拾起它——它是一个无主的对象，任何人都可以把它占为己有。然而，在我放弃之前，它是我的，它怎么可能成为你的呢？如果当它仍属于我时，你就得到了它，那一定是你盗走了它。这个时间差再次阻止了财产的转让。这些问题表明，承诺和转让不能被理解为连续行动的结果。相反，它们必须源于单个的共同意志的形成，源于我们彼此团结一致的那个时刻。康德认为，承诺和转让包括四个行为：经验的给予和接受（只是两个准备性行为）；然后是意志的两个互惠的行为，它们构成了我们两个意志的统一，使得转让成为可能（MM 6：272）。你愿意接受我自愿放弃的东西，我自愿放弃你愿意接受的东西，所以我们构成了一个统一的意志，那就是此物将会属于你而不再是我的了：如果这最终得以实现，那这必须同时发生，并必须是一个单一的行动。康德甚至认为，我们试图通过一个基本上同时进行的经验行为，比如*握手*，来表征双方意志的统一（MM 6：272）。①

9.4.4

我们说统一我们的意志，这意味着什么呢？如果认为意志是先验存在的实体，而不是自我构成的产物，这听起来会非常神秘，就像某种本体论上的融合行为（act of ontological fusion）。但康德全

① 以上论证总体而言出自 MM 6：271－276。

然没有表达这种意思。当进行交往互动时，我们所做的就是共同慎思，以达成一个共同的决定。因为实践三段论的结论就是行动，是我们一同执行为我们共同自由选择的法则所支配的行动。这个法则的自由选择是一种构成了我们的统一的意志，并使得共享行动成为可能的行为。在康德看来，这就是所谓的个体间的交往互动。

然而，这依然存在神秘之处。我之所以会这样认为，是因为它们不能构成前后相继的连续行为，承诺不能是经验的？我的意思是，承诺在时空条件下是不可能发生的。这是一个太大的问题，不能在这里加以讨论，但当我这样说的时候，康德的学生会知道我意指什么，
191 作为自由的行使，选择最终会发生在本体世界。当康德否定承诺的经验性时，他表明的是，当我向你做出承诺时，我们在本体世界相遇。

9.4.5

因此，人际互动的可能性取决于共享慎思的可能性。而这种可能性反过来又有赖于作为某种理由的观念。我们的理由必须是我所称为的公共理由，这种理由的规范性力量可以跨越人与人之间的界限。[1] 公共理由与有时被称为客观的或主体无涉的理由大致相同。[2]

---

① 同样参见《规范性的来源》中关于公共理由的讨论（SN 4.2.1 - 12，pp. 132 - 145）。

② 我说大致相同，因为客观的或者与主体无涉的理由可以用如下两种方式中的任意一种加以理解：在一个实质性的实在论者模式中，事物独立于行动主体而存在同时被他们掌握或应用；或者，在我将要讨论的模式中，事物出现在人们的互动之中，因此它被描述为“主体间的”要比客观的更恰当。关于这一点，参见我的论文“The Reasons We Can Share: An Attack on the Distinction between Agent-Relative and Agent-Neutral Values”（CKE essay 10）。

它们可能会与我所称为的私人理由——主观的或主体相涉的理由——形成对比。一个私人理由是带有私人规范性力量的理由，在这个意义上，它只属于一个人。

正如许多哲学家已经指出的，理由的私人性与可普遍化的要求是一致的。如果我把理由设想为私人的，且接受可普遍化的要求，我便会同意这样的观点，即如果我在情况 C 中有理由去做行动 A，那么我必须承认你如果在情况 C 中也有理由去做行动 A。比如，如果我认为某件事会使我快乐这一事实是我做这件事情的好的理由，那么可普遍化就要求我认为某件事会使你快乐这一事实是你做这件事情的好的理由。但我的快乐依然是我的，你的快乐也仍然是你的；我的快乐是我的理由之源，而不是你的理由之源；你的快乐是你的理由之源，而不是我的理由之源。[①] 反之，在公共的理由观念上，可普遍化的要求使我认可这样的观点，那就是如果我在情况 C 中有理由去做行动 A，那么我就必须能够意愿你在情况 C 中应该做行动 A，因为你的理由对我来说是具有规范性的。

因此，在私人的理由观念上，可普遍化的要求给每个个体留下了不必与他人一致的、自己的私人理由体系。这可能使我们处于本质冲突的状况中。例如，假设你我正在为都想要的同一对象展开竞争。为了能得到对象，我认为我有理由射杀你。在私人的理由观念 192
上，可普遍化的要求使我认为，为了得到对象，你也同样有理由射杀我。我只是承认这个事实，并且得出结论：你我处于战争状态。

① 一个私人理由就像一支牙刷。它们都非常相像，但是我们必须每人拥有自己的那一支。

既然我认为你真的有理由射杀我，那么我就想我最好努力先射杀你。

但在公共的理由观念上，我们不会得到这样的结论。在公共的理由观念上，我必须把你的理由当作我自己的理由。因此，如果我认为自己有理由射杀你，我必须能够意愿你应该射杀我。因为想必我不会意愿如此，所以我就不能认为我有理由射杀你。因此，只有在公共的理由观念上，可普遍化的要求才会使我们进入道德的领域。

9.4.6

我刚刚说过，如果个体间的互动是可能的，我们就必须一起推理，这意味着我必须把你的理由，如我所说，当作理由，也就是当作对你和我都具有规范性力量的考虑，因此也就是作为公共理由。在一定程度上，我必须这么做，我也必须把你当作康德所说的在你自身中的目的——也就是说，作为理由的来源，作为一个其意志为我立法的那个人。

要知道为什么，只要考虑一个简单的协商问题。假设我和你是师生关系，正在确定会面的时间。我说“下课后马上到我办公室来”，因为我认为这对我是方便的，并且希望这对你来说也是方便的。但结果表明并非如此。“我不能，”你说，“我接着还有别的课要上。”于是，我不得不提出另一个建议。弄明白我为什么不得不这么做是很重要的：因为这个会面是我们要一起去做的事情。我提议的时间对你来说不合适，因此对我们就不合适，由此它最终对我也是不合适的，所以我需要提议其他时间。为了进行共同行动，我们每个人都必须采用对方的理由作为自己的理由，也就是说，作为与自身情况相关的规范性考虑。这就是为什么这个时间对你是不合适的，也就意味着对我也不合适。所以，我们俩继续商量，直到找到一个对我们来说都合适的时间。共享慎思的目的，关于何时会面的慎思，就是去发现（或者建构）一个共享的好，我们统一的意志的对象，随后我们通过共同行动去追求的对象。并且，从共同行动这一事实，我们发现，只要双方中的任意一人没有出现，对于我们着手去做的事情，双方就都将是失败的。我们的自律和效力联结为一体，成败与共。

9.4.7

换句话说，在康德的观念中，协商如同婚姻一样，像是承诺的 193
交换。关于我将是否在某个时间见你，我给予你高于我的意志的权力，条件是对于你将是否在同一时间见我，你给予我高于你的意志的权力。而通过拥有高于你的意志——这一意志具有高于我的意志的权力——的权力，我重新赢得自己。由于前文提到的原因，如果想要产生这个双重交换的话，二者就必须同时进行。结果就是共同意志的形成，我们将在某个特定时间会面。所以，协商就像承诺一样，不能仅仅是经验性的事件。当达成协议时，我们相遇于本体世界。

9.4.8

还有什么别的选择吗？假设我不把你的理由当作对我具有规范性力量的理由来加以考虑，那又意味着什么呢？我们可能认为这意味着讨论会这样进行：我要求你下课后立刻来我办公室。正如之前所说，这是不可能的。“我不能，”你说，“我接着还有别的课要上。”也许我只是看起来有些迷惑，好像并不明白这和来我的办公室有什么关系，于是我会这样说：“好吧，翘课就是了。”我并不想找出一个对我们双方都好的方案，因为你的理由对我来说*什么都不是*，建立在你的理由之上的任何异议对我来说都没有意义：我不明白为什么应该考虑你的理由；唯一要考虑的是，某一特定时间对我来说是好的。显然，我们根本不能这样进行交往。如果情况是这样的，那么人与人之间的互动将是不可能的。

9.4.9

当然，这种情况也太过极端了，因为我在想象我完全不理会你的理由，好像它们根本不存在一样。但在将他人的理由*当作理由*与完全漠视他人的理由之间，还存在另一种情况。我会考虑你的理由，不是把它作为对我具有规范性意义的公共理由，而是把它作为对你具有规范性意义的私人理由。这些意义影响着我的关于你将如何行动的预测。我知道你有一些理由，你可能遵循它们来行动，这是合理的；这是我在规划自身行动时要应对的事实之一。在这种情况下，我并不把你的理由当作理由，而是把它们视为可能帮助我达成目的的手段，或视为可能妨碍我行动的障碍。如上文所述，如果我把你的理由*当作理由*，它们可能会改变我的关于什么才是最好的结果的想法。只有一个适合于我们双方的会面时间才是最好的结
194 果，这是我的目标，因为这是我们共享慎思的目标。但是，如果我

把你的理由视为手段和障碍，它们将以不同的形式被我加以慎思——我将考虑是否能够在追求自身目的时利用它们作为手段，或者如果不能的话，如果它们是障碍，那么我将决定是否要把它们从我的行动道路上清除出去。

在上文的例子中，你无法在课后马上见我的理由，作为障碍呈现于我。于是，我可能会试图清除它：我不是简单地告诉你去逃课，而是可能试图说服你去逃课，告诉你不要认为你具有妨碍我的理由或者它有如你所想的那样大的影响力。我可能会问“那天课上会有什么重要的事情吗?”即使我们的理由涉及可衡量的事情，我也不能试图力陈我的理由分量更重作为替我的选择辩护的方式，因为根据假设，我们都是私人推理者，所以就没有理由去权衡我们的私人理由和对方的私人理由。但是，我可以努力夸大我的理由的力量，以此来影响你对我将如何行动的预测。“你看，”我说，“我太忙了。实在是没有别的时间与你见面了。”如果这些手段未能起到作用，我可能会修正对最好的可能结果以及最佳的见面时间的看法。但这并非我把你的理由当作理由，并发现如果结果不适用于我们也就不适用于我这样的情况。如果我因为你的理由给我带来了障碍而改变了对会面时间的想法，那只是由于考虑到这个障碍挡住了我的路，寻求新的可能时间是我所能做的最好的事。因而，如果我这样看待你的理由，把它当作手段或阻碍，那么，我们将能够有一种关系——因为我们将能够进行防御、谈判和讨价还价。难道事情不是这样的吗？当然，必须承认的是，当你想安排与某人会面，对方却不能在任何你方便的时间内见面的时候，往往正是这种感觉。

但是，说克服自我中心的困境需要**努力**是一回事，说我们做不到这一点是另外一回事。克服诱惑时刻也需要去**努力**，然而有时我们必须做到这一点，如果行动完全是可能的（4.3.3）。交往互动真的只是两个私人推理者之间的谈判、防御以及讨价还价吗？试想，正如这一事例所清楚地表明的那样，如果理由确实是私人的，那就没有理由存在这种被我描述为开放的和坦诚的谈判。恰恰相反的是：因为我是理性的私人推理者，如果可能，我应该利用强力或技巧，因为我把你的理由看成仅仅是应被清除的障碍，或是能够被加以利用的手段。实际上，这意味着我们的关系会是战争般的紧张关系。建构共享的理由并非我们的目的，所以我们中任何一人的理由如果压倒了对方的理由，他就会成为胜利者，而另一方则会被征
195 服。并且，为了取得这种胜利，我们将会正确地使用所有的作战技巧。当然，如果双方谁都不能占据上风，我们可能就不得不达成妥协，但我们不会把妥协本身视为一种好，因为它只是对双方理由尽可能的尊重。相反，我们私下里会各自认为，妥协是在这种情况下他或她能够做的最好的事情。

9.4.10

这当然就是那位俄国贵族与**他自己**的关系。他不把未来的理由视作理由——他把它们视作要对抗的事实，视作手段和障碍，而且在他身上主要是障碍——因此他与他自己处于战争般的紧张关系状态。作为一个年轻人，他的努力是致力于确保青年的自我取得胜利，而让年老的自我失败。他的灵魂的显著特征是处于内部的战争

中，这是他被称为失败行动者的原因所在，如果没有他妻子的帮助，他的青年自我就不能有效地行动。出于同样的原因，他现在的整个自我无法与他的妻子进行互动。

9.4.11

对你来说，我刻画的对比是否太过极端？一方面，我们有着两个公共推理者共同慎思，分享彼此的理由，致力于建构共享的善，双方都认为这是最好的事情。我将其比喻为婚姻关系。另一方面，存在着两个私人推理者之间的谈判，并在双方关系中充斥着手段、欺骗和相互操纵。我将其比喻为战争关系。上帝啊！难道在婚姻关系和战争关系之间就没有其他形式的交往互动吗？或者说得更冷静些，在利益发生合法性冲突的双方之间，难道就没有所谓的公平谈判吗？

我想说基本上没有，但请允许我用一种不那么矛盾的方法对此加以解释。谈判就像法律中的辩护制度，或者像市场中、教室里以及体育场上的激烈竞争。在所有这些情况下，至少在理论上，也就是在康德的理论中，目标是共享的善：犯罪者被定罪，无辜者被无罪释放，经济高效，学生的积极表现，运动才能的实现，或者体育比赛的精彩。只是在某些情况下，因为众所周知的原因，共享的善是相互竞争的人们的最好追求，但是处于一定规则的限度内。

试想：如果谈判以争端各方对结果感到相当满意的方式结束，那么所有各方，甚至旁观者，都会感到高兴并且认为谈判特别成
功。如果谈判的目的只是结束冲突或决定哪一方获胜，那么这将毫 196

无意义，因为所有的谈判，无论它得到何种结果，都是如此。因此，所有的谈判都旨在建构共享的善。那些以一方感到不满意而结束的谈判不过是糟糕的谈判。

9.4.12

实际上，我提到了三种可能性：我把你的理由视作什么也不是，与我们的决定完全无关；或者我把它们当作公共理由，对我具有规范性的力量；或者我把它们当作私人理由，仅仅对你产生规范性的力量，而我则把它们视为追求我自己的目的的工具或障碍。在《规范性的来源》一书中，我讨论了在意义的规范性情形中，最后一种可能性是不存在的。正如我在那里所论述的，尽管这几乎是不可能的，我至少可以尝试将你说的话仅仅当作噪声——这是对第一种可能性的类比，也就是我把你的理由当成空气。[1] 或者我可以把你的话语视为具有公共意义的话语，对你我具有同样的意义，那么当我们交谈时，我们所做的便是一起思考。但是，如果你的话语仅具有私人意义，我所说的也仅仅对我有效，那么交谈会变得毫无价值：如果不能一起思考，我们也就根本无法交流。[2]

不过在语言学的情形中，也存在类似于由私人理由引发个体互

---

① SN 4.2.6，pp. 139 - 40；4.2.11，p. 144.

② SN 4.2.3 - 12，pp. 136 - 145. 许多读者对我打算如何进行这个论证抱有误解。我没有打算表明理由的公共性可以从意义的公共性上得出。相反，我是想为理由的公共性做一个论证，即类似于维特根斯坦对意义公共性的论证。在我看来，维特根斯坦的论证是想要表明，意义根本不可能是规范性的——你不会错——除非它是公共的。我的论证意在指出理由不可能是规范性的，除非它们是公共的。

动的情况：这就是对言语的操纵使用，它是一种**兜圈子**（spin）。因为在兜圈子的情况下，当我们交谈时，并非我们一起思考，而是我将知道的某些话语对你所具有的意义，作为在追求我自己的目的的过程中能够利用的工具或者必须应对的障碍。我说什么并不是由我所认为的真的东西决定，而是由我想作用于你的效果、我希望我的话语将会具有的效果决定。

西季威克看不到直言不讳和兜圈子之间的区别。在讨论不管后果如何讲真话都是正确的这一他所谓的“直觉”观点时，他说：

> 在不同类型的行动的一般观念中，包含在观念中的并被视
> 为行为的一部分的结果与被视为它的后果的结果之间实际上有
> 一条分界线。例如，在对陪审团讲真话的时候，我可能会预见
> 到我的话会伴随其他陈述和迹象一起发生作用，从而将不可避
> 免地引导他们对被告是否有罪得出一个错误结论，就如同我预 197
> 见到他们将会对我正在证明的特定事实产生正确的印象一样：
> 不过，我们通常应该考虑的是后一种预见或意图，以使自己的
> 行为成为一种诚实的行为，而前一种预见只与后果相关。①

但是在研究了一些复杂情况之后，关于什么样的后果可以被算作使交流成为真实的，西季威克**否认**我们拥有任何充分的观念：

> 关于义务的基本性质，或者它的确切范围，也就是说，它是被接受者所理解的我们的实际肯定，我们必须使它与事实相符（尽我们所能），还是我们所预见到的接受者可能从中得出

① Sidgwick, *The Methods of Ethics*, pp. 96 - 97.

的任何推论，或者二者兼而有之，我们没有发现明确的一致意见。①

对西季威克来说，与某人交谈意味着总是试图以话语的方式对某人施加影响，并导致他产生相应的观念。因此，西季威克不明白为什么我们应该将使用话语的即时效果算作说真话，与此同时，使用话语的较远效果——得出的推论等等——被算作进一步的后果。对西季威克来说，这一切都只是兜圈子罢了。

但这不可能是正确的，因为正如之前看到的那样，你可以用于自身兜圈子的范围是有限的（9.2.3）。你不能通过确定对你而言思考什么将是最好的来决定你的思考，不能这样一直确定下去。毕竟，思考只是与自己的交谈。既然意义是公共的，那么交谈就只是与他人一起思考。当我们交谈时，同达成协议的情况一样，我们相遇于本体世界。

9.5 我的理由

9.5.1

无论如何，说一个理由是私人的、我的，而不是你的，这是什么意思呢？根据康德式的理由观念，这一说法是模棱两可的。每个理由都来自对由动机提出的一项提议的认可。当谈论我的理由时，

① Sidgwick, *The Methods of Ethics*, p. 355.

我们可能指的是我认可的理由、我立法的理由、我在行动中体现的理由。这个概念不可避免地是第一人称的，这并没有错，因为人类行动、自觉行动的概念当然是第一人称概念。但第一人称并不一定是第一人称单数：理由必须是我的这一事实并不妨碍理由是我们的。所以，这样看来，我的理由这一范畴并不排除我的理由和他人的理由之间的同一。我可能想去爬山，你和我都可以把它当成我为 198
什么应该这样做的理由，并采取相应的行动：比如说，我去爬山，而你开车载我来到山路的起点。

9.5.2

但正如这个例子所表明的那样，有时当谈论“我的”理由或一个人自己的理由时，我们指的是那些产生于一组或者几组特定动机的理由，在某种简单的意义上，这些动机应该是“个人自己的”。如果我爬山的理由源于我想这样做的志向，那么无论如何，它在更本质上都是“我的理由”，而不是你的，即使你承认并回应它的规范性力量。这方面最明显的选择似乎是由个人自己的身体的事件引发的动机——欲望、痛苦和快乐，作为一个具身存在物（an embodied being），她必然要受制于它们。现在，我认为确实可以清晰地感觉到，这些动机是属于个人自己的，因为她的行动性和她的身体存在必然联系，一个人只有在以某种方式持续地具身化的情况下，才完全能够行动。① 所以，当她为自己立法时，她是在为她身

① 参见我的论文“Personal Identity and the Unity of Agency：A Kantian Response to Parfit”（CKE essay 13），尤其是第 372～374 页。

体内的所有有意识的存在者（包括现在的和未来的）——让我暂时这样说吧——立法。虽然这里有争论的空间，但我想说的是，作为一个具身存在物，她**必须**考虑现在的和未来的所有动机，她在自己自然的具身生命过程中将受制于这些动机：这是柏拉图在谈论欲求整体善时所意味的部分内容。

但是，可以想象一下科幻小说中的情景，关于人格同一性的文学作品中充满了这样的情景，我们的持续具身化将被以不同的方式处理，在这种情况下，被视为是“我的动机”从而也是“我的理由”的东西也会有所不同。例如，思考托马斯·内格尔关于一个“系列人”（series-person）的概念。内格尔想象存在这样一个社会，那里的人们在 30 岁以后将会每年一次被复制到新的物质中。这能够防止他们衰老，除非出现意外事故和无法治愈的疾病，这种方法甚至可以使他们长生不老。① 一个“系列人”将能够执行计划和项目，并且能够同他人保持不断发展的关系，他会是一个行动者，并可能会把源于他的、延伸到无尽未来的后续身体的动机视为“他自己的”。这里“他自己”是我们现在所认为的意义上的。

199 “我的动机”概念中的这种灵活性是有原因的。正如先前解释过的那样，我认为动机的来源是我们各种特定的实践同一性，这些同一性“部分”建构了我们整体的实践同一性（1.4.4）。我们大多数人认同自己的身体、自己的动物本性，快乐和痛苦的本性必然地使我们很难不这样做，所以我们在自己的健康、舒适和身体上的快乐

① 我从帕菲特的《理与人》（第 289～290 页）中借用了这个例子。

中因为它们自身的缘由寻找理由。但是，我们也必须认同自己的身体，因为我们是一种具身存在物，成为行动者并拥有各种同一性的能力——身体的或其他的——取决于某种持续的具身化。今天科幻作品中的例子表明，我所认为的"我"以及"我的动机"，可以随具身化的可能性而变化。但是我所认为的"我"以及"我的动机"，也可以根据某种实际身份的特定形式所要求的具身化类型而变化。一个重视自己作为科学家或者艺术家身份的人，在某种情绪下可能会把他工作于其中的传统视为这种身份的体现，并且一想到五百年后对言论自由或自由探索的限制，就可能会勃然大怒，把它看成对他自己的理由的违背。一个深深认同着某种政治运动、教会或民族的人，会把该运动、教会或民族的利益作为自己的理由的一部分。他如何看待自己及其化身，取决于而不是先于他为自己建构的这种同一性。

这就是这里的重点：正如我一直所说的，我们构成自己的同一性。所以，我、我的动机、我的理由、我的身份是什么，取决于我所做的选择，而不是先于我的选择。因此，我不能就这样决定我将仅仅基于自己的理由做出选择：因为这个范畴——被当成我的，并从中建构了"我的理由"的动机范畴——从我所做的选择中获得了它的最终形态。①

---

① 当然从逻辑上讲，我可以用其他方式来认同我现在所是的这个人，并且决定只关注她的理由。假设我将我的身体称为"科斯嘉德"，并且决定我将只关注直接从科斯嘉德的思想和经历，或者类似的东西中产生的理由。这似乎是可能的。但是我必须做好准备，意愿它作为一个普遍法则，即我应该只关注那些理由即使我最终发现并不是科斯嘉德，比如说，因为一些科幻事件把我和我的身体分开了，或者也许只是因为我被奇怪地迷惑住了，以为那个身体是我的。

9.5.3

所以，说*唯有*在我的个体的具身化存在过程中直接产生的动机
200 才能成为“我的理由”的来源，这只是在回避个体互动的可能性。我*必须*同自己身体中的有意识的存在者互动，因为我必须随我的身体而行动。但我也*可以*同他人互动，当我这么做的时候，他们的理由连同我的理由，成为我们共同进行慎思过程中的动机，成为建构我们共同理由的资源。事实上，在上面提到的一个例子中——一个人把自己视为传统的代表——这两件事是难以区分的，因为传统的行动取决于它的成员间的互动。所以，这样来看，*我的*理由的范畴并不排除我的理由和他人的理由之间的同一化。我不需要独自立法，所以不需要把源于个体自然的具身生命过程中的动机视为我的理由的唯一可能的来源。

9.6　决定把某人当作在他自身中的目的来对待

9.6.1

所以，康德设想的互动当然是可能的：我们可以在正常的人际互动中——在达成协议、许下承诺、进行交换中分享我们的理由，这正是我们所做的。正如我已经说过的那样，这意味着在正常的人际互动中，我们致力于把彼此看作在我们自身之中的目的（treat one another as ends in ourselves）。但是，私人理由的支持者会声称

到目前为止我还没说过他需要加以否认的东西。因为私人理由者当然会说，在康德哲学的意义上，他可以选择是否与他人互动。为了自己的各种私人理由，他可以决定将与某些人一起共同慎思。但在做出这个决定之前，他没有理由赋予其他人的理由规范性力量。

9.6.2

那么，人际互动的这些私人理由是什么呢？也许鉴于与他人共有的某些目的，他认为另一个人会成为很好的盟友：他们可以通过一起追求这些目的而提高自己的效率。也许作为一种休战或社会契约，他与他人已经达成协议要把彼此的理由都加以考虑。或者，也许他只是关心某些人，爱或尊重他们，因此把他们的理由作为对自己具有规范性的力量，用这种方式表达他所谓的关心。

很难发现第一个理由，即目标的一致性，如何能够凭借自身使私人理由者走出孤立的立场。假设我们都有某个目标，每个人都有 201
追求这个目的的私人理由。正如我前面提到的那样，如果我们意识到了他人的私人理由，我们就可以预测他们的行为，从而把他们的理由当作达到自身目的的工具。所以，如果你的目标和我的不谋而合，那么你和你的理由可以被当作我的工具，我和我的理由可以被当作你的工具，我们对这一点的认识可以给我们一个共同行动的理由。但它不能成为我给予你的理由任何它们自己的规范性地位的理由，尽管为了让你站在我这边，它可以成为我去伪装的理由。我们的农场都受到火的威胁，我们一起对抗它会更有效率。所以，我们团结力量，一同灭火。但我因此给予你的灭火行为的理由规范性力量了吗？假设情况碰巧是，我的农场保住了，你的农场却没有保住。在心理层面上，我可能会倾向于为你难过，但在逻辑上我会坚定地这么做吗？与某人合作的理由本身并不是把他的理由当作理由来对待的理由，也就是说，把他的理由当作对你的规范性力量。相互利用依然是一种利用。

那么，假设现在转向第二个选项，我们达成了协议，一个给予彼此理由规范性力量的明确协议。我们同意一起追求共同目的，因此同意当慎思如何追求这一目的时，也就是说在慎思过程中，我们将彼此赞同。所以，在这里，私人理由给予每个人一个理由去把对方的理由当作规范性来考虑，把我们的理由，也就是你的和我的理由，当作我们之间的公共理由。但这个提议存在问题。其中之一就是，如果我们为某些特定目标而达成协议，并且实现了这个目标，那么似乎遇到了霍布斯问题（Hobbesian problems）：不管是什么样的私人理由在一开始驱使我进入协议，我为什么不能在协议中坐享其成呢？你为什么不呢？如果知道这样，我为什么要相信你？等等。现在我们都知道这是怎么回事了。这是所熟悉的犯罪情节：一旦抢劫成功、赃物在手，我们就将对先前关于分赃的协议展开新一轮的争夺。

而且，如果康德关于协议本质的说法是正确的，那么该如何达成这一协议呢？如果康德是正确的，那么为了达成协议，我们首先必须把我们的理由视为可共享的理由。所以，我们不能达成一个协议，将我们的理由视为可共享的理由，如果能够这样做的话，那么这一协议就是多余的。

只要我仅仅因为这样做能够符合我的利益，才把你的理由当作规范性力量，那么我就根本没有真正地把它们当成理由，因为如果我对它们的立场是工具性的，我将必然把它们视为工具。为了使你的理由具有真正的规范性地位，我必须仅仅因为它们*是*你的理由而
把它们视为具有规范性地位，我必须出于它们自身的原因而尊重它 202
们，出于我对你的爱或者尊重，除此之外，别无其他。

所以，这就带来了第三个选项，你可以决定在康德式的意义上与他人互动，因为你关心他们。但它不是这样的：不是说我*决定*因为爱或尊重某人，所以我愿意赋予他的理由规范性力量。相反，当我发现爱或者尊重某人时，我只是确实赋予了他们的理由规范性力量。这种互动态度是内在于我们的，可以被关于某人的或者关于我们同他人之间关系的某种东西所唤起。因此，它不是被选择的。

9.6.3

我们不能选择把某人的理由当作理由，当作对我们具有规范性力量的考虑。我们不能决定把某人当作在他自身中的目的来对待。那么，我是在说我们彼此都被封锁在自己的私人理由的小系统中吗？不，恰恰相反。我说的是，把他人的理由回应为规范性力量是一种默认状态——就像把他人的话默认为听到的意义一样。忽视他人的理由是要费功夫的；做坏事和做好事几乎一样难。因为这些理由是公共的。

但现在，请把所有这些论证搁置一旁。假设你正好可以决定把

他人的理由当作对你具有规范性意义的理由，但除非你选择这么做，否则你不需要这么做。这是否表明道德是可选择的，它确实依赖于你是否具有支持人际互动的私人理由？事情没有那么简单，因为有一个人，即使最坚定的私人理由者，也必须以康德理论所要求的方式与之进行互动。那个人就是他自己。

9.7 与自己互动

9.7.1

我认为，人际互动实际上就是与他人一起行动。但对于必须构成自己同一性的生物来说，同样真实的是，行动实际上就是与你自己的互动。内在地统一你的行动性的要求，与将你的行动性与他人的行动性统一起来的要求是一样的。构成你自己的行动性关键是选择那些仅仅可以与自己共享的理由。这就是为什么你必须要意愿可普遍化，因为你现在赖以行动的理由，你现在为自己制定的法则，必须是无论发生什么你都愿意以后再次照此行动的理由或法则，除
203 非你后来发现有好的理由去改变它。这就是柏拉图的意思——他字面的意思——当他说一个好人是他自己的朋友，并为他整体灵魂的善立法时。

俄国贵族作为行动者是失败的，因为他没有做到这一点，他不意愿一条法则，即他认为无论发生什么，都能致力于之后再次据此行动的法则。事实上，他拥有我在 4.4 节所称的特殊主义的意志，

因为他希望无需理由就改变主意。如果你希望无需理由就改变主意，那么你就不是意愿你的准则作为普遍法则，甚至不是意愿暂时的普遍法则（4.4.2）。如果你不是意愿你的准则作为普遍法则，那么你就是缺乏自我尊重。更准确地说，这个事实与你缺乏自尊的事实是一样的，因为你不是通过自己意愿的法则来治理你自己。

9.7.2

我在这样说时，并非全然认为年轻的俄国贵族必须尊重年老的、未来的自己，即年长的俄国贵族，或至少不认为他必须尊重年长的俄国贵族关于财产恰当处置的决定。然而，这当然是他能够重建自身统一性的方式之一。也就是说，年轻的俄国贵族可以采取这样的态度，即年老的自己在做出他有理由保留财产的预测性决定时，正是在以规范性立场提出要求。年轻的俄国贵族可以得出结论，如果他和未来的自己共同行动的话，他必须考虑这个要求。他，这位年轻的俄国贵族，可以决定他现在不能做出放弃财产的承诺，或者不能放弃所有的财产，这对为了他未来自己的善因而也是为了他整体的善的来说没有明显的错误。相对于过分热心的慈善冲动，一般的明智可能看起来如此。

但是，我们不必让年轻的俄国贵族或我们自己为了这里所说的而被一些枯燥乏味的一般明智套牢，因为正如我说过的，他对未来自己的尊重在这里并非关键的问题。这不是因为未来的他没有立场，而是因为未来的他还是他自己。他可以决定不同意自己的未来的态度。但是，除非他也准备把自己未来的态度当作一种软弱或非理性的态度，否则他不是把自己现在提出的行动依据的理由当作具有规范性的立场。因为，除非他认为自己未来的态度是违反这个法则的，否则他就并未为自己订立法则，而如果他不认为可以为自己订立法则，那么他就缺乏自尊。所以，他的问题不是与未来的自己
204 的不统一，而是与此时此地的自己的不统一。他的问题不是对未来的自己的不尊重，而是对此时此地的自己的不尊重。

9.7.3

我认为，成功人际互动的条件是这二者的联合，即尊重对方的人性和把她的理由视为具有公共规范性地位的考虑：当我们互动时，共同立法，一起行动，为了以此所创造的整体的善。但是，行动不过是与自我的互动。如果是这样话，那么尊重自己的人性和随之而来的将自己的理由视为具有公共规范性地位的考虑，是使得统一的行动者成为可能的条件。没有对自身人性的尊重，就不可能意愿自身的因果律，不可能有所成就，不可能成为人；除非你有所成就，把自己构成为人，否则你将根本无法行动。

9.7.4

我在第 2 章的一开始就说过，在我认为柏拉图、亚里士多德和康德所共有的规范性观念中，规范性原则是把多样性、杂多性或者用亚里士多德的短语说——简单堆积，统一到特定种类对象中的一般原则（M 8.6 1045a10）。我刚刚论证的是，如果体现在这些原则中的理由要去做这项工作，那么它们必须是公共的。共享的规范性

力量是使一个行动者保持整体的黏合剂。[①] 从特殊主义的意愿出发的讨论表明了为什么年轻的俄国贵族必须意愿他的准则作为普遍法则，因为如果不这样做，他将是一些不相关联的冲动的简单堆积物。我刚刚的论证表明他必须意愿他的准则作为公共法则，并对未来的自己具有规范性力量。因为如果不这样做，他将只是一些私人理由的简单堆积物，与拥有特殊主义的意志相比，并不会更好，也绝无差异。

但是，难道他就不能意愿它仅仅作为他自身的公共法则，仅仅把他自己的各个部分——灵魂的不同部分，或时间的不同片段，或无论可能是什么的部分——捆绑在一起吗？也就是说，难道他不能决定只尊重他自己的人性吗？这是一个不恰当的问题。所谓你自己的，在你自己的个体意义上，不是你的人性，而是你所成就的、你的实践同一性，以及*依赖*于你对一般人性尊重的存在性。除此之外，或者也许这是相同的观点——尊重你自己的人性就是尊重你自 205
己的理由，我们在 9.5 节已经看到，“我自己的理由”的范畴无法在选择之前被完全确定。

9.7.5

在《伦理学与哲学的限度》一书中，伯纳德·威廉斯认为，理论理由与实践理由之间不存在可比之处。用我的话说，理论理由是公共的，因为理论推理是有关独立于你而存在的世界的，并且被其

① 同样参见 SN 4.2.4，p.139 n.12。

他的理论推理者所共享，而实践推理是第一人称的，在本质上是私人的，因此不致力于“每个人慎思的和谐”①。相比之下，我曾经说过，我们致力于与他人共同慎思，因此这两种理由都是公共的。但我是否认为，它们是因为完全不同的理由而成为公共的呢，或者关于它们必须是公共的原因的解释，在两种情况下是全然不同的呢？

我并不这样认为，因为我认为威廉斯关于理论理由的故事并非完全正确。显然，这是一个很大的话题，所以我只能以一般方式勾勒出我认为该如何推动故事。我想在康德那里和在柏拉图的《泰阿泰德篇》（*Theaetetus*）里发现的正是这个故事，虽然我并不试图在此加以辩护。如果实践理由的作用是使行动者凝聚成一个整体，并且它们必须是公共的才能这样做，那么理论理由的作用就是使作为认识对象的世界凝聚成一个整体，并且它们必须是公共的才能这样做。这并不是说我们预先知道有一个世界外在于此，而我们是它的认识者。相反，为了把自己设想为认识者，我们必须把世界视为公共对象，必须通过这种方式**建构**我们关于它的观念。如果我认为我的经验是关于对象的感知，并认为感知是认识这个对象的一种方式，那么我不得不认为，在适当位置上，你也会拥有这样的经验。但我难道不能建构一个只属于我的，仅仅为我而非任何他人存在的世界吗？不能，因为如果我认为我的经验是关于对象的感知，并认为感知是认识这个对象的一种方式，那么我必须认为，如果我明天

① Williams，*Ethics and the Limits of Philosophy*，p. 69. 总体的论述在第 65～69 页。

回到这里，并且其他的一切都是相同的，我就会再次拥有同样的经验。这种想法同如果你在适当位置上会拥有同样的经验的想法是一样的：毕竟，二者仅涉及位置的变化。如果我不能有这个想法——认为我明天回到这里，并且其他的一切都是相同的，我会再次拥有同样的经验——那么，我就不能认为我的经验是关于对象的感知， 206
不能认为我自己是这个对象的认识者，我的心灵便碎裂成了不相关联的经验的简单堆积。这里的论证是相同的（或者会是相同的，如果我有能力做到的话）：称一个理由是“我的”，这只是一个关于位置的声明。除非理由是公共的，否则它们不能起作用。[①] 理论理由的公共性使心灵和心灵对象相互联结在一起，犹如实践理由的公共性使行动者和她的互动者相互联结在一起——进入一个目的王国。

9.7.6

如果本章的论证是正确的，那么对人性的尊重就是有效行动的必要条件。它让你能够订立使自身真正统一的法则，并且只有在自身真正统一的层面上，你的活动才能被归因于你，而非归因于作用于你内部和外部的力量，从而成为行动。所以，道德法则是统一的构成法则，是由真正拥有自我的，因而真正可以说为自身立法的人订立的法则。这就是成功进行自我构成的法则。所以，隐藏于柏拉图和康德信心背后的基本见解并没有任何令人惊讶或矛盾之处。简单地说，一个人与他人互动就如同他与自己互动一样，好人在这一

---

① 关于这个论证的更长版本，参见我的《理性的活动》（“The Activity of Reason”）一文。

点上也并无二致。一个不能遵守对自己的承诺的人，无法遵守对他人的承诺。一个为蝇头小利就准备出卖自己的人，也会出卖他人。一个不尊重自身权利的奴性之人，也会不尊重他人的权利。对内正义和对外正义是联结在一起的。早些时候我曾说过，一个国家很难拥有新闻自由但却对世界撒谎。那么，拥有思想自由的同时却要欺骗世界，这很难吗？答案当然是肯定的。因为当好人思考时，她努力对自己说真话，而当她交谈时，她只是与他人一起思考。更广泛地说，对于必须构成她自己——构成她的思想和意志的生物而言，行动只是与自我的互动，就像互动只是与他人一起的行动。正是这一点使得柏拉图和康德如此自信地认为，对内正义的人也将会是对外正义的；或者用康德的话说，为自己立法和为目的王国立法，是一体的和同一件事情。

10. 怎样做一个人？

10.1　我还剩下什么？

10.1.1

如果这一切都是真的，你现在想问：个体究竟还剩下什么？我 207
一开始就说，我们通过自己的选择、行动以及立法的理由来建构自己。但是，一旦我们对所有理由予以立法，它们便都是公共的，看上去似乎**没有一个**理由是**我的**。每个人的理由似乎都平等地属于所有人，也就是说，它们对所有人都具有规范性的力量，所以，我显然拥有充分的理由来执行你的计划。那么，这该如何给我留下一个属于我自己的而非其他人的实践同一性呢？

在对功利主义的批评中，尤其是伯纳德·威廉斯①对功利主义的批评中，这种担忧是我们所熟悉的。根据威廉斯的观点，功利主义剥夺了道德行动者的完整性或个体性，因为它不允许她的行动为对某些人或者计划的承诺所指导，这些人或者计划是她自己特有的。但正是这些承诺使我们成为独立个体，也给了我们关心自己生活的理由：我将其表达为，它们给予我们实践同一性。一个人可以确定地发现，有些计划或人**对她而言**是这世界上最重要的，而不必认为它是这个世界上**绝对**最重要的。但是，如果理由是公共的，这将何以可能？并且，如果每个人的理由都是所有人的理由，那么我们该怎么决定要做什么？

10.1.2

在权衡模式中，通过权衡所有这些理由，并决定这些理由的平衡所在来解决这一问题（3.2.2）。但是我并不认为理由可以被机械地增减，除非所处理的是可被实际通约的事物。所以，无论要凭借
208 这些理由去做什么，我们都不会把它们机械地相加，并由此发现美国和西欧的每个人都有道德义务出售他们四分之三的资源，并把全部的收益捐给乐施会（Oxfam）。这不是说我们不应该这么做，只是如果应该这么做，也不是因为这是某种简单的权衡意义上的“理由的平衡”之所在。但既然我说过所有的理由都是公共的，那么我确实也想陈述一下，在我看来，我们是如何与自己的计划和所爱之

---

① 参见 J. J. C. Smart and Bernard Williams，*Utilitarianism For and Against*，pp. 108－118；Williams，*Moral Luck*，pp. 1－19。

人，以及与自己的实践同一性更一般地相关联的。

10.1.3

我在这里谈到的这种担忧——关于在个体中究竟剩下了什么的担忧——使托马斯·内格尔在《本然的观点》一书中改变了他自己早期对理由公共性的辩护，并转而认为某些类别的理由终究是私人的或者与行动者相关的。[①] 内格尔认为，行动者与他自己的计划及所爱之人有着特别的关系，因为这些关系，行动者欲求从事这些计划和促进所爱之人幸福，这些欲求构成他的理由的来源，但并不必然是其他人的理由的来源。比如，如果你想登顶乞力马扎罗山，这种欲求会给你一个好的理由去进行攀登，而并没有给予其他人理由去帮助你实现攀登。[②] 再如，或许对你最重要的事，便是你孩子的成功或幸福，为此你愿意做出巨大的牺牲。你肯定能拥有此般态度，而无须假设你的孩子在客观上比其他孩子更重要，也不必认为每个人都应该乐意为你的孩子做出同等牺牲，抑或设想你应该乐意为其他孩子做出同等牺牲。因此，无论是爬山的理由，还是做出牺牲的理由，都一定是私人的。

10.1.4

在我看来，内格尔的分析忽略了这样的事实：大多数人并不认

① Nagel, *The View from Nowhere*, pp. 164 - 174. 在他先前的著作《利他主义的可能性》中，内格尔认为所有的理由都是公共的，或者如他在这里所说的那样，是客观的。

② Nagel, *The View from Nowhere*, p. 167.

为他们的计划（或者当然也包括他们所爱之人的幸福）的价值仅仅在于他们自己的欲求。[①] 有些哲学家会认为，这是因为他们的欲求是对理由的回应，这些理由是独立于欲求本身而存在的，但我必须更仔细地阐述这一点。

209 我认为所有的价值（vaules）和理由（reasons）都是人类的创造物，而创造它们的材料则是像欲求之类的事物（6.3）。当我意愿某个准则作为普遍法则，意愿为了某一目的而进行某一行为时，我也在愿意一种价值，因为我是在宣告这个行动因其自身而值得做。但在正常情况下，伴随着对目的本身价值的设定，我对目的的欲求激励着我采取行动。像其他一切东西一样，价值是质料中的一种形式。就价值而言，这种形式就是普遍法则的形式，而质料则来自人类的心理：某些欲求、兴趣或品味。在这种意义上，可以认为我们的价值依赖于人们的欲求：欲求的对象最终为价值提供了质料。但我们把仅仅最原始和最基本的欲求看作纯粹的动物本能的喜欢和不喜欢。价值是人类的创造物，但它们不是每个行动从虚无中创造的。当创造价值时，我们邀请他人来分享它们，这不仅是为了帮助提升价值，而且也是为了使他人对有价值的对象感兴趣。此外，因为我们有共同的天性，所以这种邀请通常会被接受，然后人们开始探索某些可能性，从而一种价值传统开始生根。绘画、烹饪或叙事的某种方式被许多人发现是令人感到兴奋和满足的，他们对其加以发展，制定做得好坏的标准，并传授给下一代。这里所说的标准并

① 关于这一点，也可以参见 Stephen Darwall, *Impartial Reason*（Ithaca, NY: Cornell University Press），p. 139。

非任意的：它们要么来自我们的天性，就像在审美和味觉的情况中，要么来自价值活动本身的性质。科学和哲学的价值来自人类理解自身处境的欲求，但是衡量它们做得好坏的标准却部分来自我们正在努力做的事情，尽管部分也来自特定的处事传统。我们都生活在这样的价值传统里面，希望并期待周围的人来分享这一传统。所以，可以说，只有处在价值世界的外部边缘，价值才是原始的创造物。以上所述，都是在解释为什么即便是像我这样认为价值是被创造的哲学家，也可以说我们大多数人将欲求看作对价值的回应。

10. 1. 5

这改变了对我们与基于这些价值的计划之间关系的理解方式。假设我的抱负是写作一本关于康德伦理学的著作，并使之成为所有伦理学课程的必读书目。① 内格尔也许就会说，这个抱负是私人的或与行动者相关的，因为它给了我理由去努力实现使我的著作成为 210
必读书目，但并没有给予他人理由需要我的著作。这似乎是合理的，因为他人仅因为我要如此而变得需要这本著作，这是没有道理的。他人需要我的著作的唯一可能的理由应当是，这是一本好书。所以，我拥有使我的著作成为必读书目的理由，而他人看起来并不抱有这个理由，因此，这个理由必然是私人的。

但是，对上述情境的这种描述方式暗含了对我自己态度的一种奇怪的描述。它表明，我欲求我的著作为他人所需要是原始虚荣心

---

① 这个例子和讨论来自我的论文“The Reasons We Can Share”（CKE essay 10），pp. 287 - 288。

的产物，而且如果我想写本好书，那也仅仅是为了使这本书成为被需要的一个手段。而这并不能正确地反映大多数人的抱负的结构。我想写作一本关于康德伦理学的著作，并使之好到足以成为所有伦理学课程的必读书目，其部分理由是，我认为这样的著作是一个好的事物，如果没有这种想法，我的抱负就是不可想象的。它是一个是做好事的抱负，并且不是无论我的著作好坏，人们都需要它。现在，让我们这样来描述它：我认为有人应该写一本关于康德伦理学的著作，并使其好到足以成为必读书目。我认为，这是有关公共理由的事情。

然而这并不意味着，我的抱负只是对公共理由的无私回应。重要的是，不要在这里对现象进行净化，否则我们将会出错。我可能对个人的奉承感兴趣，可能真的喜欢我的著作成为必读书目的想法，甚至可能对其他从事类似计划的同行怀有竞争之心。我不只是期望有人写这本书，我还希望成为写这本书的那个人。我的抱负中的这个要素是与不可消除的私人或行动主体相关的要素，也许除了我的朋友，没有其他人有理由关心是我还是其他人来写这本书的问题。

所以，个人抱负的结构并不是这样的：

(1) 我想让我的书成为必读书目（这给了我一个私人理由）。

(2) 因此：我要写一本好书（作为达到目的的手段）。

而是这样的：

(1) 有人应该写一本关于康德伦理学的著作，并使其好到足以成为必读书目（我意愿这作为公共理由）。

（2）我想成为那个人（这是私人的）。

换句话说，拥有一个个人计划或抱负并非欲求一个你认为对你私下 211
有好处的特定对象，而是想要与你认为的公共的好的事物处于特定关系之中。

10.1.6

一个特征如此明显的个人计划确实包含私人成分：你想与某种好的事物处于特定的关系之中。那么，这是行动的私人理由的来源吗？一方面，私人成分看起来的确*驱动*我去做很多没有它我就不会做的工作。如果缺少抱负中的私人因素，人们的确往往就不可能使自己去承担起艰巨的任务。因此，公共理由鼓励与这种抱负有关的个人欲求。但另一方面，行动者自己应该把这些个人欲求当作行动理由的来源吗？如果我认真对待这一点，即我的欲求——我应该成为写这本书的那个人，是行动的理由，那么我将会有理由阻止另一位康德学者去写*她的*著作。但事实上，即便是在我感到竞争激烈的时候，无论是我还是其他人都不会认为我有理由这么做。这不是一种抱负的表达，而是对它的常见曲解。

当然，在你与你所爱之人的关系之中，这一点更加明晰。虽然我可能不会认为我所爱之人的幸福客观上比其他人的幸福更加重要，但我确实认为他们的幸福是有公共理由的。源于爱的理由的结构类似于我在前面提到的个人抱负的理由的结构。我认为*有人*应该使我所爱之人幸福，我非常想*成为那个人*，而其他人可能有好的理由对我进行鼓励。但是，如果我试图阻止其他人使我所爱之人幸福，或者我认为，除非我所爱之人的幸福源自我，否则他的幸福毫无价值，那么这就不再是一种爱的表达，而是对爱的常见曲解。

10.1.7

我想说的是，这是一种应该在其中坚持实践同一性的关系。在1.4.7中，我复述了《规范性的来源》中的一段论述来证明我们必须致力于自己作为人、作为理性存在者的价值。在我看来，我们偶然形式的同一性的价值取决于人类同一性的价值，这种价值给予我们持有那些偶然形式的实践同一性的理由。所以，如果确实继续保
212 持它们——为了拥有理由，我们必须如此——那么我们就会通过行动来表达设定在我们的人类同一性中的价值。

我这里所表达的部分观点是：当你发现偶然的实践同一性只有从人类同一性的角度看才可被承认，才对你具有规范性时，你也会对你的偶然的实践同一性产生一种新的态度。你把它们看作**人类可能性**和**人类价值**的各种各样的实现，并且以这样的方式审视自己的生活：作为人类的一种可能的具身化。你的生活与一般人类历史融为一体，并且是一般人类价值创造和价值追求活动的一部分。这两个方面对你都很重要：它是一个特殊的部分——**你自己的一部分**，同时它也是**整个人类历史的一部分**。你想要的不仅仅是成为“特殊的我”，当然也不仅仅是成为“一般的人”，你想要的是成为“**某个人**”，一个人类的特殊的实例。所以，它是这样的：在成为自身行动创作者时，你也是人类历史、我们集体和公共故事的共作者。作

为一个必须使自己成为特定个体的人，你得在一般人类的故事中留下了一笔，去创造你认为对人类故事而言的好的角色。然后，至少如果你设法保持你的完整性，你就能扮演这个角色。①

10.2 结论

10.2.1

让我们从头开始。非人类动物依照我所谓的“本能”去行动。它的本能就是它的原则，并构成它的意志。这些本能通过构建它的感知而发挥作用。出于本能，它以一种规范性加载的方式把世界感知为：由**被食用的**、**需要躲避的**、**与之交配的**、**待照料的**东西等交织而成的栖居世界。这些感知构成了它行动的理由。正因为它通过这种理由已经加载其中的方式来看待世界，所以它几乎总是已经知道要做什么。

10.2.2

人类就不那么幸运了。作为理性行动者，你意识到自身信念和
行动理由——或者我应该说，潜在的理由。这种意识使你与这些理 213

① 我不是第一个提出这样一种态度的人。我认为这可能是马克思追随费尔巴哈，用“类存在”这一概念所指称的一部分：我们把我们自己、自己的同一性视为人类的一个实例。在《正义论》的第三部分，罗尔斯认为，在一个正义社会中，公民身份培养了一种态度，即公民可以替代性参与彼此的活动，因此，他们将自己视为一个有着共同文化的共同体的成员，在这个共同体中，他们每人都做自己的分内之事。我的意思是，目的王国中的成员身份使我们以同样的方式把自己看作共同人性的一部分。

由保持一定的距离，并使你处于控制状态。自我意识将你分为两个部分，或者三个部分，或者你期望的任意数量的部分：最主要的是，它使你的感知从它们自动的规范性力量中分离出来。这个对象可能看上去仍然具有威胁性，像是一个**需要被躲避的东西**，但你必须做出选择你是否应该逃跑。一方面，存在着对象的威胁性，我们把你对这种威胁的感知称为逃跑的欲求。另一方面，你自身中的一部分将要做出决定是否要逃跑，我们把这一部分称为理性。现在你被分成了几个部分，必须通过做出选择将自己整合在一起。为了做出选择，理性需要原则，不是从外部强加的原则，因为它没有理由接受这样一个原则，而是它自己的原则。

10.2.3

所以，你被要求以人类独有的方式做出选择，而且无法逃避。因此，你需要原则。在哪里可以找到原则呢？它潜藏在你的行动性本身的要求之中。

什么是行动者？一个行动者就是她自己活动的自律且有效力的原因。为了成为行动者，你必须是自律的，因为你所做的活动必须是你自己的，并且受你自己的控制。为了成为一个行动者，你必须是有效力的，因为你的活动是你使事情实现于世的方式。所以，行动的构成标准就是自律和效力，而行动的构成原则就是定言命令和假言命令。

同样可以肯定的是，为了自律，重要的是你的活动必须由你——作为一个整体运作的你——产生，而不是为作用于你的内部或者外部的力量所引起。所以，为了成为行动者，你需要被统一起来，也就是说，你需要把你的整个自我置于活动的背后。这就是慎思之所是：试图重新整合在一系列活动背后的你自己，这些活动将被视为你自己的。而且，为了重新整合，你必须有一个构成，而且你的活动必须产生于你对自己的构成性统治。所以，行动的构成原则亦是柏拉图式的正义。这与声称定言命令是行动的构成原则没有什么不同，因为正如我们在 4.4.4 中看到的那样，为了拥有统一的意志，你必须意愿遵循普遍法则。否则，你就只是冲动的简单堆积，而根本不是一个行动者。

10.2.4

所以，每个理性行动者都必须意愿遵循普遍法则，因为构建行动性是每个理性行动者的任务。而法则适用于所有的理性存在者，也就是说，它要求你以任何理性存在者都可以行动的方式去行动，因为你可以设身处地地为任何人着想，法则无论如何都必须在任何情况下使你保持自身的完整性。当你意愿法则必须是公共的时候，你立法的理由必须拥有能够被所有理性存在者共享的规范性力量，因为行动就是与自己——那个在其他时间或者其他可能情况下的自我——的互动。你必须为自己制定法则。除非你现在制定的法则在其他时间或其他情况下约束着你，并且你知道你在其他时间或其他情况下制定的法则现在约束着你，否则这些法则将根本无法把你统合为一个整体。为此，你的立法理由必须是公共的。所以，这些法则必须适用于所有理性存在者，并具有可被共享的规范性力量。 214

10.2.5

在这个分裂和整合的过程中，你创造和构成了新的事物：你自己。因为使自己成为一个行动者、一个人的方式，就是使自身成为一个特定的人，拥有自己的实践同一性。使自身成为可以与自己和他人进行良好互动的特定的人的方式，就是成为一致的、统一的和完整的人——拥有完整性。如果你很好地构成了自己，如果你善于做一个人，那么你就会成为一个好人。道德法则就是自我构成的法则。

参考文献

Aristotle. *The Complete Works of Aristotle*: *The Revised Oxford Translation*. Edited by Jonathan Barnes. Princeton: Princeton University Press, 1984. 注：在引用这一版本时，我在两个方面对译文做了改动，即我总是把“ergon”翻译成“function”而不是“work”，把“arete”翻译成“virtue”而不是“excellence”。

Austen, Jane. *Emma*. Oxford: Oxford University Press, 1990.

Bentham, Jeremy. *A Fragment on Government*; *with An Introduction to the Principles of Morals and Legislation* (1776; 1789). Edited by Wilfrid Harrison. Oxford: Basil Blackwell, 1948.

Blackburn, Simon. *Ruling Passions*: *A Theory of Practical Reason*. Oxford: Clarendon Press, 1998.

Broome, John. "*Normative Requirements*," *Ratio*12 (1999): 398 – 419. Reprinted in "Normativity." Edited by Jonathan Dancy. Oxford: Blackwell, 2000.

—— "Practical Reasoning," in *Reason and Nature: Essays in the Theory of Rationality*. Edited by José Bermùdez and Alan Millar, pp. 85 – 111. Oxford: Oxford University Press, 2002.

Brown, Charlotte. "Is Hume an Internalist?," *Journal of the History of Philosophy* 25 (1988): 69 – 87.

Butler, Joseph. *Fifteen Sermons Preached at the Rolls Chapel* (1726) . The most influential of these are collected in Butler, *Five Sermons Preached at the Rolls Chapel and a Dissertation upon the Nature of Virtue*. Edited by Stephen Darwall. Indianapolis: Hackett Publishing Company 1983.

Clarke, Samuel. *A Discourse Concerning the Unchangeable Obligations of Natural Religion, and the Truth and Certainty of the Christian Revelation*, Boyle Lectures, 1705. Selections in *British Moralists* 1650 – 1800. Edited by D. D. Raphael. Indianapolis: Hackett Publishing Company 1991.

Darwall, Stephen. *Impartial Reason*. Ithaca, NY: Cornell University Press, 1983.

Hume, David. *A Treatise of Human Nature*. Second edition edited by L. A. Selby-Bigge and revised by P. H. Nidditch. Oxford: Clarendon Press, 1978.

Hutcheson, Francis. *Illustrations on the Moral Sense*. [Part II of *An Essay on the Nature and Conduct of the Passions and Affections with Illustrations on the Moral Sense* (1728) .] Edited by Bernard Peach. Cambridge, Mass.: Harvard University Press, 1971. Selections from this work may also be found in *British Moralists 1650 – 1800*.

216 Kant, Immanuel. *Anthropology from a Pragmatic Point of View*. Translated by Mary Gregor. The Hague: Martinus Nijhoff, 1974.

Kant, Immanuel. "Conjectures on the Beginning of Human History," in *Kant's Political Writings*. Second edition translated by H. B. Nisbet. Edited by Hans Reiss. Cambridge: Cambridge University Press, 1991.

——*Critique of Judgment*. Translated by Werner S. Pluhar. Indianapolis: Hackett Publishing Company, 1987.

——*Critique of Practical Reason* (Cambridge Texts in the History of Philosophy). Translated and edited by Mary Gregor with an Introduction by Andrews Reath. Cambridge: Cambridge University Press, 1997.

——*Critique of Pure Reason*. Translated by Norman Kemp Smith. New York: Macmillan, St Martin's Press, 1965.

——*Groundwork of the Metaphysics of Morals* (Cambridge Texts in the History of Philosophy). Translated and edited by Mary Gregor with an Introduction by Christine M. Korsgaard. Cambridge: Cambridge University Press, 1998.

—— "Idea for a Universal History with a Cosmopolitan Purpose," in *Kant's Political Writings*. Second edition translated by H. B. Nisbet. Edited by Hans Reiss. Cambridge: Cambridge University Press, 1991.

——*Lectures on Ethics*. Translated by Louis Infeld. Indianapolis: Hackett Publishing Company, 1980.

——*Perpetual Peace: A Philosophical Sketch*, in *Kant's Political Writings*. Second edition translated by H. B. Nisbet. Edited by Hans Reiss. Cambridge: Cambridge University Press, 1991.

——*Religion within the Limits of Reason Alone*. Translated and edited by Theodore M. Greene and Hoyt H. Hudson with an Introduction by John R. Silber. New York: Harper Torchbooks, 1960.

——*The Metaphysics of Morals* (Cambridge Texts in the History of Philosophy）. Translated and edited by Mary Gregor with an Introduction by Roger J. Sullivan. Cambridge：Cambridge University Press，1996.

Korsgaard，Christine M. *Creating the Kingdom of Ends*. New York：Cambridge University Press，1996.

—— "Fellow Creatures：Kantian Ethics and Our Duties to Animals，" in *The Tanner Lectures on Human Values*. Edited by Grethe B. Peterson，Volume 25/26. Salt Lake City：University of Utah Press，2004；and on the Tanner Lecture website at <www. TannerLectures. utah. edu>.

—— "Morality and the Distinctiveness of Human Action，" in Frans de Waal，with commentary by Robert Wright，Christine M. Korsgaard，Philip Kitcher，and Peter Singer，"Primates and Philosophers：How Morality Evolved." Edited by Stephen Macedo and Josiah Ober. Princeton：Princeton University Press，2006.

—— "The Activity of Reason." *The Proceedings and Addresses of the American Philosophical Association*，Volume 82，Number 2，November 2009.

——*The Constitution of Agency*：*Essays on Practical Reason and Moral Psychology*. Oxford：Oxford University Press，2008.

——*The Sources of Normativity*. Cambridge：Cambridge University Press，1996.

217 Locke，John. *The Second Treatise of Government*：*An Essay Concerning the Original*，*Extent*，*and End of Civil Government*. Edited by C. B. Macpherson. Indianapolis：Hackett Publishing Co.，1980.

Mackie，John. *Ethics*：*Inventing Right and Wrong*. Harmondsworth：Penguin，1977.

Mill，John Stuart. *Utilitarianism*. Edited by George Sher. Indianapolis：Hackett Publishing Company，1979.

Mineka，Francis E.，and Dwight N. Lindley，editors. *The Later Letters of John*

Stuart Mill, 1849－1873. Toronto: University of Toronto Press, 1972.

Nagel, Thomas, *The Possibility of Altruism*. Oxford: Clarendon Press, 1970. Reprinted in Princeton: Princeton University Press, 1978.

——*The View from Nowhere*. New York: Oxford University Press, 1986.

Nietzsche, Friedrich. *On the Genealogy of Morals*. Translated by Walter Kaufmann and R. J. Hollingdale. In *On the Genealogy of Morals and Ecce Homo*. Edited by Walter Kaufmann. New York: Random House, 1967.

Nozick, Robert. *Anarchy, State, and Utopia*. New York: Basic Books, 1974

Parfit, Derek. *Reasons and Persons*. Oxford: Clarendon Press, 1984.

Pepperberg, Irene Maxine. *The Alex Studies: Cognitive and Communicative Abilities of Grey Parrots*. Cambridge, MA: Harvard University Press, 1999.

Plato. *Plato: Complete Works*. Edited by John M. Cooper. Indianapolis: Hackett Publishing Company, 1997.

Price, Richard. *A Review of the Principal Questions and Difficulties in Morals*. Selections in *British Moralists* 1650－1800. Edited by D. D. Raphael. Indianapolis: Hackett Publishing Company, 1991.

Raphael, D. D., editor. *British Moralists* 1650－1800. Indianapolis: Hackett Publishing Company, 1991.

Rawls, John. *A Theory of Justice*. Cambridge, MA: Harvard University Press, 1971; second edition, 1999.

——*Political Liberalism*. New York: Columbia University Press, 1993.

Raz, Joseph. *Engaging Reason*. Oxford: Oxford University Press, 1999.

—— "The Myth of Instrumental Rationality," *Journal of Ethics and Social Philosophy* 1/1 (Apr. 2005), 1－28.

Ross, W. D. *The Right and the Good*. Oxford: Oxford University Press, 1930.

Rousseau, Jean-Jacques. *On the Social Contract*, in *The Basic Political Writings of Jean-Jacques Rousseau*. Translated by D. A. Cress. Indianapolis: Hackett Publishing Co., 1987.

Sandel, Michael J. *Liberalism and the Limits of Justice*. Cambridge: Cambridge University Press, 1982.

Scanlon, T. M. *What We Owe to Each Other*. Cambridge, MA: Harvard University Press, 1998.

Scheffler, Samuel. *The Rejection of Consequentialism*. Oxford: Clarendon Press, 1982.

Sidgwick, Henry. *The Methods of Ethics* (7th edition). Indianapolis: Hackett Publishing Co., 1981.

218 Smart, J. J. C., and Bernard Williams. *Utilitarianism For and Against*. Cambridge: Cambridge University Press, 1973.

Strawson, Peter. *Freedom and Resentment and Other Essays*. London: Methuen, 1974.

Wallace, R. Jay. *Normativity and the Will*. Oxford: Clarendon Press, 2006.

Williams, Bernard. *Ethics and the Limits of Philosophy*. Cambridge, MA: Harvard University Press, 1985.

——*Making Sense of Humanity and Other Philosophical Papers*. Cambridge: Cambridge University Press, 1995.

——*Moral Luck*. Cambridge: Cambridge University Press, 1981.

索　引

译后记

2009—2010年，我在哈佛大学哲学系做访问学者，克里斯蒂娜·M. 科斯嘉德是我的合作指导老师。我读到了她的新书《自我构成：行动性、同一性与完整性》，留下非常深刻的印象。科斯嘉德由之前的规范性来源问题研究推进到行动的本质问题研究，探究如何做一个人。为此，她借鉴柏拉图、亚里士多德特别是康德的理论资源，讨论行动性、同一性、实践理性原则、构成模式、完整性与互动等一系列概念、观念及其内在关系，提出了很多有力的主张、鲜明的观点。在其核心思路和观点背后，是她的建构主义立场，这种建构主义并非纯粹康德式的，而是表现为颇具个人特色的构成主义，以及她把道德哲学与哲学人类学相结合的努力。尽管其观点和立场也引发了一些质疑与异议，但是这一研究成果有力地推动了规范性、行动性、人的问题以及康德道德哲学的研究，而且对价值哲学的基础理论也有着重要的意义。基于此，在结束访学之际，我向她表达了翻译此书之意愿，她非常高兴，并表示全力支持。

回国之后，无奈诸事缠身，翻译之事一拖再拖，及至时下，方才完成。自 2011 年起，该书成为我指导的研究生读书会的阅读材料之一，翻译工作也得到了同事、朋友的诸多帮助。李桂艳博士翻译了第 2、3 章的初稿，万晓飞博士翻译了第 4、5 章的初稿，张茂钰博士和我共同翻译了第 9、10 章的初稿，其余部分的翻译初稿由我完成。罗松涛教授阅读了全书译稿初稿，并对许多地方做了修订，万晓飞博士也对部分初稿进行了修订。在此基础上，我又花了大半年时间对全书译稿初稿进行了深度修改。修改期间，我和我的同事们，就翻译中的学术难点两次集中研讨，为此特别感谢周黄正蜜博士、朱会晖博士、田书峰博士、刘万瑚博士、梁亦斌博士的参与和贡献。同时，也感谢田立鹏、孙一鸣为本书统稿所做的事务性工作。科斯嘉德在书中有着对亚里士多德、柏拉图、康德、休谟等的诸多著作的引用，我们在翻译中参考借鉴了国内的经典译本，对此一并表示感谢。

在本书的编辑与出版过程中，中国人民大学出版社杨宗元老师、张杰老师给予了大力支持和帮助。杨宗元老师亲自联系购买该书版权，并对该书翻译工作表现出了多年的无限耐心和宽容；张杰老师的耐心使我在修改过程中更加从容。罗晶老师细致、专业的编辑工作，使译稿避免错漏，诸多表述更为准确，对此我深表感谢。

无疑，由于译者水平所限，译稿定会存在诸多不足，皆由我负责，敬请读者批评指正。

吴向东
2020 年夏于北京

Self-Constitution: Agency, Identity, and Integrity by Christine M. Korsgaard
9780199552795
Copyright © Christine M. Korsgaard 2009
Simplified Chinese Translation copyright © 2022 by China Renmin University Press Co., Ltd.
"Self-Constitution: Agency, Identity, and Integrity" was originally published in English in 2009. This translation is published by arrangement with Oxford University Press. China Renmin University Press is solely responsible for this translation from the original work and Oxford University Press shall have no liability for any errors, omissions or inaccuracies or ambiguities in such translation or for any losses caused by reliance thereon.
Copyright licensed by Oxford University Press arranged with Andrew Nurnberg Associates International Limited.

图书在版编目（CIP）数据

自我构成：行动性、同一性与完整性 /（美）克里斯蒂娜·M. 科斯嘉德（Christine M. Korsgaard）著；吴向东等译. -- 北京：中国人民大学出版社，2022. 11
ISBN 978-7-300-31076-3

Ⅰ. ①自… Ⅱ. ①克… ②吴… Ⅲ. ①伦理学—研究 Ⅳ. ①B82

中国版本图书馆 CIP 数据核字（2022）第 187317 号

自我构成：行动性、同一性与完整性
［美］克里斯蒂娜·M. 科斯嘉德（Christine M. Korsgaard） 著
吴向东 等 译
Ziwo Goucheng：Xingdongxing、Tongyixing Yu Wanzhengxing

出版发行	中国人民大学出版社		
社　　址	北京中关村大街 31 号	**邮政编码**	100080
电　　话	010－62511242（总编室）		010－62511770（质管部）
	010－82501766（邮购部）		010－62514148（门市部）
	010－62515195（发行公司）		010－62515275（盗版举报）
网　　址	http://www.crup.com.cn		
经　　销	新华书店		
印　　刷	涿州市星河印刷有限公司		
规　　格	148 mm×210 mm　32 开本	**版　　次**	2022 年 11 月第 1 版
印　　张	11.75 插页 4	**印　　次**	2022 年 11 月第 1 次印刷
字　　数	248 000	**定　　价**	78.00 元

版权所有　侵权必究　　印装差错　负责调换